JN309189

現代中小企業の新機軸

永山利和 編著

同友館

まえがき

１．2011年３月11日，日本では東北太平洋沖地震が起き，同地震による東日本大震災及び東京電力福島第１原子力発電所において原発の炉心溶解という最も危惧された事態に遭遇した。震災および原発炉心溶解は，日本の経済社会に大きな危機を及ぼしている。

判明しているだけで死者・行方不明者が２万5,000人を超え，被災者は30～40万人に達している。政府は被害額を15～25兆円と推計している。しかし政府の被害推計額は多くの漏れがある。推計根拠は既存資産損壊と所得喪失，風評被害等が推計・集約されてはいる。だが，破壊資産額が適正だとしても資産と就業者の活動が停止し，資産と就労とが日々生み出していた雇用および事業所得は被災によって逆乗数効果をもたらし，時間軸が伸びるにつれ，負の相乗積は日々拡大している。したがって原発被害のように被害が今なお持続し，拡大してその被害総額は政府推計をはるかに超える。

とくに，被災地域に所在した先端産業に属する素材・加工工業，それらに直接・間接に関連する中小工業，国内では比較的大規模な農業，漁業・水産・同加工業，林業等々が存在していた。地味だが，それらは東北経済を支えてきた。青森県，岩手県，宮城県，福島県の東北地方東海岸，茨城県の海岸沿い，さらに千葉県房総半島の太平洋岸の多くは，生活および産業双方とも壊滅的被害を受けた。基礎的産業である自然相手の第１次産業とその基盤が崩落し，そのうえ先端技術産業の壊滅が連なった。これら産業における企業活動は何らかの形でサプライチェーンの一角等を構成していた。災害により企業間連携のチェーンは多岐にわたって寸断された。その影響は，国内はもとより世界にも波及している。世界の各国・各地で生産が停止・縮減し，復興までの生産・流通そして決済等に関連する諸産業にも予期以上の停滞をもたらしている。

いま，被災額の規模さえ判明しない中，地域中小企業の検討に際しては大震

災の影響を抜きに論じることはできない。それほど大きくかつ長期に及ぶ影響が生れている。

　本書の多くの論稿が指摘しているように，すべての章が被災前に執筆されている。しかも論稿作成の時期において，中小企業はその経営動向，経営環境，経営改善の方途は総体的としては"八方ふさがり"に近い状況があった。この後退期に追い打ちをかけるように大災害が襲ったのである。

　中小企業の現状や先行きを論ずる際，いま一度作業を再点検にしなければならないかもしれない。どれほどの事態が生じたかは，想像以上であることは疑いを入れない。劇変への対応には，解明すべき多くの課題がある。だが，中小企業は，本書が解明している事実と中小企業のシチュエイション（状況）改善に向けた新基軸そのものに多くの変更を加える必要はないと改めて思う。

　それは，現代中小企業問題には基本的変化はなく，中小企業，地域経済を基礎にした中小企業経営の本来の力量発揮とその方策こそが，大震災の打撃を回復させ，復興を加速する力になることに他ならない。国際競争が激しさを加える中，大震災に対する支援には，国際関係上の緊張と競合があるにせよ，外交・軍事状況をも超えた大きな人道的支援が寄せられた。受け入れきれないほどの支援提案が出されている。

　一方で，サプライチェーンの断裂を国際競争のうえで競い合った企業同士が海外需要をあつめて，災害を機に日本離れが生じることを強調する論調は少なくない。日本の被災を機に，韓国，中国などの新興国がそれに取って代わることを恐れるのである。そこには国家間の経済競争の熾烈さにめげず，輸出競争力を早く回復せよとの叱咤も含まれているであろう。だが，企業競争の危機を煽ってナショナリズムへの傾斜を危惧しないわけにもいかない。それが杞憂であれば喜ばしい。

　しかし私たちは見誤ってはならない。一方で，菅政権が警戒する中国は，日本では想定外と思われる100人以上規模の救援隊派遣を申し入れた。だが，わずか15人しか入国を許可せず，また人民解放軍病院船派遣も断ったという。利用できる空港，港湾がなかったというのがその理由のようだ。米，韓，オース

トラリアは同盟国として三沢基地を利用できた。しかし日本政府は許容量の小さい羽田空港しか許可しなかったという（『日本経済新聞』2011年5月9日，北京総局長品田卓「地球回覧」による）。八戸，青森空港などは難しく，港湾施設の破壊されたために病院船の停泊も危険があったとしても，空港では新潟，福島，花巻等の空港は受け入れ可能なはずだし，港湾も青森港，陸奥港，八戸港，秋田港の利用なども考慮すべきであったろう。国際政治と絡み，外交・軍事と国際的災害支援受け入れ態勢との間には，柔軟な思考回路が欠かせないはずである。そうした長期の視野を踏まえた対応がほとんど見られない。震災情報の関する"情報発信"＝情報開示も重要だ。だが，隣国に対する長期にわたる基本戦略のなさが顕在化している。やたら多い"戦略"組織も，戦略自体がない事態をはしなくも露呈している[i]。

　他方，アメリカ政府は"トモダチ作戦"と称して，アメリカの陸軍，海軍，空軍そして海兵隊の4軍を統合した統合指揮組織を設置し，横田米軍基地を指令所に気仙沼市・大島，仙台空港整備を，米軍の専管的指揮下，ただし自衛隊の協力のみを受け入れ，日本の他の行政機構を排除し，短時間に復旧させた。福島第1原発炉心溶解への対応も，事実上アメリカとの"共同作戦"だと思われる[ii]。ここにも現政権の危機対応が政権担当者としての視界不良を露呈している。

　すなわち，原発事故発生を"想定外"とする日本政府が，原子戦争を"想定内"とするアメリカ政府・軍とが協議した時，日本政府・東京電力が「五重の安全装置」と大見栄を切っていた福島第一原発を，大型地震・津波を"想定外"としてしまっていた以上，日本側の対応ではもはや処理しきれないことを，事前に表明してしまっていたことになっていたのである。まさに事実が"虚構の対応"を暴いてしまった。そこで，いや実は想定していたとはいえ，学者等からの指摘を無視した結果ともいえない状況を作ってしまった。それは，地震・津波による破壊と安全対応の誤りとが複合した事故だったのである。ジョン・ダワーにあやかって，"敗北を抱きしめる"機関があれば，それはそれで再評価できるのかもしれない。だが，今のところ誤っていたという認識をした組織

はどこにもない。

　実は，原発事故問題を評価するカギは，想定外という"想定"力の貧困（または嘘）のほかに，国家機構が国民主権者を無視してきたという"主権能力外"にいる政権担当者が座ってきたという歴史的事実，すなわち主権者である国民の生命・安全の観点から見ると，基本的に国民主権への思考が著しく貧困であったことを確認すべきであろう。その事態が原発災害という形で表現されたという事実，その確認が必要である。ここには日本政府自身が原発の絶対安全という"風評"に加担して，多くの批判に向き合おうとしない制度運営が構築され，したがって事故処理能力不足を補強せず，今の事態に至ったのである。行政的基礎過程の非国民主権的機構が露呈されている。この事実と確認とともに，冷静に事態をみて，今後の対応を構築すべきことを示している。

　こうした事態は，中小企業政策史にも見られる。1948年7月に中小企業法なき中小企業庁設置法という半端な行政組織開設が行われた。中小企業対応の法的根拠がない状況での中小企業行政組織設置という半端な状態は，アメリカ占領軍の公正取引推進策と日本政府の財閥志向による復興政策との間の綱引きによる妥協の産物であった。だが，それと同様に，現政府と東京電力のとの"大本営"的関係が，現政府では原発事故を国家管理では処理しきれないという限界を露呈することになったのである。これを政府は原発のみならず，中小企業政策的思想においても，後述する中小企業憲章"閣議決定"という半端で，政策思想の欠如という点で，その歴史を超えた政策認識に"縦串"が通っているとみなければならない。

　原発安全の"風評"を，国民に真実と思わせようとした政府の呪術は，自らを呪縛した。その結果，政府自体が大きな岐路に立たされている。この逆転，"不純混合物"（第2章小松論文）が暴露される過程が国民的理解に広がり，いずれは国民多数の認識になる日もくると思う。それは避けられない流れであると思う。しかしそのまえに社会科学は"風評"とその被害を事実と突き合わせる検証をしなければならない。

　その意味で大震災後も本書の作業は意味を持つと信じる。というのは，執筆

者の多くが，震災後，ただちに現地調査に赴いたりし，明日に向かって歩んでいるからである。

２．本書は，私が大学勤務における定年を迎えた際，私を育ててくれた同僚などが発議し，仲間に依頼し，研究活動の中核部分を集約的に結集する意図をこめて出版を試みる企画づくりから始まった。すでに２年以上前のことである。

　定年を迎えた職場の日本大学商学部の仲間で編集委員会を組織した。小坂隆秀教授（日本大学商学部），和田耕治教授（嘉悦大学），山本篤民専任講師（日本大学商学部），そして永山利和（日本大学商学部）の４人で編集事務局を構成し，作業に着手した。私が主に関わってきた中小企業学会，地域経済学，社会政策学会，労務理論学会などの諸領域，そのほか多くの研究機関に活動する研究仲間や各種運動に携わっている調査・研究仲間に声をかけた。多忙をいとわず，厚かましくも研究途上で直面している基本的課題を解明する論考の提供を求めた。

　原稿を寄せていただくにあたって，多くの方々には多大な迷惑をかけてしまった。なぜならば，執筆者すべてが大学運営や研究所活動の真只中にあり，日々教育・研究活動もこなしながら編集委員が希望する基本的研究課題の執筆をねだったからである。私は，中小企業家同友会，全国商工団体連合会，行財政総合研究所，建設政策研究所，自治体問題研究所など，自分の能力には余る組織の研究組織とその活動に関し専門的かつ広角的な専門家のご教示をいただき，未知の中小企業分野研究に力を寄せ頂き，たくさんの教えを乞い，協力を受けることができた。中小企業経営者，建設業や行政機関に働く労働者も，活動する専門の違いはあっても，経営，労働と生活の研究には，戸坂潤『科学論』の言葉ではないが，広角的な「科学」の凝集を要するものである[iii]。この観点から，中小企業研究，労働（者）問題の研究は，その基礎を理論的に見，専門的研究を進め，広角的な，学際研究を総合せざるを得ない。事態の研究，事象の裏に見え隠れする経済社会構造は，それに適応する研究方法をも求める。研究方法を考えさせる基盤を持っているのである。

事態の構造に気付くとき，中小企業経営や労働者の労働・生活における科学的研究活動は，1人の研究者だけでは困難である。当然，共同研究にならざるを得ない。これを私は研究において取るべき基礎的姿勢と考えてきた。専門家は欠かせない。専門研究の基礎があって初めて，広角性をもって総合，意識的複合が可能であって，それに導かれてこそ事実の解明に近づきやすいと考えてきた。

　以上の経過から，これまで，ともに研究・調査活動に携わってきた方々に，それぞれ各章に異なる専門領域研究から中小企業経営に接近し，その成果を踏まえて現代中小企業問題の内在的研究に迫る作業だと考えてきた。各分担者の作業結果を読んでいただければ，この指摘を了解いただけると思う。何よりも本書は，学会における中小企業問題専門家だけで編成されてはいない。中小企業問題に造詣が深くても，中小企業研究は十分にはできない。本来の中小企業研究の蓄積に加え，中小企業研究を広く，異分野の社会科学分析，変化を極める産業の調査・研究，統計学など，異種分野から専門家に加わっていただき，学際研究の成果を収集する方式をとりたかったのである。さらに基礎研究として経済理論，統計学，地域経済学，コミュニティー社会論など，かつて中小企業研究領域では見られなかった新しい研究領域を集約することができた。

　私が，中小企業家同友会，全国商工団体連合会などの中小企業団体，そして中小企業学会，地域経済学会などにくわえて，必ずしも中小企業研究だけでない研究者仲間の協力を得て活動し，その結果の一端を披露していただいた。現代の中小企業問題・課題を，問題・課題に直面する経営・経済主体の立場から，中小企業問題を認識し，問題・課題に応える。そのための作業には新しい広角的視座が欠かせず，その総合化の試みを表そうとした。人間一人が生存する社会的関係は，市場経済関係のみではなく，行政組織の縦割り，国と地方自治組織との重層性がり，しかもこれらがすべて高度に専門化された行政組織や企業組織を介し，一人の社会的個人に収斂される関係がある。それと同様に市場経済社会との諸関係では，中小企業経営に市場経済が抱える問題が集約的に表現されている。それゆえ，中小企業問題には，広角的，多元的手法の適応が求め

られる。中小企業問題の研究には現状の中小企業問題という枠組みにとどまらず，学際的な研究方法と組織とが欠かせないと思われる。

それゆえ，本書は，中小企業をめぐって生起する多くの事象を，現実の事態に即した専門研究の成果を踏まえ，広角的な学際研究体制をとって総合化し，そのことによって研究の成果を確認するという，組織研究の一事例となることを期待している。参加者の了解を得て，相互に検討し深めることは十分できたとはいえないが，活動結果の一端を集約したということはできる。

私として，社会に訴えるカギは，繰り返すが，専門研究を踏まえ，広角的・総合的に中小企業を研究するというたたき台を提供する一つの試みである。同時にそれはそれぞれの専門研究に裏打ちされた研究成果である。だが，この試みは改善すべき多くの課題もまた避けられない。たとえば，中小企業における研究・開発，中小企業会計制度，中小企業金融制度，中小企業の社会的責任論，中小企業を巡る市場経済に関する法律学的研究（とくに契約理論の深化）など，補強しなければばらない課題の方が多い。これらはまた別の機会を持たなければならない。

とはいえ，中小企業は，言葉の上で日本経済のバック・ボーン（屋台骨）という認識とは裏腹に，多くの企業が日々消滅し，多くの企業が新規参入しているが総体として縮小再生産時代に入っている。デクラスター化（逆集積）の時代である（第1章参照）。

しかし，中小企業デクラスター現象，それは自然現象ではなく，人間社会の現象である。つまり改めることができない流れではない。問題は中小企業の縮小の要因をしかと捉え，それに対する対応を中小企業者の企業努力だけに限定することなく，経営者の枠組みを超えた企業間関係，異業種間不均衡，ギクシャクする企業と行政の組織・機能，企業と消費者関係等々を構築・再構築し，再生への道を探り，新たな可能性を切り開く足場を構築しなければならない段階にある，という認識を持つことであろう。最近の研究は下からの発展方向，つまり企業間，地域社会の広がりが過小に評価され，行政主導，大企業モデル依存の経営手法研究が謳歌されているように見える。この30年近い現代におい

て中小企業では，行政施策こそが中小企業問題の良好な導きの糸を提供できるとの"暗黙知"が抜きがたく継続されてきたように思われる。しかしそうではなく，既存の企業を専門的，広角的に研究し，総合するというのが私たちの研究スタイルであり，これらが方法的な適性を有していると考えるのである。

3．本書は，以下のような構成になっている。

　まず，第Ⅰ部「現代中小企業の経営と政策課題」である。第1章（永山利和）で日本の中小企業の経済的位置と構成上における推移を確認し，中小企業が厳しい制約下におかれているが，その要因の基本要因を示している。続いて第2章（小松善雄）で，中小企業経営を発展させる経営理念の基本的意義を資本主義的生産様式の生産過程と価値増殖過程の中で，経営理念の必要性と顧客本位の経済学的役割の解明する視座を提起する。第3章（大林弘道）では現代資本主義には資本蓄積運動の中で，中小企業の経営努力とともに，中小企業運動が抵抗とともに，「存続」「発展」「創像」という共同性をもって国民経済・国民生活的意義，地域経済振興，自己経営分析，諸困難への対応をはかり，現代の中小企業が新しい地平を歩み始めていることを実証する。第4章（菊地進）では，中小企業を巡る経済と経営に関する客観的事実を基礎的統計などを活用して，地域経済社会の課題を捉え，それら課題の前進に向けた政策立案が定着しつつある現状を，道府県及び基礎自治体において検討し，企業，行政，市民，研究者の共同作業として地域経済振興と中小企業の経営向上に向けた体制作りを提起する。

　第Ⅱ部「地域経済と中小企業」では，第5章（吉田敬一）は，日本経済のグローバル化中小企業の存立の危機が進行し，モノづくり立国・日本の危機が中小企業集積地域の真っ只中で，とくに小零細企業の消滅という形で進行し，この危機には特殊な技能が地域内で承継されることによって集積地の強みを呼び戻し，中小企業の自己変革，多様な網の目の追求，仲間づくり，条例制定運動，「よい経営環境」となる経済ルールづくりのために行政の中小企業組織と機能を拡充させる運動が必要だと強調する。第6章（関智弘）は，地域の工業集積

の厚みが縮小しており，それを食い止めるには事業継続を促す地方自治体の市場開拓支援，市民との対話促進と共生への努力，中小企業経営に対する学習・教育に基づく自助努力とサポートを市民的支援に広げた展開が必要だと指摘する。第7章（山本篤民）は，中小企業論のうちの産業集積論や地域産業論に絡む「都市型産業論」形成，展開過程を中小企業の「非合理的強さ」論の限界，集積メリットが技術転換の中で変容し，社会的分業に基礎を置く都市型産業の存立基盤の優位性が揺らぎ，大規模事業所への収斂が基調となる中，中小企業は事業の差別化が避けられないとしている。第8章（永島昂）は，埼玉県川口市の鋳物工業を取り上げ，ミーハナイト＝メタル社からの鋳物技術・強靭鋳鉄製法の共同移入が労働市場構造における技術変革への適応能力差を通じて上層企業優位を形成する。だが，共同技能訓練などで独自のノウハウを持って中小企業集積を維持してきた子に歴史的教訓が見出せるとしている。第9章（八幡一秀）は，大型店が増加する一方，地域商業集積，とくに商店街を構成する小規模店が減少しているが，京都市西新道錦会のエプロンカード事業，ファックスネット事業によって利便性，社会性，創造性，経済性を，つまり中小商業とその集積が持つ公共性の諸機能を共同で展開し，商店街の役割とそれらによって地域社会の維持・発展との共鳴が可能であるとしている。第10章（辻村定次）は，構造改革（政策）下で建設業が内部から瓦解する可能性を捉え，市場縮小下で重層化が深まる中，日本経済発展には輸出中心経済構造から，地域内循環型経済，つまり具体的行政の総合的な建設産業政策への大胆な政策転換と建設産業内の改革を目指す共同の運動構築が求められる，としている。

　第Ⅲ部「中小企業政策の新たな展開」では，第11章（和田耕治）が中小企業基本法改正後の中小企業政策展開の国と地方との実施組織やそれら諸機能を，根拠法にまで下りて，政策決定に関する事実を具体的に分析する。とくに地方産業局や中小企業基盤整備機構の全国展開と混迷する地方自治体・商工業行政が八方ふさがり状況になっているとする。そして中小企業憲章の閣議決定を機に中小企業立案方法の転換を始めるべきだと述べる。第12章（長山宗広）は，日本における産業クラスター政策に至る系譜と展開を理論的に分析し，地域産

業政策として一つの政策体系としては確立されずにあったが，産業立地政策と中小企業政策と理念的一致が偶然あり，産業クラスター政策が地域産業政策のシンボルと期待された。だが，TAMAのケースのように地域産業行政と地方自治組織との相互関係がうまく機能せず，国が広域エリアのハイテク型産業クラスターの産学官連携支援，国の産業政策の一環であったことの再確認となったと指摘する。そこにはイノベーション創出のフェイス・トゥ・フェイスによる"暗黙知"の共同化が必要だという。第13章（岡田知弘）は，リーマンショックは経済のグローバル化が金融，生産などによって進行し，これに「構造改革」政策で国民の消費購買力が削ぎ落され，日本経済が激しく落ち込んだ。この難局は地域経済振興，中小企業の役割を引き出す地域経済再生とそれを実現する地域内再投資力に基づき，地域経済の持続可能性を，地域形成主体として地方自治体等が振興策を図り，地域の実情を踏まえて，地域活性化を目的に，地域の中小企業が加わり，大企業，地域金融機関，大学等の役割をも取り込み，自治体の施策を中小企業振興条例や公契約条例などの法制度制定などによって作り上げることは求められていると主張している。

　第Ⅳ部「中小企業の労働と社会政策」である。第14章（小関隆志）は，地域社会における中小企業の存在のほかに，多くのNPO，コミュニティビジネスが集積されるにつれて，地域社会に貢献する事業金融機関以外に，新しい地域貢献の金融機関の存在が浮かび上がってきていることに注目している。コミュニティ金融である。アメリカやアジアで広がっている事例を分析し，アメリカの地域再投資法など，地域社会を維持・発展させるための機関や資金循環の仕組みが必要になっていると強調する。第15章（宮寺良光）は，企業規模間の福利厚生費の大きな企業規模間格差とともに，中小企業労働者は社会保険制度から排除され，「最低生活保障」の可能性がない労働者が増えている。また退職金制度もなく，退職金共済制度も十分機能しているとはいえない。これらの労働者対策には経営努力だけでは足りず，企業間の不公正取引の是正などの政策努力が欠かせない条件だと主張している。第16章（金沢誠一）は，自営業層にはもう一つのワーキングプアの多くが存在していることを実証的に明らかにし

ている。所得だけでは生活を維持できず，他の補完的収入である年金や，貯金の取り崩し，他の家族員収入などを合算して生計を維持しているとの実態が示されている。これらへの対応は社会保障制度の拡充，保険料負担の重さの改善，滞納問題と制裁措置など多くの改善課題が山積している。豊かな国ニッポンの面影はここにはない。

　以上が，執筆者の成果のほんの一部を切り取ったものである。中小企業経営努力は言うまでもなく果たされているが，その強調だけでは到底すまない事態が進行し，その解決策を探ると，相当な国政改革の課題が浮かび上がってくる。

　それには行政支援が不要であり，「小さい」政府だと元気になるというような，減税党的ドグマではすまされない状況であることが示されている。行政の役割は小さくはない。しかし，岡田論文，和田論文，長山論文，山本論文等々が論証しているように，行政の役割が正しく運用されてこなかったということもある。だが，それだけではなく，この状態を生み出した市場経済システム，市場・経済政策における基本的哲学，理念の貧困と中小企業とそこに働く労働者の主張の弱さこそ改められなければならないことも事実といえよう。それはいま，次第に大きな流れになろうとしている動きもあることも指摘されている。その方向が一層大きな力を得るように，執筆者一同も願っている。こうした研究が，社会科学者，経営者や労働者などとともに一層深められ，広がっていくように願ってやまない。

　なお，本書は同友館佐藤文雄氏の温かく，粘り強い努力なしにはまとめ切れなかったことを記して，氏への感謝を申し上げる。また，私の怠慢のために，原稿を早く提出していただいたにもかかわらず，出来が遅れたことや寄稿を控えたこともあったと思う。今後の研鑽に向けた努力を果たすことに意を表して，ご寛容にお願いする次第である。

---

i　88年前の1923年9月1日，関東大震災に際し，国際的支援が広範に行われた状況は，今日の事態に共通することがあった。第一次大戦中に「対華21ヶ条要求」を袁世凱政府に認めさせ，対中国新

緑の意図を示した日本に対し，中国では抗日運動のきっかけになった「五・四運動」(1919年) が広がってきた。そのとき大震災に際して，35万元近い義援金が日本公使に届けられ，また爆殺された張作霖も9月4日に50万元の物資送付を準備し，主要中国各新聞も日本救援活動を呼び掛けている。この間に，流言蜚語，警察の通牒等によって数千名の朝鮮人，中国人が虐殺されていたまさにこのときに，大きな支援が行われていたのである。また，9月13日にはソ連救援艦レーニン号の食糧支援が社会主義宣伝の食料を受理することはできないとして，追い返している。(この記述は野田正彰『災害救援』[岩波新書]，1995年，pp.8586による)

ii　政府は5月10日，赤嶺衆院議員が提出した質問主意書への答弁を閣議決定した。それによると震災発生後，米国の原子力規制委員会から11人，海兵隊，科学・生物・放射能，核などに関わる検知，除染，医療支援の専門部隊150人，海軍艦艇システムコマンドの原子力技術部長や専門家約200人以上が参加しているとの事実が示された。しかし，その詳細は公表されていない(http : //jcpakamine.jugem.jp/?eid=757)。

iii　戸坂潤 [1989]『科学論』青木書店

2011年5月

永山　利和

目　次

まえがき

第Ⅰ部　現代中小企業の経営と政策課題

第1章　現代中小企業研究の視点　　3

Ⅰ．はじめに　3
Ⅱ．日本経済の停滞と中小企業の危機を生む基礎的条件：
　　それに対する一般的理解　4
Ⅲ．世界市場化の中で中小企業に何が起きているのか　21

第2章　経営理念と『資本論』　　27

Ⅰ．はじめに　27
Ⅱ．経営理念の分析視角　28
Ⅲ．なぜ，経営理念が必要か　30
Ⅳ．いかなる経営理念が求められるべきか　33
Ⅴ．長寿企業を支える経営理念の基本的特質　37

第3章　現代中小企業運動の展開　　39

Ⅰ．はじめに　39
Ⅱ．現代資本主義経済と中小企業運動論　39
Ⅲ．日本の中小企業運動の課題　43
Ⅳ．現代中小企業運動と中小企業憲章制定運動　45
Ⅴ．おわりに　50

第4章　地方自治体の政策立案と統計の役割　55

  Ⅰ．はじめに　55
  Ⅱ．行財政改革と地方行政　56
  Ⅲ．地域の課題をデータで捉える　59
  Ⅳ．求められるデータに基づく政策立案とその定着　63
  Ⅴ．おわりに　67

第Ⅱ部　地域経済と中小企業

第5章　グローバル経済下の地域経済・中小企業問題　73

  Ⅰ．はじめに　73
  Ⅱ．日本経済のグローバル化と地域中小企業の存立危機　73
  Ⅲ．地域経済・中小企業の存立危機の深化　78
  Ⅳ．おわりに　88

第6章　産業集積における中小製造企業
―大阪の産業集積の特徴と中小製造企業の存立展望―　91

  Ⅰ．はじめに　91
  Ⅱ．産業集積をみる視点　92
  Ⅲ．産業集積における中小製造企業の存立―大阪のケース―　97
  Ⅳ．産業集積における中小製造企業の課題と展望　101
  Ⅴ．おわりに　108

第7章　大都市東京の中小企業
―「都市型中小企業論」をめぐる議論― 115

Ⅰ．はじめに　115
Ⅱ．「都市型中小企業論」の背景　116
Ⅲ．「都市型中小企業論」の展開　118
Ⅳ．「都市型中小企業論」の論点　122
Ⅴ．おわりに　124

第8章　地場産業における中小企業の技術
―高度成長期川口鋳物工業における強靭鋳鉄製法の共同的な技術導入― 131

Ⅰ．はじめに　131
Ⅱ．先行研究　132
Ⅲ．強靭鋳鉄鋳物とその製法　134
Ⅳ．鋳物内製の大手機械メーカーによる強靭鋳鉄製法の導入　137
Ⅴ．川口鋳物工業における強靭鋳鉄製法の導入　139
Ⅵ．おわりに　145

第9章　地域商店街の役割　151

Ⅰ．はじめに　151
Ⅱ．商店街の現状　151
Ⅲ．西新道錦会商店街の概要　157
Ⅳ．西新道錦会の事業内容　158
Ⅴ．西新道錦会のはたす地域社会への役割とは　161
Ⅵ．おわりに　166

第10章　地域における中小建設業　169

　Ⅰ．はじめに　169
　Ⅱ．建設産業とはどんな産業なのか　169
　Ⅲ．「構造改革」下の公共事業と建設産業の関係　173
　Ⅳ．新たな地域内循環型経済における地域建設産業の位置づけ　177
　Ⅴ．地域建設産業の持続的発展に向けた政策的課題　179
　Ⅳ．おわりに　187

第Ⅲ部　中小企業政策の新たな展開

第11章　中小企業基本法改正後の中小企業政策　191

　Ⅰ．はじめに　191
　Ⅱ．中小企業基本法改正の背景と過程　192
　Ⅲ．中小企業基本法改正後に進む政策実施組織の変化　195
　Ⅳ．基本法改正後の根拠法に基づく中小企業政策　201
　Ⅴ．中小企業憲章の制定　204
　Ⅳ．おわりに　206

第12章　産業クラスター政策　211

　Ⅰ．はじめに　211
　Ⅱ．産業クラスターの理論　211
　Ⅲ．日本における産業クラスター政策のルーツと展開　216
　Ⅳ．産業クラスター政策の実態と課題　222

第13章　地域経済の振興と地方自治体
　　　　　―中小企業振興基本条例を中心に―　　　　　233

Ⅰ．はじめに　233
Ⅱ．地域経済の持続可能性と地方自治体　235
Ⅲ．地方自治体における地域経済振興施策の展開　239
Ⅳ．おわりに　245

第Ⅳ部　中小企業の労働と社会政策

第14章　コミュニティ金融　　251

Ⅰ．コミュニティ金融の登場　251
Ⅱ．コミュニティ金融の現状　255
Ⅲ．コミュニティ金融がもたらした成果　261
Ⅳ．コミュニティ金融の抱える課題と今後の展望　263

第15章　中小企業における福利厚生　　267

Ⅰ．はじめに　267
Ⅱ．福利厚生をめぐる問題視点　268
Ⅲ．福利厚生制度の実施状況　270
Ⅳ．福利厚生格差をめぐる政策的課題―格差是正の政策的課題―　274
Ⅴ．おわりに　277

第16章　中小業者の暮らしの実態と社会保障の課題　281

Ⅰ．はじめに　281
Ⅱ．現代の中小業者の暮らしの実態―もう一つのワーキングプア―　281
Ⅲ．中小業者の社会保障　291
Ⅳ．おわりに　302

索　引　304

第Ⅰ部

現代中小企業の経営と政策課題

第1章 現代中小企業研究の視点

Ⅰ．はじめに

　日本の中小企業について，筆者は，20世紀末から「中小企業の時代」に移行するという展望をもってきた。それは今でも念じている。ここで「中小企業の時代」という見方には，ある希望的なメッセージないしは理念的展望を込める面がある。中小企業が21世紀に日本経済の中核になること，中小企業経営が就業者ないしは雇用者に意欲をもって事業活動に取り組み，日本経済の屋台骨を担い，多くの後継者が排出できる課題にこたえようとしていたのである[1]。

　このような希望，展望は，それらに沿った現実が生まれている事実が発見できるということではない。中小企業の多くはむしろ経営が厳しい状態である。多くの経営は，厳しい経営環境に耐え，その厳しい環境に事業を適応させ，またその過程で工夫，改良，改革，革新を遂げる主体的な努力，その過程で培われた能力の開花に大きな期待を抱かせることの表明である。換言すると，経済社会情勢の成行きに従い，そこから生まれる惰性では事業継続が困難な条件が広がっていること，さらにいえば経営努力が簡単に報われない厳しい環境が出現していることを意味している。それにもかかわらず，「中小企業の時代」に希望や期待を抱く必然性はどこにあるのか，それが問われよう。

　いくつか根拠をあげれば，①中小企業が担う社会経済的な役割の重要性を強調すること，②大企業の活動が世界市場に活動舞台を移行している事態に比して，中小企業には国民生活や地域経済に独自の役割を維持する機能を有していること，③国内立地でも海外活動に直接結節可能なこと，すなわちグローバリゼイションへの適切な対応力があること，④社会的に様々な事業活動が要請されていることに対応して，NPO，NGOなどの多様な組織と並んで，中小企業が多様な領域，多様な事業形態で社会的ニーズに応える事業形態を生む"苗床"

となる将来性を有していること，⑤雇用状況が深刻な事態を迎えている状況に対応して，雇用・労働過程が中小企業やNPOなど，事業化への予備的段階という実験過程を提供する，すなわち社会的職業・事業の養成機能，広義の教育機能を有している，等々の認識ができるからである。

しかし，21世紀を「中小企業の時代」というには，希望，期待，中小企業存在の社会経済的意義自体を積極的に評価するとしても，現実の中小企業経営の存在が活発に展開しているかどうかという事実と対比して初めてその意義は客観的評価を得ることになる。もちろん中小企業には，積極的に経営環境を切り開き，日本経済の枠組みを乗り越えて経営の革新，進化を遂げる企業が多数ある。その光の面を否定するものではないが，同時に多くの企業が退場を迫られ，経済活動に不適応を起こす少なからぬ企業もまた影の部分を考察の外においてしまうことは公正な研究態度とはいえない。また，中小企業の光と影を客観的に並列し，ある種の基準で経営の優劣等を仕分けして，経営発展の方向を示唆するなどして"事足れり"とする"客観性"も，無意味ではない。ただそこにとどまっている限りでは有効な分析作業だと評価するわけにはいかない[2]。

そこで中小企業を分析対象とする今日的意義を明示しておかなければならない。結論を先取りしていえば，そこには今日の資本主義批判ないしは資本主義的世界市場経済に対する生産的な批判，さらには現在の資本主義市場における中小企業政策の問題点やそれらへの対抗軸，ないしは新機軸を提起するかそれへの示唆を提供する意図を持たなければならない。

Ⅱ．日本経済の停滞と中小企業の危機を生む基礎的条件：それに対する一般的理解

(1) 現在の立脚点

景気変動の上から見ると，2010年は世界金融危機，世界同時不況から脱して，日本経済が新たな景気上昇の出発点となるか，それとも不況再来の不安定さをかかえており，動揺する時期はしばらく継続する時期と見られる。それは，景

気変動上の時期区分だけにとどまらない。すなわち，2010年はバブル崩壊（1991年）から約20年，北海道拓殖銀行・山一証券が消滅した金融危機（1998～99）から10年余が経った。1990年初期から20年，日本の金融危機から10年経た今日の時点に立って，この期間の経済的経緯を「失われた20年」ないし「失われた10年」といわれる。それは誤った事実認識あるいはそれらが不適切な表現では決してないといえる。ただし現在，日本の経済情勢をみる上で，何が，何故に「失われた」のかその内容を確認しておく必要がある。これも仮説を大胆に設定すれば，20年前にはソ連型「社会主義体制」崩壊が生じ，20年後の今日新自由主義的経済システムに桎梏が生じた。ただし新自由主義システムに代わる新システムへの移行するのかどうか。これは日本経済だけでなく，世界経済にとっても新自由主義システムがもたらした経済社会の危機に対し，新しい経済社会システム構築が未完だという大きな課題に応えているのかどうか，それが問われている。将来展望はさておき，まずは足元の日本経済を確認しておこう。

　この20年は，「失われた20年」といわれる通り，日本経済の成長神話が崩れた。20年前に至る前の10年間はバラ色だった。1980年代初頭，日本経済が世界をリードするという感覚にとらわれたように思われる。国民の間には，一種"キャッチ・アップ時代の終焉"，"世界の優等生"のバッジが付けられた気分があった。バブル経済期には，東京23区の地価がアメリカを買える，日本はそれほどの富を有するに至ったという試算さえあった。20世紀末から21世紀初頭に生じたアメリカのバブル経済，それが資産投機であったことは，もしかすると日本から輸出されたバブル型利潤獲得方式のよりシステマティックな模倣だったのかもしれない。しかし，振り返ってみるとバブル経済後の日本経済がどのような展開を遂げたのか，新自由主義政策追求がもたらしたその結果を，事実が如実に明らかにしてくれる。

　日本経済の名目GDPが500兆円を超えたのが1995年度であり，その額はちょうど500兆円であった。それが，2008年度の名目GDP値は492兆円であり，8兆円のマイナス成長であった。2009年度は前年の492兆円をさらに下回る474兆円にとどまっている。1995年からの15年間で名目GDP値のピークは1997年度

で，その額は527兆円であった。したがってピーク時から足元を見ると，名目GDP値では53兆円のマイナスである。名目GDPベースでいえば，いまでも「失われた時代」の真最中にいるともいえるのである。いまなお，「失われつつある」といえよう。

他方，日本経済の実質GDPで500兆円台に乗せたのも名目値と同じく1995年度であって，501兆円を記録した。実質ベースで見ると2008年度は540兆円であり，2009年度は526兆円で，それぞれ4.1％，2.4％の対前年度比でマイナス成長となっている。ただし実質GDPのピークは2007年度の563兆円であった。実質GDPは基準年次に対する物価変動（デフレーター，総合物価指数）を考慮した換算数値である。それによると90年代初期に比べ，日本経済の実質GDP値は，対1995年度比で約50兆円の増加があったことになる。

ところでこの実質値と名目値のギャップは，日本経済における物価が基本的に下方に変動した影響が大きいことを示している。日本経済のGDPデフレーターは，1994年度以降，マイナス基調で推移している。1994年度に対前年度比でマイナス0.1％を記録してから，1997年度の同じくプラス0.7％を除くと，1994年度以降，総合物価指数は継続的に下ってきている。とくに1999年度のマイナス1.7％以降は，1.0％台にマイナス幅が大きくなってきていた。

このことは，一面では，急速な生産力および生産性の向上を基礎に円通貨の価値は上昇し，それを反映した外国為替相場の水準向上がもたらす輸入資材の価格低下効果が反映されている。その結果，貿易黒字が大きく累積されてきた。つまり，名目値ではマイナス成長であったが，商品ないしは財ベース，つまり物量ベースでは，この15年間に対GDPベースが10％程度の成長があったわけである。物量ベースでは，実質的に生産や消費は増加したことになる。しかし同時に，他面で日本経済における物価低落基調は，日本経済に決定的変化を生む資本主義的世界市場経済の大きな変動要因，世界市場が短期間のうちに，"一気に"物価低下条件を生み出したことを意味している。日本だけでなく，世界経済でもこの種の変動はかつて経験したことがなかったものである。そこに世界資本主義市場における各国経済の「外的」条件に大きな変化があったと見ら

れる。何よりもベルリンの壁崩壊に象徴される地球規模での世界経済体制の転換，世界化した市場の出現，すなわち資本主義的世界市場経済の形成とそのなかでも最も大きな変化の一つが，物価動向に投映されている。

　その基礎を一口にいえば，低賃金労働市場の世界的創出とその活用が急速に進んだ結果であったといえよう。1989年1月のベルリンの壁崩壊，1994年のWTO（世界貿易機構）の発足等の世界の政治，経済双方に起きた大きな変化に示されるように，資本主義的世界市場経済の大転換が進行し，その影響は物価水準の引き下げにも端的に示されたわけである。

　しかし「失われた」期間における日本経済の変化を名目ベースに置き直して考える必要もある。というのは日常生活における家計，企業経営におけるバランスシートで，これらのデータの基本となる「記帳」の数値は，名目価格すなわち貨幣表示ないしは市場価格表示である。実質GDPのように，ある基準時期を設け，いわゆるデフレーター（総合物価指数）で修正した評価値ではない。記帳された数値，すなわち日常感覚で表現された数値が基本的に名目値での把握である。だから"失われた20年"あるいは"失われた10年"という認識は，貨幣ベース評価で見ると正しい認識といえる。企業の売上高，収益等は名目値であるから，個々の経済主体から見ると経済の停滞どころか，経済の委縮が進行してきたことを意味しているのである[3]。

　それは必ずしも日本経済の内生的影響だけではないが，日本経済を取り巻く環境変化を反映する事象,すなわち外生的要因を強く受けた結果を示している。ただし，ここでその具体的変動の要因分析は後述するとして（第2節参照），日本経済の中核的要素である企業全体の動向を見てみよう。

(2) 減少続ける企業数

　日本の企業数を総務省「事業所・企業統計調査」で捉えると，そのピークは1996年で，企業総数は167万4465であった（図表1-1参照）。つまり失われた20年が始まった直後の1996年に，企業数はピークを示し，それ以降は減少過程に入る。日本経済の停滞開始には若干遅れて企業数の減少が始まっている。企

[図表1－1　企業数の推移（昭和56年～平成18年）]

調査年	実　数	増減率（％）	年　率
昭和56年（1981）	1,186,899	－	－
61年（1986）	1,330,385	12.1	2.3
平成3年（1991）	1,561,300	17.4	3.3
8年（1996）	1,674,465	7.2	1.3
13年（2001）	1,617,600	－3.4	－0.7
18年（2006）	1,515,835	－6.3	－1.3

（出所）　総務省統計局 HP（http://www.stat.go.jp/data/jigyou/2006/kakuhou/gaiyou/08.htm）

業数の増加率（ここでは5年ごとの調査のために前回調査比での増加率）は1991年が17.4％で，失われた20年の開始時にほぼ一致している。そして10年後の2001年からは企業数の減少期に入る。しかも減少率は，2001年がマイナス3.4％，直近の2006年がマイナス6.3％となり，マイナス幅が拡大している。経済活動の停滞とともに，経済活動を担う企業組織が遅れて減少することになる。

　もっとも企業数の減少はそのまま経済活動の衰退を示すものではないかもしれない。企業数の増減は，経済環境が厳しくなると，企業活動を効率化するために企業の合併・統合等の効率化を図る戦略の一つに企業組織を大型化し，組織的効率向上が図られることが少なくない。その結果，企業が減少する。逆に，経済環境が改善すると企業は積極的にリスク・テイク行動をとり，経済成長とともに企業参入が増える。こうした経済成長と企業数との関連が生まれるからである。しかし，この20年間には，経済かつ浮動の停滞を反映して，市場から退出する企業の数が，新規参入を大きく上回り，結局企業数の減少に結果する。

　では，企業数の減少はどのように生じているのだろうか。2001年から2007年までの5年間で産業間での企業数は激しい増減差がある。企業数の増減を産業ごとに見てみよう（図表1－2）。

　企業が増加した産業を見ると，医療，福祉が対前回調査比121.7％増，以下，情報通信業7.4％，農林漁業6.7％，電気・ガス・熱供給・水道業5.8％，教育，

[図表1－2　企業産業大分類別企業数（平成13年，18年）]

企業産業大分類	平成18年		平成13年		平成13年～18年	
	企業数	構成比(%)	企業数	構成比(%)	増減数	増減率(%)
全産業	1,515,835	100.0	1,617,600	100.0	-101,765	-6.3
農林漁業	10,616	0.7	9,952	0.6	664	6.7
鉱業	1,743	0.1	2,145	0.1	-402	-18.7
建設業	200,023	18.5	299,340	18.5	-19,317	-6.5
製造業	258,648	17.1	292,422	18.1	-33,774	-11.5
電気・ガス・熱供給・水道業	567	0.0	536	0.0	31	5.8
情報通信業	32,376	2.1	30,150	1.9	2,226	7.4
運輸業	46,505	3.1	48,377	3.0	-1,872	-3.9
卸売・小売業	442,412	29.2	433,601	30.5	-51,189	-10.4
金融・保険業	17,978	1.2	16,041	1.0	1,937	12.1
不動産業	101,434	6.7	100,151	6.2	1,283	1.3
飲食店，宿泊業	84,389	5.6	94,468	5.8	-10,079	-10.7
医療，福祉	15,126	1.0	6,822	0.4	8,304	121.7
教育，学習支援業	12,088	0.8	11,454	0.7	634	5.5
複合サービス事業	41	0.0	46	0.0	-5	-10.9
サービス業(他に分類されないもの)	211,889	14.0	212,095	13.1	-206	-0.1

（出所）　総務省統計局HP（http://www.stat.go.jp/data/jigyou/2006/kakuhou/gaiyou/09.htm）

学習業5.5％，不動産業1.3％増などである。医療，福祉が他産業に比してダントツに増えている。医療，福祉の増加は異常である。いわゆる高齢化社会化が急速に進むにつれて，医療・福祉需要（福祉要求）が急増し，これに対応する企業参入，資本の市場対応が驚くべき市場参入を促進させた事実を示している。この現象には，規制緩和政策や公的部門の民営化，市場化の追風もあって高齢者に対する介護制度，医療関連制度の参入促進の政策的効果も背景となっていることは明らかである。残りの諸産業も増加しているが，増加テンポは「桁違い」である。農林漁業のように産業衰退の中で，経営形態の企業化への変化が進んでいることを暗示する動きもみられる。

　他方，企業が撤退・減少した産業は，建設業(対前回比16.7％減，以下同じ)，製造業（11.5％），複合サービス業（10.9％），飲食店，宿泊業（10.7％），卸売・小売業（10.4％），建設業（6.5％），運輸業（3.9％）などである。一口で

これら産業は，いわゆるモノづくり産業部門を構成する産業であり，この分野の衰退が鮮明である。加えて，経済はモノづくりだけで以後区分けにはいかない体制である。モノづくり，生産に加えて，これらを運送，保管し，事業者間での販売・購買，さらに最終消費者への販売行為を担う卸売・小売等の商業活動，さらにはこれらを総合的に支援する広告・宣伝業，情報サービス業などの対事業所サービス業が大きな層をなして展開する。モノづくりが崩れると，積み木崩しのようにこれらの関連した運輸，商工業，サービス業も"道づれ"になる。集積効果ではなく，逆集積＝崩壊が生じる。日本経済の名目GDP値の減少には，この逆集積が大規模に進行してきたことを示している。

　企業数が増加する産業は基本的に医療，福祉業等の対個人サービス業であり，逆集積効果で減少する産業はいわゆるモノづくり産業を基礎にした脱工業化（かつて1970年代のそれはサービス業など他産業への移行現象であったが）ではなく，産業の崩落を意味する企業数減退が進展している部分を表わしている。これは別に，暗部を強調するのではなく，通常感覚で現実を適正に認識した結果導かれる結論である。

　同じ2001年から2006年までの5年間で資本金規模別階層での企業数の増減を

[図表1－3　資本金階級別企業数（平成13年，18年）]

資本金階級	平成18年		平成13年		平成13年～18年	
	企業数	構成比(％)	企業数	構成比(％)	増減数	増減率(％)
総　　数	1,515,835	100.0	1,617,600	100.0	－101,765	－6.3
300万円未満	24,272	1.6	16,621	1.0	7,651	46.0
300万～500万円未満	557,448	36.8	586,546	36.3	－29,098	－5.0
500万～1000万円未満	189,078	12.5	205,683	12.7	－16,605	－8.1
1000万～3000万円未満	607,128	40.1	673,041	41.6	－65,913	－9.8
3000万～5000万円未満	68,620	4.5	68,645	4.2	－25	－0.0
5000万～1億円未満	40,287	2.7	36,971	2.3	3,316	9.0
1億～3億円未満	14,801	1.0	15,455	1.0	－654	－4.2
3億～10億円未満	8,256	0.5	8,495	0.5	－239	－2.8
10億～50億円未満	3,886	0.3	4,039	0.2	－153	－3.8
50億円以上	2,059	0.1	2,104	0.1	－45	－2.1

（出所）　総務省統計局HP（http://www.stat.go.jp/data/jigyou/2006/kakuhou/gaiyou/10.htm）

見てみよう（図表1－3）。企業数全体で，2001年では3000万円未満企業が全体91.6%，2006年でも資本金3000万円未満の企業が全体の91.0%で中小企業比率はほとんど安定した比重を占める。しかし既述したように企業数は全体で6.3%というかなりのテンポで減少する中，資本金階層別の構成比でみると，一方では，300万円未満の小規模企業層が，01年で全体の1.0%から06年で1.6%へ増加し，比重は小さいものの増加率は46.0%と突出している。比重の増加を示すもう一つの資本金階層は5000万円～1億円の中堅企業層で，01年に全体の2.3%であった構成比が06年には2.7%に増加した。増加率は9.0%であった。小規模企業層の増加は，新規参入および上層からの"落層"（資本金規模の減少）によるものであろう。だが，上記の2階層の比重増加を除くと，全階層で企業数が減少していることに注目しなければならない。新規参入，創業支援等の動きの鈍さを想定させる。というのは，資本金3000万円未満の企業層でも，1000～3000万円未満，500～1000万円未満の階層がそれぞれ9.8%と8.1%もの減少を見せており，中小企業の上層でも減少傾向にあるという事実として理解できよう。同時に，資本金1億円企業の階層でもすべての階層で減少し，1～3億円未満が4.2%，3～10億円未満が2.3%，10～50億円未満が3.8%，50億円未満でも2.1%とそれぞれ減少している。1億円以上ではさすがに減少のテンポは低い。しかし大企業層にも企業数減少がみられることは，日本経済の停滞，というよりも資本蓄積テンポの委縮の一つの表れということができよう。

(3) 企業数の中核である個人企業階層の落層，退出に歯止めがなくなった

企業数全体の動向が日本経済の衰退現象は，基本的には法人企業および個人企業の長期動態に示される（図表1－4）。高度経済成長期から近年までの長期トレンドを見て見ると，個人企業は1980年代初期（1981年）にピークを迎えた。その後は30%近い減少が続き，2001年に313.2万企業が2006年には273.5万企業と，ついに300万企業ラインを切ってしまった。他方，法人企業は2001年の297.2万企業が2006年には295.5万企業に増え，法人企業数が個人企業数を上

[図表1－4　経営組織別事業所数及び従業者数（平成13年, 18年）]

	経　営　組　織	平成18年	構成比(%)	平成13年	構成比(%)	平成13年～18年増減率(%)
事業所数	総数	5,911,038	100.0	6,349,969	100.0	－6.9
	民営	5,722,559	96.8	6,138,180	96.7	－6.8
	個人経営	2,735,107	46.3	3,131,987	49.3	－12.7
	法人	2,955,123	50.0	2,971,593	46.8	－0.6
	会社	2,604,941	44.1	2,665,350	42.0	－2.3
	株式会社(有限会社を含む)	2,571,304	43.5	2,624,881	41.3	－2.0
	合名・合資会社	23,507	0.4	27,593	0.4	－14.8
	合同会社	254	0.0	…	…	…
	相互会社	7,686	0.1	10,466	0.2	－26.6
	外国の会社	2,190	0.0	2,410	0.0	－9.1
	独立行政法人等	23,784	0.4	…	…	…
	その他の法人	326,398	5.5	306,243	4.8	6.6
	法人でない団体	32,329	0.5	34,600	0.5	－6.6
	国，地方公共団体	188,479	3.2	211,789	3.3	－11.0
従業者数	総数	58,634,315	100.0	60,157,509	100.0	－2.5
	民営	54,184,428	92.4	54,912,168	91.3	－1.3
	個人経営	7,559,334	12.9	9,008,474	15.0	－16.1
	法人	46,494,876	79.3	45,760,713	76.1	1.6
	会社	39,963,113	68.2	40,620,058	67.5	－1.6
	株式会社(有限会社を含む)	39,538,664	67.4	40,020,974	66.5	－1.2
	合名・合資会社	158,521	0.3	190,713	0.3	－16.9
	合同会社	1,397	0.0	…	…	…
	相互会社	204,879	0.3	342,048	0.6	－40.1
	外国の会社	59,652	0.1	66,323	0.1	－10.1
	独立行政法人等	794,163	1.4	…	…	…
	その他の法人	5,737,600	9.8	5,140,655	8.5	11.6
	法人でない団体	130,218	0.2	144,981	0.2	－10.2
	国，地方公共団体	4,449,887	7.6	5,245,341	8.7	－15.2

（出所）　総務省統計局HP（http://www.stat.go.jp/data/jigyou/2006/kakuhou/gaiyou/03.htm）

回った。法人企業は，一貫して増加を続けてきたが，2006年には個人企業数を超えて，企業数の動向は個人企業数の動向よりも法人企業が主体となった。とはいえ，法人企業数の増加も，そのテンポは衰え，2006年はわずか0.6％ではあるが減少に転じている。企業数自体の減少が続き，企業形態のうえでも主役

交代が生じた。すなわち，個人企業の減少は継続し，かつ法人企業も停滞現象が生まれてきた。この状況をどのように把握するか，それが課題である。日本経済で活動する企業の構造形態が，個人事業形態から法人事業企業の形態に転換したが，これは企業法制の現代化による政策とともに，企業自身の疾患を基礎にしていると見ることができよう。しかし，それを織り込んで考慮しても，国勢調査ベースで把握できる個人企業は，それを構成する自営業主，家族従業者，雇用者のいずれもが減少傾向をたどっている。とくに2000年に入ると雇用者数も減少に転じたことが示される。日本経済を底辺で構築する企業組織主体が，その総体において落層ないしは市場経済から退出し始めている事象が明瞭である。

　個人企業層に生じている企業形態の落層は，世界経済的なマクロ経済の大きな変動の中では，マイクロ（小規模）企業であるからマイナーな存在と思われ，評価が軽視されがちである。しかし，それは誤解である。2006年で事業所数では個人企業比率が46.3％を占め，従業者数での個人企業比率は54.2％と大きな割合を占める。また，小規模企業の従業者数は法人が61.1％，個人企業が38.9％である。小規模企業，個人企業は，日本における就業者の大きな比重を占めているのである。この分野の存在が日本における雇用，就業に下支えの役割を演じてきた。すなわち，政策的保護も少なく，また事業家自身も日本経済の下支え役を演じているなどという大それた"任務"を背負わせてきたわけではない。文字通り，就業の"自生的"，"自律的"主体であったが，そこに形成された日本経済の底が抜けてしまった，といえよう。

　その意味を表示するのは，個人事業所数減少における「寄与度」（減少に果たす比重）および自営業主，家族従業者の寄与度の時系列的産業別推移を見ると明らかである（図表１－５）。始まりは1980年代の後半における小売業と製造業の減少に始まり，それが以後にも継続する。そのうえに90年代後半から飲食業，建設業・不動産業，サービス業に拡大してきた。いわば全面的に，全産業分野に減少傾向が定着することになった経緯を示している。1999年における中小企業政策の転換は，この現象を意識し，対応してきたとは思われないよう

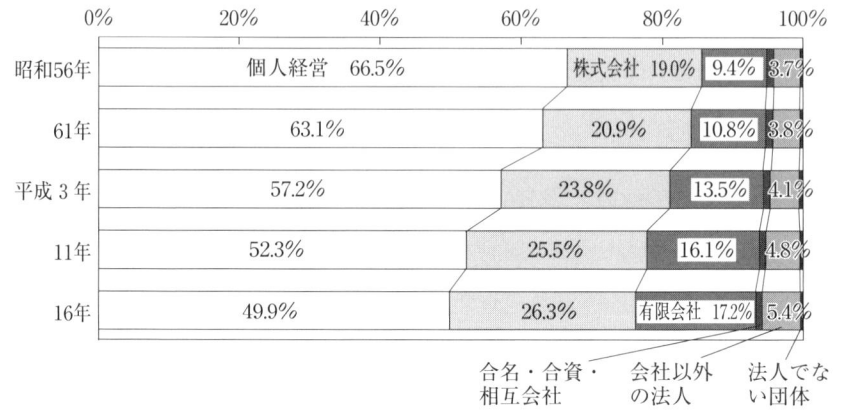

[図表1－5　経営組織別事業所数の構成比（昭和56年～平成16年）]

年	個人経営	株式会社	合名・合資・相互会社	有限会社	会社以外の法人	法人でない団体
昭和56年	66.5%	19.0%		9.4%		3.7%
61年	63.1%	20.9%		10.8%		3.8%
平成3年	57.2%	23.8%		13.5%		4.1%
11年	52.3%	25.5%		16.1%		4.8%
16年	49.9%	26.3%		17.2%		5.4%

（出所）　総務省統計局 HP（http://www.stat.go.jp/data/jigyou/2004/kakuhou/gaiyou/03.htm）

な状況である。正確に認識していたならば，公正か否かを問わずには，自由な市場競争の結果として，その後の推移を受けとめることはなかったであろう，と思いたい。

(4) 地域的衰退は周辺部から大都市部周辺へと迫っている

　事業所数，従業者数の都道府県別分布の変化を見ると，地域ベースで見ても日本経済の衰退，とくに中小企業の地盤沈下は明らかである。

　事業所数ではすべての都道府県で減少傾向が進んでいる。事業所数を2001年から2006年までの5年間の変化で，10％以上の減少を示す府県は，大分県（15.2％），大阪府（11.5％），愛媛県（11.2％）であり，これに近い減少が京都府（9.5％），秋田県（8.0％），高知県（8.0％），岐阜県（7.8％），徳島県（7.6％），山口県（7.6％），鳥取県（6.9％）などが8％水準を超えるマイナスである。注目すべきことは，減少地域は歴史的にも産業発展の中核を担ってきた地域で，経済発展の成熟した大阪府，京都府などが含まれており，産業化の中心地域が崩壊し始めているのではないかという事実がある。愛媛県，岐阜県，徳島県もかつては中核的な地域（地場）産業を有し，少なくともドメスティック・マー

ケットに影響力を有する産業集積地域であった。愛媛県の金属精錬業，造船業，製紙業，タオル産業，岐阜県のアパレル，陶磁器，化学工業，徳島県の藍産業，製薬等化学工業集積があった。それら地域の中核産業は，商流・物流，金融機能を集積して，大都市近傍の"有力な周辺"地域といってよいだろう。公共事業依存，国家依存なしで自立発展してきた地域であった。他方，後進県といわれる秋田県，鳥取県，高知県，大分県などは，"縁辺地域"とはいえないが，基幹産業が乏しく，それらを形成・補強するために企業誘致努力を続けたが，十分な成果を上げるには至っていない地域である[4]。

また，従業者数では，事業所数と違って増加都県が若干ある。すなわち，2001年から2006年にかけて沖縄県（4.5%），愛知県（2.0%），東京都（1.1%），埼玉県（0.4%）などで増加を見せている。これら4都県は沖縄県を除くと，いずれも大都市圏を形成し，機械系輸出工業の世界的集積地域であるだけでなく，強力な都市機能も兼ね備えている地域である。日本では外需依存経済発展の経

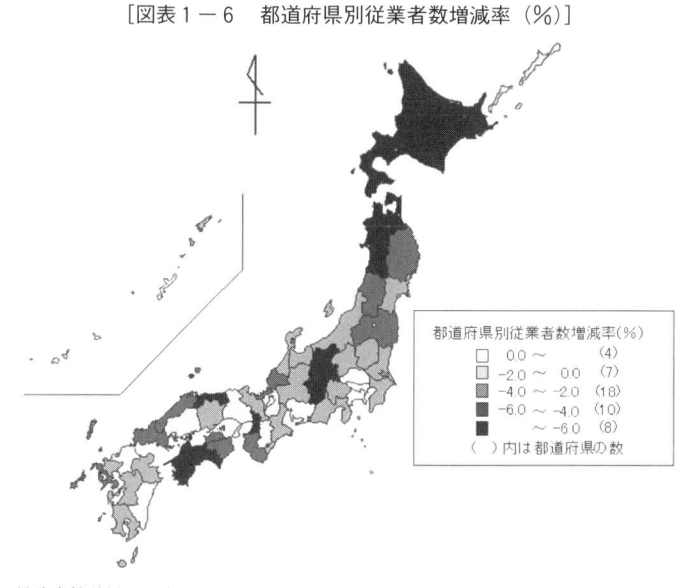

[図表1－6　都道府県別従業者数増減率（%）]

（出所）　総務省統計局 HP（http://www.stat.go.jp/data/jigyou/2006/kakuhou/gaiyou/07.htm）

済効果に浴してきた地域だといえよう。それらは企業逆集積も進んでいるとはいえ，新産業創出も活発で，新規の雇用需要も旺盛な地域である。それら以外は，全道府県で従業者数が減少した。なかでも青森県（8.6％），愛媛県および高知県（いずれも7.9％）などが大きな減少地域である（図表1－6参照）。これによって日本列島全体で"経済的寒冷化"が，かなり程度差をもって進んでいるといえる。

[図表1－7　都道府県別新設事業所数，廃業事業所数]

都 道 府 県	新設事業所数 ＊1	新設率(％) ＊2	廃業事業所数 ＊3	廃業率(％) ＊4	前回(平成13年) 事業所数
全　　　　　国	1,358,485	22.1	1,743,583	28.4	6,138,180
北　海　道	61,049	23.8	76,510	29.9	256,082
青　森　県	14,378	20.3	19,010	26.9	70,780
岩　手　県	14,460	21.1	17,579	25.7	68,387
宮　城　県	26,362	23.8	31,822	28.8	110,597
秋　田　県	11,291	18.3	16,253	26.3	61,730
山　形　県	11,726	17.3	15,920	23.5	67,608
福　島　県	20,139	19.2	26,908	25.6	105,069
茨　城　県	24,605	18.8	31,903	24.4	130,536
栃　木　県	18,826	18.7	25,316	25.2	100,561
群　馬　県	19,982	18.2	25,948	24.5	106,034
埼　玉　県	58,670	22.6	70,598	27.2	259,792
千　葉　県	46,844	23.4	58,276	28.1	200,094
東　京　都	198,699	27.9	239,730	33.7	711,021
神　奈　川　県	73,679	24.4	88,236	29.2	302,217
新　潟　県	23,329	17.1	32,708	24.0	136,143
富　山　県	10,863	17.5	15,020	24.2	62,074
石　川　県	12,501	17.9	17,762	25.4	69,982
福　井　県	8,398	16.6	12,240	24.2	50,553
山　梨　県	9,230	18.2	12,728	25.1	50,662
長　野　県	22,738	18.4	30,636	24.9	123,266
岐　阜　県	21,056	17.8	30,286	25.6	118,265
静　岡　県	37,206	18.3	52,257	25.7	203,033
愛　知　県	74,884	21.3	98,797	28.0	352,309
三　重　県	15,695	17.5	21,861	24.4	89,483
滋　賀　県	11,414	19.2	14,233	24.0	59,295
京　都　府	27,798	20.1	37,925	27.4	138,298
大　阪　府	112,781	23.7	158,053	33.2	475,778
兵　庫　県	61,757	25.3	72,980	29.9	243,951
奈　良　県	10,782	21.4	12,894	25.5	50,497
和　歌　山　県	10,304	18.3	13,847	24.5	56,411

鳥取県	5,964	19.9	8,056	26.8	30,026
島根県	7,336	17.3	10,297	24.3	42,382
岡山県	16,865	19.0	22,798	25.7	88,768
広島県	33,598	24.0	39,495	28.2	140,241
山口県	14,269	19.2	19,920	26.8	74,394
徳島県	7,431	17.2	10,715	24.8	43,120
香川県	10,563	19.2	14,795	27.0	54,885
愛媛県	13,369	17.4	20,147	26.2	76,971
高知県	8,558	19.5	12,051	27.4	43,928
福岡県	58,663	24.9	73,522	31.2	235,914
佐賀県	8,644	20.2	11,278	26.3	42,808
長崎県	14,816	20.3	19,855	27.2	72,900
熊本県	18,079	21.8	22,106	26.7	82,910
大分県	12,673	20.3	17,715	27.0	62,332
宮崎県	13,472	22.7	16,498	27.8	59,246
鹿児島県	18,957	22.0	23,567	27.4	86,280
沖縄県	24,512	34.7	24,982	35.4	70,569

*1　新設事業所とは，調査日現在に存在した事業所のうち，前回調査日には存在しなかった事業所をいう。その中には，前回調査の調査日の翌日以後に開設した事業所のほか，他の場所から移転してきたものを含む。
*2　新設率とは，前回調査の民営事業所数に対する新設事業所数の割合である。
*3　廃業事業所とは，前回調査日に存在した事業所のうち，調査日には存在しなかった事業所をいう。その中には，前回調査の調査日の翌日以後に廃業した事業所のほか，他の場所に移転してしてものを含む。
*4　廃業率とは，前回調査の民営事業所数に占める廃業事業所数の割合である。
(出所)　総務省統計局HP (http://www.stat.go.jp/data/jigyou/2006/kakuhou/gaiyou/07.htm)

　ところで，事業所・企業数，さらに従業者数の増減だけに焦点を当てると，"寒冷化"が進行しているように見える。しかし，事業所，企業の量的動向は，増減を合わせた結果，すなわち増加数と減少数の差であるが，新設事業所と廃棄事業所数との双方を見るとそこには"新陳代謝"をみることができる（図表1－7参照）。
　総務庁「事業所・企業統計調査」によると，2001年から2006年までの5年間に，新設事業所数（2001年調査に存在しなかった事業所および他の場所から移転事業所の合計）数は，135.8万事業所，廃業事業所は174.4万事業所である。2001年時点の事業所に対して，新設率は22.1％である。なた，廃業率は28.4％である（図表1－8参照）。15～20年間で日本の全企業が"新陳代謝"するほどの激しい交代現象がある。この新設・廃業率が市場転換，産業交代，事業革

[図表1－8　産業大分類別事業所の新設率及び廃業率(民営，平成18年)]

産 業 大 分 類	新設率＊3	廃業率＊4
全産業	22.1	28.4
農林漁業	23.4	21.6
鉱業	8.8	24.8
建設業	16.0	25.0
製造業	11.6	25.3
電気・ガス・熱供給・水道業	15.5	26.0
情報通信業	49.9	50.1
運輸業	22.7	28.8
卸売・小売業	19.5	29.8
金融・保険業	25.4	37.9
不動産業	19.4	21.7
飲食店，宿泊業	27.9	36.6
医療，福祉	39.5	19.9
教育，学習支援業	31.9	30.5
複合サービス事業	71.3	26.1
サービス業（他に分類されないもの）	23.3	25.2

＊3　新設率とは，前回調査の民営事業所数に対する新設事業所数の割合である。
＊4　廃業率とは，前回調査の民営事業所数に占める廃業事業所数の割合である。
(出所)　総務省統計局HP (http://www.stat.go.jp/data/jigyou/2006/kakuhou/gaiyou/02.htm)

新，事業環境変化への効率的適応等にどのように関係するかはこの統計だけでは明らかにできない。

　新設で全国平均（22.1%）を上回る都道府県は，北海道（23.8%），宮城県（23.8%），埼玉県（23.8%），千葉県（23.4%），東京都（27.0%），神奈川県（24.4%），大阪府（23.7%），兵庫県（25.3%），広島県（24.0%），福岡県（24.9%），宮崎県（22.7%），沖縄県（34.7%）である。大都市圏を含む東京，埼玉，千葉，神奈川の首都圏，大阪府，兵庫県の阪神都市圏，そして福岡県という3大都市圏で構成されている。それらに加えて北海道，宮城県そして異色は沖縄県である。沖縄県では豊見城市，石垣市，西原町などで那覇市域の拡大，島嶼観光業の急進展があったとみられる地域である。

　廃業率では全国の廃業率が28.4%という高さであり，20年足らずで，全企業が入れ替えられる"高速回転"，激しい"新陳代謝"率を示している。事業の

不安定化が急速に進んでいる反映といえよう。都道府県別に全国平均を上回る地域を見ると，北海道（29.9％），宮城県（288％），東京都（33.7％），神奈川県（29.2％），大阪府（33.2％），兵庫県（29.9％），福岡県（31.2％），沖縄県（35.4％）であり，廃業率でも沖縄県がトップである。新設，廃業ともに沖縄県の"新陳代謝"率が群を抜いて高い。あとは，首都圏（東京都，神奈川県），阪神圏（大阪府，兵庫県），福岡県の3大都市圏，そして北海道，宮城県がそれぞれ新設率の高い地域と重なっている。事業所数の新設・廃業の高率さを示す地域が重なっているということは，これの地域が変化を集約化し，他の地域は停滞色を強めている点で，二極化しているといえよう。

(5) 企業および事業所数減少の要因

日本経済衰退を象徴する企業数，なかでも中小企業の全国的減少の要因は，何よりも企業・事業所の担い手の主体的力量の減退，したがってそれら企業・事業を承継する次代の担い手候補者から敬遠されているという可能性である。これら個別事業者とその次世代を担う事業主体の事業意欲を統計的に証明する「企（起）業家精神」調査のような資料を見出すのは困難である。だが，一種の傍証ないしは状況証拠をあげることはできよう。

総務省「就業構造基本調査報告」（2007年）によると，5年以内に自営業主・家族従業者であってそれを辞めたものが，調査時点（2007年）でどのような就業状態になっているかを見ると，対象者数149万人のうち71％は無業者で，残り25％は雇用者に転職（落層）している。現在（2007年）無業者であるものの離職（退場）理由は，「病気・高齢のため」というのが54.7％である。この「退場」理由は，おそらく自主的退場ではなく，事業を継続したいけれども高齢・病気等の"不本意退場"が半数以上を占めている。このことは主体的条件を事由とする退場だとは割り切れない大きな数値である。このやむを得ざる，"不本意"の事実を無視はできない。それは単なる自営業者層「高齢化」現象という不可避的な自然現象とは異なるのである。自営業層における就労者層全体の高齢化が法人企業の高齢化を上回るテンポで進んでいることを考慮すると，自

営業層の担い手，すなわち小規模事業就労者全体の事業状況が，就労者を支える経済的，経営的条件の喪失過程にあること，就業者を追い出す経済的条件の強まりを示唆している。他方，現在有業者であるものの離職（退場）理由は「事業不振や先行き不安」が23.1％，「収入が少なかった」が16.5％，「会社倒産・事業所閉鎖」が11.2％であった。つまり50.8％が経済的理由，すなわち，雇用機会を見出せないこと，すなわち条件が許されるならば引続いて就労希望を有しているという事実を考慮すると，有効な就労機会の提供こそ政策課題であることを実証している。その意味では"新陳代謝"が実質的には阻害されていること，すなわち市場競争に敗れて退出を強制され，新規参入が抑制されている，とくに若年層が新設，開業に至る壁が高くなっているという結果が生み出される経済的，市場的，経営的条件の解明が待たれる状況である。

　小規模企業の就労状況の変化に示された事業所・企業を減少せしめる条件は何か。それ自体の要因も単純ではない。だが，基本的に小規模企業層の底辺事

[図表1－9　個人企業利益と非正規雇用者所得との水準比較（1人当たり換算）]

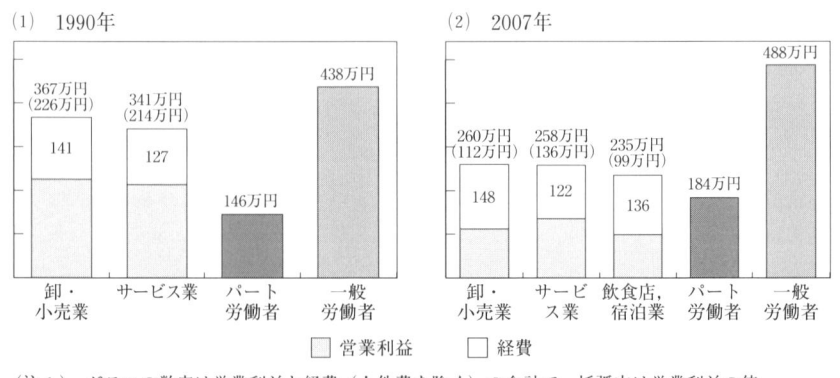

(1) 1990年

業種	合計（営業利益）	営業利益
卸・小売業	367万円（226万円）	141
サービス業	341万円（214万円）	127
パート労働者	146万円	
一般労働者	438万円	

(2) 2007年

業種	合計（営業利益）	営業利益
卸・小売業	260万円（112万円）	148
サービス業	258万円（136万円）	122
飲食店，宿泊業	235万円（99万円）	136
パート労働者	184万円	
一般労働者	488万円	

□ 営業利益　□ 経費

（注1）　グラフの数字は営業利益と経費（人件費を除く）の合計で，括弧内は営業利益の値。
（注2）　1990年の「卸・小売業」には「飲食店」が含まれ，「サービス業」には「宿泊業」が含まれる。
（資料）　総務省統括局「個人企業経済調査」
　　　　厚生労働省「賃金構造基本統計調査」，「毎月勤労統計調査」
（出所）　日本銀行日銀レビュー・シリーズ　高川泉，亀田制作「わが国における個人企業の動向とその背景」（2008年11月）
　　　　http://www.boj.or.jp/research/wps_rev/rev_2008/rev08j12.htm/

業領域では，法人企業が非正規雇用者の低コスト条件を活用し，低賃金労働者雇用を武器に，既存の小規模事業領域に低賃金を武器にした新事業運営を展開した。既存のコンビニ，チェーン展開の居酒屋などに象徴される飲食業，サービス業などに，個人事業が生き残れる条件を掘り崩し，彼らの息の根を止めた。法人企業が低賃金労働者の活用を武器にして，小規模事業者の生き残りをかけた最終的な小規模企業の存在領域に参入した。個人事業経営で獲得できる所得が圧縮され，非正規雇用者に近い事業所得水準に押し込まれたことがうかがえる（図表1－9参照）。

　その意味でも非正規雇用を急速に拡大してきた新自由主義的「構造改革政策」的労働政策の一環に形成された派遣労働などの労働市場政策が，多くの中小企業事業就労者を失業に追い込んだといえる。それだけではなく，中小企業領域といわれた事業領域自体を，市場革新，事業モデル革新ではなく，政策意図とは異なって，中小企業経営を低賃金労働者の活用によって既存中小企業の事業領域を縮小再生産に追い込んできたのである。

　新自由主義的市場政策の回路が縮小再生産の連鎖であることを認識し，政策が招いた結果を想定，考慮するなどの課題意識を持つことは，政策当事者には到底できなかったのであろう。今でもこの点は認識できてはいないと思われる。この間の中小企業研究には，中小企業政策が個別企業の経営成長技術の研究支援に集中するという偏りをもってきた。その結果，"研究資源"集中領域が，日本経済全体との関連を常に考慮して推進してきた日本の中小企業研究の意義を政策担当者，研究者が十分認識してこなかったといえよう。

Ⅲ．世界市場化の中で中小企業に何が起きているのか

(1) 地球規模の金融化資本主義

　この20年というよりも正確には1970年代初頭から数えれば，ほぼ40年余りの間，資本主義的世界市場経済に大きな変化を見せ，世界市場経済を変えてきた。その事象を詳しくは解説できない。中小企業の事業展開に関して経営，産業，

市場等に対する中小企業による革新が強調されればされる。逆にそこに中小企業に課せられた課題が強調されている。曰く，経営，事業やそのモデル，産業，市場等の次元の新規性，革新性がそれである。とは言え，その新規性，革新性を評価する要因は，世界経済がアメリカ・イギリス中心の世界的金融化戦略に中小企業がそのサブシステムに動員され構造を見せるのである。それとともに，このアングロ・サクソン的世界への対応に向けた政府の経済政策が，無条件に適応する政策が進められてきた。

　1963年に制定された中小企業基本法は，周知の通り中小企業経営の発展や地域経済の発展を目標にしたというよりも，最終ゴールは大企業支援，大企業の輸出競争力強化に集約されていた。というのは，この年，日本はIMF（国際通貨基金）協定第8条国に移行した。それは，資本取引の自由化をもたらし，第二次大戦後において敗戦国扱いが終わり，日本経済が本格的な国際競争に直面するに時代に移行するに至ることになった。これに対する政府の中小企業政策は，大企業の意を受けて，中小企業それ自身の成長・発展をめざす諸課題を設定して，それへ挑戦する支援体系を設定するのではなく，日本経済の担い手と見なされた輸出製品生産に関連する大企業および最終製品生産に必要な部品，部材向けの素材・原材料供給を担う重化学工業部門における大企業支援を基調とする政策体系構築を図った。そこでは，最終製品と素材・原材料供給大企業の中間に立ち，輸出大企業に部品・機材供給の担い手として，中小企業が有する技術力および低コスト生産体制の構築に着目する。中小企業の存在は，輸出競争力強化を目標に，中小企業振興は，その手段に位置づける。これらを総括りし，日本経済の産業構造高度化，すなわち，中小企業政策を産業構造政策の一部門として編成し，これを中小企業基本法，それに必要な技術，経営の近代化政策をセットにして打ち出した。この政策振興の基本に，中小企業基本法制定の狙いがあった。

　その評価に関しては，あまり否定的論議はないであろう。ただ，日本経済展開の方向を新自由主義に明確に舵を切った21世紀に向けた経済政策，さらには中小企業政策に関しても，歴史的に政策目的とその手段との関係にもこの視点

が形を変えて継承された。1999年の新中小企業基本法制定に盛り込まれた。

　しかし，産業構造政策をどのように推進するかではなく，世界経済市場競争の担い手とされた大企業は，中小企業研究者や政策研究者たちの関心の所在とは別に，金融市場，資本市場支配という新しいシステムに対応し，中小企業の活力を再吸収するシステムの構築を求めた。世界経済の金融システム化の中に，改めて中小企業の存在，その経済・経営力を位置づける戦略を展開してきた。この点を多くの事業主体，政策主体も押し流された。この意味では中小企業だけでなく，その政策にも世界経済における国家政策としての国民経済と世界経済（競争）との間に"漂流"現象が起きて，企業数減少に見られる衰退現象に連なる根拠があったといえよう。

【注】

(1)　日本経済において中小企業が経済のバック・ボーン（屋台骨）であるという認識は，「ヨーロッパ小企業憲章」および日本政府もサインしている「OECD中小企業憲章」（いずれも2000年に採択）において国際的表現を与えられるようになった。日本においては，国際的な動きに遅れること10年，2010年6月参議院議員選挙直前に「中小企業憲章」が"閣議決定"された。政府の"閣議決定"によって中小企業憲章が制定されたという意義やその効果は今後の推移を見守らなければならない。というのは，この閣議決定による政策効果は中小企業政策の将来に属する領域にある。この将来領域は中小企業（中小企業家）やそれら組織や業団体の運動や行政による中小企業政策への政策的影響力抜きには実現し得ないからである。日本の中小企業憲章制定が中小企業政策にどのように効果を発揮するかはまだ検証するに足る政策変化は見られない。ただ，中小企業経営の全体状況を見ると，以下本文で述べるように，現実はまったく厳しい事態にある。憲章の閣議決定はこの事態の改善に向け，中小企業を励ます効果はあるかもしれない。ただ，OECD中小企業憲章に類似した構成と内容をもったこの2010年6月の閣議決定は，日本政府がOECD憲章を採択しながら，採択から10年遅れの"閣議決定"となった。それは一種の「再制定」にもあたるものであり，二度目の「屋」を重ねた面が否めない。重要なことは，憲章，ビジョン等が政府筋から出る

場合には，中小企業経営の環境が厳しくなるという予想に対し，中小企業への激励な
　　　いしは政策補完の措置という面もある。つねに現実と政策との関係を見ておく必要が
　　　ある。なお，中小企業憲章に至る日本の中小企業政策と EU 小企業憲章についての詳
　　　論は，三井逸友『中小企業政策と中小企業憲章』(花伝社，2011年) を参照のこと。
⑵　筆者も21世紀を「中小企業の時代」という表現で，中小企業経営の存在とその経営
　　　的発展に期待をかけてきた。それは，中小企業経営の量的増加はもとより，日本経済
　　　における公正な市場秩序形成，経済的民主主義強化に向け，中小企業の役割発揮の余
　　　地が大きいことを示そうとしたのである（中小企業家同友会・企業環境研究センター
　　　『企業環境研究センター年報』（第 5 号，2002年 1 月）。それはここで触れた限定的「期
　　　待」である。またその際，中小企業政策が狭い経済政策の範囲に限定されるべきでな
　　　く，日本経済の憲法的原則である独占禁止法（＝公正取引法）の担い手として，
中小企業の存在が経済的公共性，すなわち公的性格があるという認識こそが基礎におか
　　　れるべきであると考えるからである。この点の論点も上記『企業環境研究センター年
　　　報』第10号，第11号，第12号，第15号の各号で行財政改革を絡ませた産業政策の縛り
　　　から脱皮する必要とその根拠を論じた（『行財政改革と中小企業政策』[上，中，下の
　　　1，下の 2]）。同様の趣旨を「中小企業政策の基礎と日本の中の小企業政策」（阪南
　　　大学学会『阪南論集　第45巻，第 3 号　社会科学編　大槻真一学長大観記念号』（2010
　　　年 3 月）も参照いただければ幸いである。
⑶　実物ベースでの経済活動において低成長経済ないしは需給ギャップ存在の条件は，
　　　何よりも賃金所得の減少にくわえ，社会保障制度の後退を政策理念とした新自由主義
　　　的政策（その体系的実施を目指した小泉内閣時代の「構造改革」政策）がもたらした
　　　政策効果として最終民間（国民）消費需要の委縮＝内需不足と BRIC's など新興国地
　　　域の経済成長がもたらした低価格商品流入とういう世界経済規模での競争を組織した
　　　グローバリゼイション，すなわち多国籍企業がもたらした低価格商品の世界的氾濫の
　　　効果が生んだデフレ（価格低減）状態を意味する。リーマンショックから2011年以降
　　　の今日では，世界同時不況対策のために実施されたアメリカ，ヨーロッパそして日本
　　　での通貨乱発が世界的インフレ（＝ドルの価値減価）を招き寄せる世界的インフレー
　　　ションの危機に連なる可能性が高まっている。最近の鉄鋼，レアメタル，石炭，石油

など資源価格，穀物などの基幹的食糧価格の上昇要因には，成長なきインフレへの移行というシナリオが含まれてきている。金融危機と財政危機の複合が危惧される中，東日本大震災に見舞われ，日本経済の道行きに新たな課題が生まれている。この事態は，経済政策の有効性をもっとも問われる時代であることを意味している。中でも中小企業経営の再建と発展が緊急課題となっている。世界のものづくりの危機に発展することだけは避けなければならないからである。

(4) 各地に企業誘致を進めるための立地企業優遇措置が採られて来ている。企業誘致政策自体は決して誤った政策ではない。だが，20世紀80年代から誘致された立地企業は，従来までの数十年に及ぶ存続は失われ，世界競争で激しい新陳代謝が生じ，活動期間が著しく短縮している。5年程度で撤退する企業も少なくない。それでは地域経済社会の誘致効果どころか，地域経済に破壊効果が残ってしまう。大企業立地政策が中小企業に有効な発展効果が薄れるような誘致政策ではなく，中小企業を有効に展開することを抜きには経済の安定的発展が期待できなくなってしまっている。地域における製造業発展政策の全体戦略の見直しが求められている。なお，この問題については2011年2月6日『しんぶん赤旗』1面および差面の「補助金受け撤退続出」の記事を参照されたい。この実情を事例研究した㈳大阪自治体問題研究所［2007］『地方自治体と企業誘致』，高橋慎二［2010］「地方工業集積の形成・発展過程の特質と課題」（日本大学経済学部『産業経営研究』第32号）などを参照。また，今後の転換方向の政策論議には，植田浩史編［2007］『自治体の地域産業政策と中小企業振興条例』（自治体研究社），岡田知弘［2009］『地域づくり経済学入門 地域内再投資力論』（自治体研究社），岡田知弘ほか［2010］『中小企業振興条例でちいきをつくる』（自治体研究社）などに基本的論点が提起されている。

【参考文献】

中小企業庁『中小企業白書』（各年版）

経済産業省『製造基盤白書（モノづくり白書）』（各年版）

日本中小企業学会編『日本中小企業学会論集』（各年版）

中小企業家同友会企業環境センター『中小企業研究センター年報』（各年版）

福島久一［2006］『現代中小企業の存立構造と動態』新評論
三井逸友［2011］『中小企業政策と中小企業憲章―日欧比較の21世紀』花伝社

（永山　利和）

第2章 経営理念と『資本論』

Ⅰ．はじめに

　『資本論』は金儲けの書ではない。戦前，昭和恐慌の折，手っ取り早い儲け口を見つけるためネームに惹かれて『資本論』を買った株屋がいたという笑話があるが，たしかにこの書を読んでも，"濡れ手で粟"の一攫千金は得られるべくもない。

　しかし『資本論』は「近代社会の経済的運動法則を暴露すること」を「最終目的」（社会科学研究所監修『資本論』Ⅰa，p.12。ただし，訳文は異なることがある）とする経済学原理論であり，この書から経営学＝「個別資本対象」説が導出された経緯をみても，この書はまた経営学原理論たりえる内実を備えている。

　しかも個別企業がゴーイング・コンサーン，価値ある存続を志すならば，導きの糸は随所に示唆されている。では，その導きの糸はどうしたら見えてくるか。そのためには，内田義彦氏が『資本論の世界』で説いた「ポジ」＝歴史貫通的，「ネガ」＝歴史特殊的という「複眼」の視座が必要となる。

　小論はこの「複眼」の視座を「労働の二重性」の視角によって据え直し，具体的・有用労働＝使用価値――「歴史貫通的」なものを貫くならば，社会的分業と私的労働のもとでの抽象的・人間労働の対価である価値・剰余価値・利潤は後から付いてくるという不磨の経験法則こそ経営理念の根底に据えられるべきであることを提唱するものである。

　そしてそのことは歴史貫通的なものであるから，『荀子』巻第二　栄辱篇でいう《先義後利・先利後義》とも通じるものがある。すなわち「義を先きにして利を後にする者には栄あり，利を先きにして義を後にする者には辱あり（義を先に考えて利益を後のこととする者には栄誉があり，利益を先に考えて義を後

にするものには恥辱がある」（金谷治訳注『荀子』岩波文庫（上），p.57））。

　それでは「義」＝正しさとは何か。ここでは，まずもってそれを他人のための使用価値＝社会的利用価値，端的にいって品質であることを追究したい。

　なぜ，そういえるのか。以下，ご一読していただきたい。

Ⅱ．経営理念の分析視角

　資本主義的企業は労働力の商品化がなされるまでに至っているがゆえに，商品生産が最高に発達した経済社会構成体である。そこで資本主義企業の根底を理解するためにはまず商品がいかなる属性を持つものなのかが把握されなければならない。

そのさい枢要点は労働の二重性を分析視角の基軸において問題を解明することである。

　さて，マルクスは『資本論』第1部第1篇第1章「商品」第2節「商品に表わされる労働の二重性」において「私によってはじめて批判的に指摘された」「労働の二重性」は「経済学に理解にとって決定的な点」（社会科学研究所監修『資本論』Ⅰa，新日本出版社，p.71）であるとその意義を強調して商品に内属する具体的・有用労働と抽象的・人間労働について立ち入った説明を与えている。

　すなわち労働は具体的・有用労働としては「その目的，作業様式，対象，手段，および結果」によって規定される「一定の種類の生産的活動」（同，p.71）である点で具体的労働であるとともに，その「労働がつねに有用効果との関連で考察される」（同上）点で有用労働とされ，その有用的労働の総体が社会的分業として現われる。そしてこの労働は「あらゆる社会形態から独立した人間の一実存条件」であり，「人間と自然との物質代謝を，それゆえ人間的生活を媒介する永遠の自然必然性」（同，p.73）であるとされる。

　したがって具体的・有用労働は使用対象をつくり出し，商品の属性としては使用価値の形態をとる。

他方，具体的・有用労働は抽象的・人間労働でもある。すなわち，裁縫労働，織布労働といった具体的・有用的形態を捨象＝抽象するならば，「労働に残るのは，それが人間的労働力の支出である」(同，p.75)ということだけである。これは「人間の脳髄・筋肉・神経・手などの生産的支出」(同上)であるという意味で人間的労働である。そこでこの属性は抽象的・人間労働と呼びうるもので，この抽象的・人間労働の凝固体が商品価値の実体をなす。

そこで，整約すると，こういえる。

「すべての労働は，一面では生理学的意味での人間労働力の支出であり，同等な人間的労働，または抽象的・人間労働というこの属性において，それは商品価値を形成する。すべての労働は他面では特殊な目的を規定された形態での人間労働力の支出であり，具体的・有用労働というこの属性において，それは使用価値を生産する」(同，p.79)。

ところで具体的・有用労働は「あらゆる社会形態から独立した人間の一実存条件」，「永遠の自然必然性」であるから，歴史貫通的である。これに対し，抽象的・人間労働はそのものとしては「生理学的意味での人間労働力の支出」であるから，歴史貫通的であるが，その属性が商品価値という形態をとるのは社会的分業に加えて，歴史的に特別な条件，すなわち「自立的な，互いに独立の私的労働の生産物」であるときにのみである。したがって労働生産物が商品として現われるというのは歴史特殊的であるのである。

ちなみにマルクスは労働の二重性にもとづいて，一般的に歴史貫通的規定性のことを「物質的規定性」(stofflichen Bestimmtheit)，歴史特殊的な規定性を「経済的諸関係の独特な形態規定性」(『経済学批判』，『マルクス・エンゲルス全集』第13巻，p.79)＝「経済的形態規定性」(ökonomische Formbestimmtheit)と呼んでいる。しかしここでは直観的な判りやすさを考慮し，"歴史貫通的"，"歴史特殊的"の言い現わし方を採ることにしたい。

この労働の二重性という決定的な点から帰結されるには，およそ経済社会，ひいては一般社会の事象を分析するさいには，労働が人間生活の根底をなすがゆえに，具体的・有用労働＝歴史貫通的，抽象的・人間労働＝歴史特殊的とい

う「複眼」の構えでアプローチすべきであるということになる。

Ⅲ．なぜ，経営理念が必要か

　それでは企業においてなぜ経営理念が必要・不可欠なのであろうか。
　それは具体的・有用労働の現場である労働過程の然らしめるところであるからである。『資本論』第1部第2篇「絶対的剰余価値の生産」第5章第1節「労働過程」において労働過程（Arbeitsprozeß）を説明した一文で，こういっている。
　「労働は，まず第一に，人間と自然とのあいだの一過程，すなわち人間が自然とその物質代謝を彼自身の行為によって媒介し，規制し，管理する一過程である。人間は自然素材そのものに一つの自然力として相対する。彼は，自然素材を自分自身の生活のために使用しうる形態で取得するために，自分の肉体に属している自然諸力，腕や足，頭や手を運動させる。人間は，この運動によって，自分の外部の自然に働きかけて，それを変化させることにより，同時に自分自身の自然を変化させる。彼は，自分自身の自然のうちに眠っている諸力能を発展させ，その諸力の働きを自分自身の統御に服させる（……）。蜘蛛は織布者の作業に似た作業をおこなうし，蜜蜂はその蝋の小室の建築によって多くの人間建築師を赤面させる。しかし，もっとも拙劣な建築師でももっとも優れた蜜蜂より最初から卓越している点は，建築師は小室を蝋で建築する以前に自分の頭のなかでそれを建築しているということである。労働過程の終わりには，そのはじめに労働者の表象（Vorstellung）のなかにすでに現存していた，したがって観念的に（ideell）すでに現存していた結果が出てくる。彼は自然的なものの形態変化を生じさせるだけではない。同時に，彼は自然的なもののうちに，彼の目的（Zweck）——彼が知っており，彼の行動の仕方を法則として規定し，彼が自分の意志をそれに従属させなければならない彼の目的——を実現する」（同上，pp. 304-305）。
　すなわち人間の人間たる所以は，労働過程において，表象・観念のうちに前

もって現存する目的をもっていて，それでもって過程の遂行を統御することにある。

　もっとも「彼が知っており，彼の行動の仕方を法則として規定し，彼が自分の意志をそれに従属させなければならない彼の目的」という場合の「目的」はとりあえずは対自然，人間と自然とのあいだの過程であって，なお，対人間，人間と人間とのあいだの過程は前面に出ていない。しかし，この後者の過程については後論に譲るとして，目的定立ということは本能で動く蜜蜂とは異なる理性をもつ人間固有のものであることをまず抑えておくべきであろう。

　つぎに，ここでいう「彼」は人間一般であって経営者ではない。しかし「彼」＝人間が労働過程の遂行を実践するなかで，こういう使用価値のあるものをつくりたいという目的が固まるならば，彼が起業家として会社を起こしたさい，それの目的は彼の経営理念に昇華されるのであってみれば，ここに経営理念の起点があるといえよう。

　では目的と経営理念との関係はどう捉えられるべきか。これについては経営理念研究の泰斗，中川敬一郎氏の「経営理念の国際比較」（中川編著［1972］所収）の第1章「『経営理念』研究の方法と問題」における氏の経営理念の規定が参考になる。そこで，中川氏はまず「経営理念の研究への共通の出発」点として，以下の二点を確認する。「まず第一，『経営理念』とは基本的には社会のビジネス・エリート，すなわち経営者がみずから企業経営について表明する見解であること」，「第二に，『経営理念』は経営者のたんなる主観的態度の問題ではない。つまり経営理念は，経営者が文書なり講演なりによって社会的に公表した見解であり，その点で経営者の抱懐する価値観や個人的信条など，いわば文化の潜在的側面と区別されなければならない。またその意味では『経営理念』はなんらかの論理性を含んでおり，そのかぎりで社会的な妥当性をもち，また，それを批判したり展開したりすることが可能なものである」（同，p.6）。

　そしてこの観点に立って経営理念をこう定義する。「経営理念とは経営者自身によって公表された企業経営の目的，および指導原理であること」（同，p.9）。

すなわち経営理念とは目的プラス指導原理とされているが，まずもっては目的，そしてその系として指導原理が位置づけられている。

そうだとすれば経営理念を打ち立てるにあたって表象・観念のうちに前もって現存していなければならないのは，何を措いても目的であり，これが定められていなければ経営過程は進行しないのである。

なお，この労働過程もまた具体的・有用労働と同じく歴史貫通的なものと規定される，すなわち労働過程は「諸使用価値を生産するための合目的的活動であり，人間の欲求を満たす自然的なものの取得であり，人間と自然とのあいだにおける物質代謝の一般的条件であり，人間生活の永遠の自然的条件であり，それゆえ，この生活のどの形態からも独立しており，むしろ人間生活のすべての社会形態に等しく共通なものである」(『資本論』Ⅰa，p. 314)。

そこで人間発達史の一定段階で商品生産・商品流通が経済社会に地歩を占めるにつれ前期的商業資本，高利貸資本，初期マニュファクチュアのうちから企業が生まれ，経営理念が求められるが，経営理念は歴史貫通的な領域に属するというべきである。

しかし商品生産にあってはその生産過程は労働過程と労働力の価値を補填するだけの価値形成過程との統一でもすんだが，労働力までも商品化する資本主義のもとでは価値増殖，すなわち労働力の価値を越える剰余価値の追求が推進的動機，規定的目的となる。したがって，資本主義的生産過程は労働過程と価値増殖過程との統一として進められる。

ただしここで押さえておかなければならいのは「社会的生産過程」というものがあることである。それでは「社会的生産過程」とは何か。『資本論』第3部第7編第48章「三位一体的定式」の一文によるならば，

「社会的生産過程は，人間生活の物質的実存諸条件の生産過程であると同時に，また，独自な歴史的・経済的な生産諸関係のなかで行なわれる，この生産諸関係そのものを――したがってまた，この過程の担い手たちを，彼らの物質的実存諸条件と彼ら相互の諸関係とを，すなわち彼らの一定の経済的社会形態を――生産し再生産する一過程でもある。というのは，この生産の担い手たち

が，そこにおいて自然と結び彼ら相互のあいだでも結び合うこれらの関連の全体，彼らがそこにおいて生産するこれらの関連の全体，この全体こそ，社会——その経済的構造からみての——だからである」（Ⅲb，p. 1438）。

すなわち「社会的生産過程」とは労働過程と独自な歴史的，経済的生産関係との統一のことである。論者によっては「労働過程」と「生産過程」の区別を忘失する向きがあるが，生産過程は「労働過程」に加えて小商生産者，資本家と賃労働者といった生産関係を含む概念なのであり，混同は許されない。しかしその生産関係は独自な歴史的なものであるから，別言すれば歴史貫通的なものと歴史特殊的なものとの統一体である。それゆえまた「社会的生産過程」は経済的構造からみた社会＝経済社会構成体の別称ともなる。

そうだとすると，商品生産は労働過程＋価値形成過程，資本主義は労働過程＋価値増殖過程だというとき，その所以はそれが「社会的生産過程一般（gesellschaftlichen Produktionsprozesses überhaupt）の歴史的に規定された一形態」（同上）だということにほかならない。

このように価値形成過程，価値増殖過程とも特殊歴史的なものであるが，資本主義的生産様式のもとでは剰余価値の取得が絶対的法則であり，かつまた競争がその法則を強制法則とするがゆえに，使用価値なくしては価値もないにもかかわらず，労働過程なくして価値増殖過程もないにもかかわらず，個別企業，なかでも大企業にあっては資本の人格化を体現する経営者によって価値増殖過程に労働過程が従属し価値増殖＝剰余価値の搾取が第一義とされる。すなわち歴史貫通的な使用価値・労働過程が歴史特殊的な価値・価値増殖過程に従属させられるという転倒性が生ずる。そして剰余価値波は投下総資本との関係においては利潤に転化するので，この転倒性は《利潤追求第一主義》というべきものとして現われる。

Ⅳ．いかなる経営理念が求められるべきか

さて，社会的生産過程一般には自然と人間との関係と人間と人間との関係の

二側面が包括されている。このうち，自然と人間との関係においてまずなされなければならないのは使用価値を生産することであり，これは労働過程で遂行される。

このことは商品生産にあっても前提的根本条件であって，それなくしては価値はありえない。したがってマルクスは使用価値と価値の関係についてこういう。

「使用価値は富の社会的形態がどのようなものであろうと，富の物質的内容（stofflichen lnhalt）をなしている。われわれが考察しようとする社会形態においては，それは同時に交換価値の物質的担い手（stofflichen Träger）をなしている」（『資本論』Ⅰa, p.61）。

すなわち使用価値は歴史貫通的なものとして「富の物質的内容」であるとともに特殊歴史的にあらわれるときには「交換価値の物質的担い手」なのである。

しかもその使用価値は他者にとって，社会にとって有用でなければならない。それゆえ「商品を生産するためには，彼は使用価値を生産するだけでなく，他人のための使用価値を，社会的使用価値（gesellschftlichen Gebrauchswert）を生産しなければならない」（同, p.70）のである。

他人のための使用価値＝社会的使用価値のあるものをつくるということは取りも直さず顧客本位，お客様あっての商売ということを実行しなければならないということである。

しかし，資本主義のもとでは，価値増殖過程に労働過程が従属するという転倒性が，商品生産次元では特殊歴史的なものである交換価値のために歴史貫通的なものである「富の物質的内容」である使用価値が損なわれ，それゆえ使用価値，他人のための使用価値＝社会的使用価値であることを充たさないという転倒性が現われる。

『資本論』第1部第3篇第8章「労働日」第3節「搾取の法的制限のないイギリスの産業諸部門」では「製パン業」に関し，その転倒性の典型的現われである使用価値偽造を記している。

「信じられないほどのパンの不純物混和，ことにロンドンにおけるそれは，

『食料品の不純物混和に関する』下院委員会（1855-1856年）とハッスル博士の著書『摘発された不純物混和』とによってはじめて暴露された[74]。これらの暴露の結果は『食料品および飲料品の不純物混和防止のための』1860年8月6日の法律であったが，それは，不純商品の売買によって『"正直に働いて金をもうけよう"』〔英語の成句〕と企てるすべての"自由商業主義者"に対して，もちろん最大の思いやりを示しているので，実効のない法律であった[75]。この委員会そのものが，自由商業とは本質的に不純品の，またはイギリス人の気のきいた言い方によれば『混じりもの』の取引のことであるという確信を，いくらか素朴に言明した。実際に，この種の，『混じりもの作り』＊1は，白を黒に，黒を白にする術をプロタゴラス〔ソフィストの祖〕よりもよく心得ており，あらゆる現実的なものがたんなる仮象にすぎないことを"実見によって"証明する術をエレア派＊2よりもよく心得ている[76]〔……〕。

[74] 粉末にするか塩を混ぜた明礬が，『パン屋の材料』という意味ありげな名前をもつ通常の商品となっている。

[75] 周知のように，煤は炭素の効能がきわめて強い形態であって，資本主義的煙突掃除業者がイギリスの借地農場経営者に販売する肥料になっている。さて，1862年に，イギリスの『陪審員』は，ある訴訟で，買い手に内緒で90％のほこりと砂が混ぜられている煤が『商業的』意味で『本物の』煤であるか，それとも『法律的』意味での『不純な』煤であるかを決定しなければならなかった。『"商業の友"』は，それは『本物の』商業的な煤であると決定をくだして原告の借地農場経営者の訴えを却下し，おまけに原告は訴訟費用を支払わなければならなかった。

[76] フランスの化学者シュヴァリエ＊3は，商品の『"混じりもの製造"』に関する論文のなかで，彼が検査している600余の品目の多数について，10種，20種，30種もあるさまざまな不純物混和の方法を数え上げている。彼は，自分がすべての方法を知っているわけではなく，また自分が知っているすべての方法に言及しているわけでもない，と付け加えている。彼は，砂糖については6種，オリーヴ油については9種，バターについては10種，塩については12種，ミルクについては19種，パンについては20種，ブランデーについては23種，小麦粉については24種，チョコレートについては28種，ワインについては30種，コーヒーについては32種などの不純物混和の仕方をあげている。主なる神でさえ，この運命をまぬがれない。ルアール・ド・カル『聖体の偽造について』，パリ，1856年，を見よ。

＊1 〔ギリシアの弁論術・修辞学を業としたソフィストたちにちなみ「詭弁を弄する」と「混ぜものをする」の二義にかけた言い方〕

＊2 〔『有るということ』が真の不変な実体であり，運動等は仮象にすぎないとするギリシア哲学の一派〕

＊3 〔主著に『食物，薬物，および商品の内実の変造と不純物混和の辞典。鑑別法の指示を付す』パリ，1850-1852年，全二巻がある〕

　たしかに聖書通のイギリス人は，聖寵〔神の恵み〕の選択によって資本家や地主や聖務業務のない聖職禄受領者となっているのでなければ，顔に汗してパンを食う〔『旧約聖書』，創世記，三・一九〕のが人間の天職であることは知っていたが，しかし，人間が自分のパンを食うときに，毎日，明礬，砂，その他の結構な鉱物性成分は別としても，膿瘍(のうよう)の膿や蜘蛛(うみ)の巣やゴキブリの死骸や腐ったドイツ製酵母の混じった，ある分量の人間の汗の賜物を食わなければならないのだとは知らなかった。それゆえ，神聖な『自由商業』陛下には何の敬意も表することなしに，それまで『自由』であった製パン業が国家監督官の監督に服させられる（1863年の議会の会期末に）」（同，pp. 425-427）ことになる。

　現在，日本でも食品衛生法，食品安全基本法，広くは製造物責任法（PL法）などがあって監督がなされており，19世紀のイギリスほど野放図で破廉恥な食品偽造はないとしても食品添加物のうちには化学者シュヴァリエが危険視するであろうものがあろうし，近年，世間を驚かせた「赤福」（三重県伊勢市）の消費期限の改ざん，「船場吉兆」（大阪府大阪市）の精進料理の使い回しなど，不純商品の売買は後を絶たない。当時，イギリス議会は「自由商業」＝経済的自由主義とは「本質的に不純品の取引のことであるという確信」を表明したといわれているが，この事情は21世紀になってもほとんど変わっていない。

　しかし「物がもつ諸属性のうち効用に結びつく属性が品質である。品質は使用価値の具体的内容，あるいは現象形態である」（河野五郎『使用価値と商品学』第1章「商品学と使用価値」，p.50）という品質論に立つならば，使用価値・品質は仇やおろそかにできない。おろそかにするなら，よくても商品ボイコット，悪ければ倒産の憂き目にもあう。

　したがって経営理念の第一の眼目は，他人のための使用価値＝社会的使用価値を充足する品質第一ということでなければならない。

Ⅴ．長寿企業を支える経営理念の基本的特質

　日本は世界一，長寿企業が多い老舗大国といわれているが，歴史貫通的なもの，物質的規定性に属するものの偉力のほどを知るために，ここで，長寿企業＝老舗企業の経営理念とそのあり方をエビデンスに用いることにする。そこでまず確認できることは長寿企業は品質重視であるからこそ永らえてこられたということである。

　いま，創業・設立から100年以上（1908年以前）を経過した企業を「老舗企業」と定義し，アンケート回答企業814社の統計的分析を行っている帝国データバンク資料館・産業調査部編『百年続く企業の条件』によると，家訓・社是・社訓のうちもっとも多かったのは「モノ・サービス」，つまり品質に関するものであったという。

　「アンケートに具体的に記入された632社の家訓・社是・社訓を，『ヒト』，『モノ・サービス』，『カネ』，『その他』の4つのジャンルに分類した。

　その結果，最も多かったのは『モノ・サービス』に関するもので，その数は234であった。次いで『ヒト』が197，『カネ』が45，『その他』が80であった。

　『モノ・サービス』の内訳をみると，『モノ』に関するものが130，『サービス』に関するものが104であった。伝統技術を継承している老舗企業にとって，ものづくりに関する家訓・社是・社訓はすべてのもととなる重要な指針となっているだけに違いない。

　『モノ』に関する事例の典型としては，「**賞取りに走らず，品質を保つ**」（清酒製造），[…]「**もの云わぬものにものを云わせるものづくり**」（焼酎製造）などがあった。人びとの暮らしに欠かせない食品や日用品メーカーの，品質に対する厳しいこだわりが感じられる」（同，p. 38–39）。

　つまり「モノ・サービス」に関するものは37％，4割近くでトップにきている。

　長寿企業のなかでもっとも数が多くトップの座にあるのは清酒製造＝蔵元であるが，それについて同書はさらに，こういっている。

「清酒の市場は右肩下がりで，若者を中心に清酒離れが叫ばれて久しいが，徹底した味と品質へのこだわりによって評価を高めている蔵元もある。老舗蔵元には代々伝わる家訓や社訓も多く，他の産業と比較してもその独特な言い伝えがあって興味深い。

『会社は最上のサービスをお客様に提供するためにある。蔵は最高の一滴をお客様に提供するためにある』とするのは石川県に本社を置く蔵元「蔵は老化しても蔵内は老化させるな」とは京都の蔵元。［…］。共通するのは［…］品質にこだわることが大事であるという教えだ」（同，p.43）。

左党の筆者にとっては蔵元たちの高い志はうれしい限りである。

それにつけても最高の他人のための使用価値＝社会的利用価値を体現する品質の提供——それはまた最強企業であることでもある。

［付記］

小論では経営理念に関わらせての労働の二重性にもとづく歴史貫通的なものと歴史特殊的なもののフォローは，紙数の都合上，品質に関する考察で終わっている。さらなるフォローは別の機会を待ちたい。

【参考文献】

マルクス『資本論』社会科学研究所監修　新日本出版社

内田義彦［1966］『資本論の世界』岩波新書

中川敬一郎編著［1972］『現代経営学全集第3巻　経営理念』ダイヤモンド社

河野五郎［1984］『使用価値と商品学』大月書店

帝国データバンク史料館・産業調査部編［2009年］『百年続く企業の条件　老舗は変化を恐れない』朝日新書

（小松　善雄）

第3章 現代中小企業運動の展開[1]

I．はじめに

　中小企業運動は社会運動であると考えられるが，日本における社会運動論研究[2]においても，何より中小企業研究そのものにおいてもほとんど取り上げられていない。そのような状況は，農業研究の著書には必ずと言ってよいほど農民運動等を論じられていることと較べて極めて対照的である。わずかに，歴史学ないしは経済史学においてファシズム論等の一環[3]として取り上げられているに過ぎない。本章は，このような研究状況を許さない現実が現代資本主義経済に顕著にかつ広範に生じていると理解し，取りあえず現代日本経済に対象を限って考察したものである。以下では，まず，現代資本主義経済における中小企業の存立を分析して中小企業運動の必然性を論証するとともに今日における現代中小企業運動を概念化し，次に，戦後日本の中小企業運動の意義を検討し，最後に，それら諸点について，2009年6月に制定された中小企業憲章をめぐる運動の諸課題において検証することにする。

II．現代資本主義経済と中小企業運動論

　現代の資本主義経済，とりわけ1980年代以降において先進国経済を中心に中小企業の位置や役割はますます大きくなっており，資本主義経済自体の変化とともに中小企業自身の変化をももたらしてきている。それは，必然的に資本主義経済の展開とともにある中小企業運動の変化をもともなっている。

(1) 資本主義の発展と中小企業運動の展開

　20世紀の資本主義は基本的には独占資本主義，寡占経済と規定され，そこで

は独占的大企業，寡占企業が国民経済に対する主導力を確保し，小企業と中企業とが一体となって問題性を担うという中小企業の概念が形成されたのである。もとより，19世紀以前の自由競争を基調とする資本主義経済においても，一方における前資本主義経済に淵源をもつ農村や都市の家内工業，あるいは，産業革命以前のマニュファクチャー（工場制手工業）などの存続が，他方における新たな誕生が顕著であった資本制小企業を含む多種多様な小規模の企業群の新生が存在していた。そうした小規模企業群は本格的な資本制企業である大規模企業群に対して競争において相対的に不利ではあったけれども，大規模企業群が恒常的に勝利し，小規模企業群が最終的に圧倒されるということではなかった。また同時に，そうした家内工業や小企業が機械制大工業によりその「外業部」として利用される関係が形成されてもいた。

　だが，19世紀から20世紀にかけての時期以降，独占的大企業の形成が飛躍的に発展する過程で，大企業による中小企業の「駆逐・排除」あるいは「利用」が恒常化し，中小企業問題の原型が形成された。それゆえに，そうした問題を基盤にした大企業に，あるいはそれを支援する政府に「抵抗」する中小企業運動が発生していったのである。

　そのような中小企業運動は各国資本主義経済の19世紀から20世紀への国民経済の独占資本主義段階への移行の固有の性格によって異なっており，一様ではない。たとえば，米国経済のような急速な大企業の形成があった場合には，中小企業運動は経済の独占化に対抗する自由競争の担い手としての中小企業の存在の意義を担うものであった。また，日本のように遅れて発達した資本主義の場合には，前資本主義経済の発展・成熟を背景あるいは基盤に，上記の意味での小規模企業群が一方的に「駆逐・排除」されずに存続し，成立しつつあった大企業に体系的に「利用」されるという仕組みが出来上がっていったのである[4]。それゆえ，中小企業は大企業との「協力」関係に置かれ，日本の中小企業運動はそうした関係に包摂される傾向が生まれた。

　このように展開した20世紀資本主義において中小企業は「駆逐・排除」あるいは大企業による「利用」という特徴を担っていただけでなく，そうした過程

においても中小企業は，執拗に「存続」し，「誕生」を繰り返していたのである。すなわち，中小企業の「存続」「誕生」が，「駆逐・排除」と同時的に進展していったのである。いいかえれば，中小企業の「存続」と「誕生」によって，中小企業の存在が縮小しないばかりか，「利用」によって補填され，膨張さえしたのである。しかも，そうした中小企業の「存続」と「誕生」は20世紀の各国資本主義経済にさらに固有の特徴を刻印した。さらに，大企業による中小企業の「利用」を発展させた。

こうした多様で複雑な中小企業の問題と動向は，中小企業の存在の社会的・階級的位置付けを困難にし，それゆえに，中小企業問題によって醸成され，規定される中小企業運動を社会運動として把握することが困難であるがごとき概観を呈していったのである。

(2) 現代中小企業運動

以上の中小企業の存立とその運動の基盤について，中小企業の存立に関する基礎的な経済理論に立ち返った場合，それを「資本の集積・集中と小資本の存続・新生」の法則[5]に求めることができる。この理論的定式化の意義は，資本主義経済における資本蓄積を「規模の経済」を基礎に「資本の集積・集中」だけに単純化・一面化せず，「小資本の残存・新生」を相伴う法則として把握するところにある。それによって吸収・合併の進行による企業の大規模化・大企業化のみに目を奪われず，そうした傾向とともに，小企業，中企業の分散的な存続や企業の分割，あるいは新たな小企業の誕生・簇生などの同時並行的な傾向を統一的に資本蓄積運動として理解することを可能にさせ，中小企業の合法則的な存在としてのより具体的な解明を促進させたのである。

そして，19世紀から20世紀にかけての時期を中心に「資本の集積・集中と小資本の存続・新生」においては，「資本の集積・集中」が主たる傾向となり，「小資本の残存・新生」が従たる傾向であったため，その時期における中小企業の存立の問題も専ら「資本の集積・集中」に伴う中小企業の「排除・駆逐」が主たる傾向となり，中小企業運動も当然にそうした傾向の下では「抵抗」に基礎

をおく運動が主たる側面にならざるを得なかったのである。つまり，そのような時期においては「小資本の残存・新生」の傾向は弱かったのである。だが，1980年代以降，現代資本主義経済の停滞の深まり，大企業の経営革新力の後退の中で，情報通信技術の急速な発展，個人的消費の個別化・多様化の進行，国民的文化水準の向上等々によって「小資本の残存・新生」の傾向の強まり，それらを背景に中小企業への関心が高まり，20世紀末の状況の中で，当然に中小企業運動における「存続」「発展」「創造」等に基礎をおく運動の可能性が高まったのである。

　すなわち，中小企業における「存続」「発展」「創造」等の経営的努力は，必ずしも個々の中小企業の個別的特性にのみ委ねられるのでは決してなく，「抵抗」において中小企業の間の協同性が成立するのと同様に，「存続」「発展」「創造」等においてもそれが成立する。したがって，20世紀の最後の四半世紀以降21世紀に向かって，中小企業運動は資本蓄積における上記の両傾向の併存が強まり，「抵抗」とともに「存続」「発展」「創造」の両側面が同時に発揮されることになったのである。

　ところで，従来の中小企業運動論は，専ら，その「抵抗」的側面への注目から，労働運動，農民運動との共通性，それらへの合流化が強調され，中小企業運動の根拠もそうした性格に求める傾向があった。いわば労働運動，農民運動に対する追随的な運動としての評価であった。このような評価は，一方では中小企業運動の資本家運動，小資産者運動としての限界，「小ブルジョア運動」の動揺性の評価の強調となり，他方では社会運動としての労働運動等への従属性の主張となっていた。いいかえれば，「資本の集積・集中と小資本の存続・新生」の現代資本主義における発現・強化は，従来の中小企業運動論に対して現代的性格を大きく付与する"現代中小企業運動"として理解することを要請しているのである。そのことはまた，中小企業運動それ自体の自律的発展を可能としたのである。

Ⅲ．日本の中小企業運動の課題

　戦後日本における中小企業の存立の特徴は，その基礎が上述の「資本の集積・集中と小資本の存続・新生」に規定されながらも，戦後の日本における具体的な基盤として，下請制，流通系列化，地場産業，商店街，中小企業金融機関などが中小企業政策とともに総体として把握される仕組み，すなわち筆者のいう「戦後中小企業構造」の精緻な構築が存在した。

(1)　戦後日本経済と中小企業運動

　この「戦後中小企業構造」の構築と成長的経済のゆえに，戦前日本や欧米に比較して「資本の集積・集中」による中小企業の「淘汰・駆逐」は顕在化せず，それ自体が「戦後中小企業構造」に包摂され，また，「小資本の存続・新生」による中小企業の「存続」や「誕生」も「戦後中小企業構造」の中でこそ最も強力に作用した[6]。つまり，大企業と中小企業が一体化した構造，大企業による中小企業の体系的な利用形態が戦後日本経済において強力に存在したのである。それゆえ，逆に「戦後中小企業構造」の下部・末端中小企業層においては，「戦後中小企業構造」への帰属意識は薄弱となり，「淘汰・駆逐」の意識が強く醸成されていたといえる。

　したがって，戦後中小企業運動は，一方で，「戦後中小企業構造」に組み込まれた中小企業の上層をリーダーとする諸団体の形成による「協力」を根拠とする中小企業運動，しかも，中小企業政策からする中小企業組織化の担い手，施策の実施の積極的「受け皿」としてのそれが主流を占めた[7]。他方で，「戦後中小企業構造」に十分に組み込まれていない小企業・自営業層が「抵抗」としての中小企業運動を展開することになった。したがって，高度成長期を中心とする戦後中小企業運動[8]は，「戦後中小企業構造」を基盤に二つの潮流が形成されたのである。

(2) 戦後中小企業運動の意義

　以上のように，戦後日本の中小企業運動は極めて特異は性格を示していたといえる。それについては，米国の研究者の見解が注目されるだろう。たとえば，中小企業団体と交錯する中小企業政策が長期政権の維持の危機への対応であったという見解[9]，あるいは，中小企業団体と政府・与党との間には「利益組織を媒介とし，長期にわたって持続する公共政策の諸要因を確定する，国家と社会諸集団の政治的取引関係」[10]である"社会契約"が成立していたとの主張である。それらの見解は，主として政治学，政策学の立場からする論議であるが，日本国内における中小企業政策論や中小企業団体論が，常に中小企業の保護か競争かの選択の議論，あるいは，それらが政策を歪めるものとして論難する議論に終始していたのに比較して，中小企業の存立や政策の複雑性を追究したものとしての意義を持っている。しかしながら，それらの見解は大企業による中小企業の体系的利用・協力という戦後中小企業構造・運動の特徴を十分掴んでいないために，それが持つ大企業の利益の観点が見失われていたといえる。

　さて，以上の戦後中小企業運動の意義と限界が明らかになったのは，中小企業基本法の制定とその改正をめぐる事態においてであった。中小企業基本法の1963年の制定（以下，「63年基本法」と略称）は，国際競争力の強化を目指す「新産業体制」の樹立の産業政策（大企業政策）のための「中小企業構造の高度化」を主柱とする中小企業政策の表明であったのに対し，1999年の中小企業基本法の改正（以下，「99年基本法」と略称）は同じく国際競争力の強化のための「産業再生」を推進する産業政策（大企業政策）のための「中小企業の創業・経営革新」を主柱とする中小企業政策の宣言への転換であった。そして，この転換は，中小企業政策「思想」の転換に発するだけではなく，現実そのものの転換に基礎を持つものであって，「63年基本法」が政策目標とした「高度化」すべき「中小企業構造」の1990年代における「解体」が，「63年基本法」の改正を必然化せしめたのであって，その意味で改正はむしろ遅きに失したのであった。

　このような過程で，戦後中小企業運動の発展は中小企業基本法という中小企

業法制の基幹法を産業政策という大企業政策の許容の範囲のなかで，それに従属した形態で成立させたのであり，そのことによって，中小企業政策が一定範囲の上層中小企業の成長を，大企業のそれとともに実現し，さらに両者一体として支援し，時として，小零細企業にまで及ぶ施策を実施したのであった。つまり，「63年基本法」の制定は，戦後中小企業運動の力量の一つの頂点であったのに対し，その改正である「99年基本法」の成立に対しては既に積極的な役割を果たせなかったことにおいて，自らの限界を示したと言うことができる。

しかし，戦後中小企業運動の上述の限界の露呈は，同時に，現代資本主義が示す中小企業の存立の意義を強め，日本における新たな中小企業運動，現代中小企業運動を期待するものであったのである。

Ⅳ．現代中小企業運動と中小企業憲章制定運動

日本経済は，1990年代以降，その初頭におけるバブルの崩壊からその後の長期不況を経て，2003年頃から漸く緩やかな回復の基調を持続したが，2008年後半に世界的金融危機により一挙に深刻な不況状況に陥って今日に至っている。この間，戦後中小企業運動を担った二つの潮流の中小企業諸団体は，中小企業の諸困難と中小企業数そのものの減少を反映し，それぞれ構成員数を減少させ，従来の運動方針を継続することが困難となった。そのような事態は「99年基本法」の改正が決定的な基点となった。

現在，それら中小企業諸団体は，それぞれ自らの存在の根本的・歴史的な確認と検討を始めており，また，中小企業団体に結集する中小企業の"声"に基づく要望・要求を基礎とする政策の策定に努力している。それらの中小企業諸団体の間には，確かに相互にそれぞれの歴史と団体結成の理由，見解等において相違を持っているが，現在，中小企業問題の深化・拡大が継続し，その解決が日本経済の再生に直結しているがゆえに，中小企業団体自らが中小企業団体による政策の対案とその実現のための協力関係，一層の連帯の基盤が形成されつつあると理解することは可能である。以下では，そのような可能性におい

て，1990年代以降の中小企業が置かれた困難と「99年基本法」の限界を突破すべき，未来志向の運動としての中小企業憲章制定運動の展開，成果，課題を，現代中小企業運動の観点から検証することにしたい。

(1) 中小企業憲章制定運動の創発と展開

　中小企業憲章制定運動を当初事実上担ったのは，中小企業家同友会全国協議会[11]（以下，中同協と略称，また，中同協と各地同友会が進める運動を同友会運動と略称）であった。中同協は，上述してきた戦後中小企業運動の二潮流に対して相対的に自立した立場を維持してきていた。また，政府に対しては「受け皿」や「要求」ではなく，「要望と提言」を実行してきた。その「2004年度国の政策に対する中小企業家の要望・提言」において「日本政府は，中小企業を国民経済の豊かで健全な発展を質的に担っていく中核的存在として位置づけ，日本経済に果たす中小企業の重要な役割を正確かつ正当に評価することを通して，中小企業政策を産業政策における補完的役割から脱皮して中小企業重視へと抜本的に転換することを「宣言」し，日本独自の「中小企業憲章」を制定すること。また，「憲章」の主旨を地方公共団体にも徹底するため，「中小企業振興基本条例」を未制定の自治体に制定を促すこと。」を提起した。そして，2003年7月に行われた中同協第35回定時総会の総会宣言で中小企業憲章制定・地域中小企業振興条例制定の同時推進の運動を提唱した。そして，翌2004年の同じく第36回定時総会で当面の中小企業憲章制定運動を《中小企業憲章学習運動》として展開する方針を確認し，その後，同運動の具体化として《4つの柱》を提案した。すなわち，①中小企業憲章学習運動（中小企業憲章の必要性や日本経済における中小企業の位置などの学習）の推進，②中小企業振興条例への着手，③同友会運動との連携，④会員企業と憲章との関係の明確化（経営指針の中に自社と日本の未来を描くなど）である。その結果，中小企業憲章学習運動の基本的な方向が形づけられ，各地同友会において多様な取組みが開始されていった。

　その過程では，二つの論点が論議された。第一の論点は，中小企業憲章のモ

デルとなっている「ヨーロッパ小企業憲章」"European Charter for Small Enterprises"とはそもそもどのような内容と意義を持つものか，そして，《憲章》という用語は法律といかなる関係にあるのかということであった。また，もう一つの論点は，中小企業憲章は中小企業基本法といかなる関係にあるのか，中小企業基本法が制定されているにもかかわらず，なぜ新たに中小企業憲章の制定が必要であるのかということであった。

　中小企業憲章における《憲章》の語義が理解されるとともに，当該時点では，①憲章は法とは異なるが，一方では法の運用の基準となるものであり，他方では法の将来像を提示するものであること，したがって，②制定が期待される中小企業憲章は，現行の中小企業基本法を積極的・発展的に活用するとともに，今後の中小企業基本法の改正の方向性を示し，その基本法の存在自体の意味をもあるべき方向に改革するものとなるという位置付けに到達した。こうした二つの論点に共通していることは，中小企業憲章は中小企業に関係する人々という範囲に限定されるのではなく，国民自身が中小企業を国民的な立場で位置づけるという意味を持つものと理解されている。ヨーロッパ小企業憲章が議会で可決されたからという理由だけでなく，文章自体が EU 加盟諸国民，英語で言えば "we" で始まっているからである。

　また，中小企業憲章学習運動は，上記の《四つの柱》に基く以下の 4 点の成果を上げた。第 1 には，上の二つの論点の学習そのものである。それらは，研究者であっても解明が容易でない「高度な」学習であり，会員自身が「語り部」となる学習会，各地の同友会においては「中小企業憲章学習マニュアル」等の作成等が実施され，さらには，支部レベルの学習が推進された。

　第 2 は地域における中小企業・地域経済振興の課題の解決への前進である。それは目に見える成果を求める運動としていち早く取り組まれた。当初は，各地同友会による地域自治体への地域産業振興等の調査（アンケート調査・電話調査・訪問調査など）が実施されたが，早い時期から，中小企業振興基本条例[12]の制定となって結実していった。それは，一方で県レベルから市町村レベルへの流れを形成するとともに，中小企業憲章制定運動の前進，制定の実現への推

進ともなっていった。

　第3は，中小企業憲章学習運動が開始されてから，同運動が会員企業の経営と密接に結合していなければならないという観点から，各地の同友会で自発的に「自社分析」あるいは「憲章レポート」と名付けられた記述式のアンケートが考案され，実施されたことである。そのアンケートは①自社を取り巻く経営環境（業界の特徴・現状），②自社の方向性（自社の経営方針），③望ましい経営環境，④「中小企業憲章」に望むことの4項目の問いによって構成されている。回答者はＡ4用紙2枚程度に記述している。

　このようなアンケートの回答には次のような特徴がある。①アンケートの問いが記述式であり，会員経営者自身しか回答できない内容であるから，記述には苦しんだとの声がある一方で，それが勉強になったとの感想があったように，経営者がアンケートの設問にある経営の基本問題を絶えず検討しておくことが必要で大事なことであることを自覚する契機になった。また，②同アンケートがまず業界の分析と自社のポジションを問うて，自企業存立の基礎である競争の分析をすると同時に，企業内部の諸条件と外部環境を自覚し，外部環境の改善方向を中小企業憲章の内容に踏み込んでいった。このような「自社分析」あるいは「憲章レポート」を通じて，自社経営の内部諸条件における「強み」「弱み」の分析に留まらず，内部環境と外部環境の峻別，外部環境の変革可能性を認識することになった。すなわち，①中小企業憲章制定運動と自社経営との結合を図り，②中小企業経営における競争状況と自社の位置を認識し，③②における競争状況の認識を前提に経営方針を策定し，④経営方針を実践するときに障害となる外部環境を分析し，それゆえ，⑤望ましい外部環境を設計し，⑥⑤における，多数の中小企業にとって望ましい環境条件を憲章の課題として集約するものとなっている。同友会運動にあっては，経営指針成文化運動[13]が最も定着した運動として継続し発展してきているが，「自社分析」等は経営指針作成を自己改革に止めず，客観的な適切性・妥当性を検証するものとなっているのである。

　第4に，中小企業憲章制定運動それ自体は何よりもまず，金融アセスメント

法制定運動の継承発展を担っていたということである。金融アセスメント法制定運動は，なお未だ法制定そのものには成功していないが，950議会（28都道府県・全自治体比31.8％）で決議・意見書が採択され（2005年6月3日現在），署名数1,010,042（2005年3月17日現在）に達している。リレーションシップ・バンキングの実施にその成果が反映されている。一般的に中小企業運動の場合，大きな盛り上がりや成果を生んだ場合ほど，運動の急速な終息，さらには挫折感などに見舞われやすい傾向がある。そのため，運動の主体的対応としては当然に運動の一服感の回避や持続性の確保が課題となり，新たな運動の提起を必要とすることになる。もちろん，こうした運動固有の課題において無理な課題設定はむしろ有害であって，問題自体の必然性がなくてはならないはずである。金融アセスメント法制定運動は，その基礎にあるのはいうまでもなく中小企業金融問題であって，その今日的な課題への取組みが同運動を導いていったといえる。その意味で，金融アセスメント法制定運動自体をもさらに進め，深めるためにも，金融問題とその政策に止まらない，より広い展望を持つ課題に向かう方向性は当然の道筋であった。政策総体への，今日の未曽有の困難に対する根本からの改革の課題への積極的対応として中小企業憲章制定運動はむしろ必然であったというべきであろう。

　さらに，同運動は中同協に結集する全国の会員の自らの同友会運動への理解[13]を深め，中小企業に携わる人々ばかりでなく，中小企業を囲む人々がそれぞれに自らの存在を問い直す契機ともなっていった。

(2)　中小企業憲章制定運動の成果と課題

　中小企業憲章制定運動は，その後，中小企業憲章草案の策定とそのための討議を継続し，同時に，各地の中小企業振興基本条例の制定が，県レベルでの制定から市町村レベルの制定に向かっていった。中小企業憲章制定運動は中小企業振興基本条例制定運動によって励まされ，後者は前者によって内容を充実させ，両者は相互促進的に進展した。

　2008年の秋以降の世界的金融——危機の日本経済への激甚な影響の下で中小

企業が直面した深刻な事態は，中小企業憲章の必要性を改めて明らかにし，同制定運動の意義を新たなものとした。端的に言えば，今日の日本経済の困難の克服のために中小企業憲章制定運動が提起した課題が，改革・政策の選択肢とならざるを得ない状況が次第に明らかになってきたのであった。その結果，中小企業憲章制定の意義は，主要な中小企業団体に浸透するとともに，少数であったが，地方自治体にも中小企業振興基本条例の制定の論議を通じて認知されるようになった。さらに，2009年8月末の総選挙において4つの政党がマニフェストに中小企業憲章制定を掲げるに至った。そして，総選挙の結果生まれた「政権交代」によって，そのうちの2党が与党となり，政府は野党の2党の支持を受けながら，2010年の6月に「閣議決定」という方式を通じて，中小企業憲章の制定を実現した。

　ここに，現代中小企業運動における「発展」「創造」の性格を担う，7年間にわたる地道で粘り強い中小企業憲章制定運動は実を結んだわけである。日本の中小企業運動は新たな地平に歩みを進めたということができるだろう。そのことは，中小企業運動は日本経済の困難な状況を克服するための礎を築いたともいえるであろう。

　とはいえ，中小企業憲章制定後の課題はあまりに明らかである。すなわち，この中小企業憲章自体の国会決議を実現し，同憲章の中小企業法制および中小企業に関連する諸法律との関連を明確にし，中小企業憲章の精神と内容を具体化することであり，また，その地域版である中小企業振興基本条例の制定を全都道府県と全市町村に実現することである。そして，それらを推進するために，多様な会議体を形成することである。

V．おわりに

　世界経済のグローバル化の中で，先進国の経済はますます新興国および途上国の経済発展への依存を強めざるをえない。そのことは，先進国経済のあり方を根本に問うことでもある。ヨーロッパ小企業憲章，日本中小企業憲章はその

ような問いに対するいち早い答えである。今日，中小企業と中小企業運動が既述してきた意義をますます強めていることを先進各国国民が認識する時代を予告している。

【注】

(1) 本章は，中小企業運動に関わる一連の論稿，すなわち，大林［2000］，大林［2001］，大林［2002］，大林［2003a］，大林［2003b］，大林［2005］，大林［2006］，大林［2008］を整理，集約したものである。諸点の詳細な考察および参照文献・資料については，それらの論文を参照されたい。

(2) 社会運動研究は，主として社会学が研究対象としており，近年，研究の新たな興隆が見られる。それは，いわゆる「新しい社会運動」（従来の労働運動，農民運動に限られない，もしくは，"階級"に基づかない多様な社会階層による社会運動）の発展を反映しているが，なお中小企業運動は登場していない。

(3) たとえば，柳澤［1989］，鎗田［1990］，江口［1976］等がある。

(4) 「日本の場合には，中小工業の無産性とともに，その有産性がかなり評価されてよい事情がある。けだし，そうした前期的諸経営が近代的条件によって著しく変質しているばかりか，一応機械制と賃労働の上に立ち，しかも大工業として確立し得ない諸経営が，大工業と並存或いは従属の関係で発展し，この両者が構造的に織り込まれているからだ。」（小宮山［1941］p.239））

(5) 大林［2001］を参照されたい。

(6) 下請制と創業との関係を分析した大林［2009］等を参照されたい。

(7) 「協力」を基調とする中小企業運動を基礎づけた中小企業の組織化について，「法制的に，上からの官僚的な指導によって展開された面が多く，組織化本来の中小企業による，中小企業のための自主的な組織化という点で欠けるものがあった」（水野［1977］p.4)，また，「中小企業は独占を頂点とする産業構造に包摂され，組織化政策についての官僚統制指導が強力であり，中小企業の組織化についての自主的性格に欠けている」（水野［1977］p.23）と指摘されている。

(8) 高度成長期を中心とする戦後中小企業運動に先立つ戦後10年間の中小企業運動

は，1956年に下請代金支払遅延等防止法，百貨店法を相次いで制定させた実績がある。また，その流れは，高度成長終焉後の1977年に，いわゆる分野調整法（正確には「中小企業の事業活動の機会の確保のための大企業者の事業活動の調整に関する法律」）を制定させた。「高度成長」期を挟む，そのような法制定運動としての中小企業運動は，前者が20世紀共通の中小企業運動を反映していたのに対し，後者が現代中小企業運動の萌芽を示していたということができる。後者については，大林［1978a］，大林［1978b］，大林［1974］を参照されたい。

(9) 「総体的に見た場合，日本政治における中小企業重視の傾向は，ほかの西側諸国に比べれば，はるかに強いといわざるをえない。日本の保守陣営はこれまでさまざまな危機や脅威を巧みにかわし，長期政権の維持に成功してきたが，こうした過去の危機の痕跡が，現在に至るまで，日本の中小企業政策にも，それを管理運営するための法律や行政機関にも，深く残っているからである。」（Calder［1989］p. 294（掲載ページ数は翻訳書のそれ，以下同様））

(10) Sheldon Garon/Mochizuki［1993］p. 238

(11) 中同協の歴史と今日の状況については，中小企業家同友会全国協議会［1999］『中同協30年史　時代を創る企業家たちの歩み』，および，中小企業同友会全国協議会［2009］『中同協40周年記念誌　時代を創る企業家たちの歩みⅡ』を参照されたい。

(12) 中小企業振興基本条例およびそれに類似する条例はすでに多くの自治体で1960年代から制定されていたのであるが，今回の同制定運動の過程で次第に明らかになったことは，既存の中小企業振興基本条例等の多くが忘れられており，あるいは，現状に合わなくなってきているということでもあった。その意味で，中小企業憲章に触発され，期待される中小企業振興条例の制定は新たな条例の制定でもあった。とくに，条例項目に，①条例の実施に対する点検と条例の見直しをふくめ，②条例が，中小企業のみを対象とするのではなく，地域の多様な集団と自治体責任者の責務を規定するものとなっている点があることが注目される。

(13) 中同協による中小企業憲章制定運動の提起の当初，各地同友会レベルではその内容自体に対してというよりも，中同協の提起という，その提起の方向に対して疑問や重圧を感じた面があった。金融アセスメント法制定運動の場合のように各地同友会のそ

れぞれの運動の，中同協による集約，汲み上げが全国的な運動によって展開されるというのとは違っていた。運動論としては，各地同友会からの提起であっても，中同協のそれであっても，個別課題の性格や問題化の状況によりいずれの場合もありうるし，それぞれに応じて適切なあるいは必然的な展開がありうる。しかし，今回の場合，必ずしもそうした理解から想起されず，中同協の提起を，全国的な運動体における中央本部からの指示のように受け止める傾向が，むしろ，各地同友会の側にあり，今回の中同協による問題提起を上のごとくに感じさせ，誤解させた面があった。しかし，中同協がその名称の通り，都道府県同友会の全国協議会であり，運動体の「現場」はあくまでも各地同友会にあり，その自発性・積極性なくしては，あるいは，それらを引き出すことなくしては成り立たない運動体としての性格を持っている。このような性格の意義は，その後の中小企業憲章制定運動に関わる全国交流会などの討議の中で，自らの組織原則を学ぶという意味で獲得されていった。運動体の主体的「民主」の展開として興味深い事例を示している。

【参考文献】

Kent E. Calder［1988］*Crisis and Competition Public Policy and Political Stability in Japan, 1949-1986*, Princeton University Press.）（淑子カルダー訳『自民党長期政権の研究 危機と補助金』文藝春秋，1989年）

Sheldon Garon／Mike Mochizuki［1993］"*Bargaining of Social Contact*" in Andrew Gordon eds, *Postwar Japan as History*, University of California Press.）（岡田信弘訳「社会契約の交渉」（中村正則監訳『歴史としての戦後日本下』みすず書房，2001年）所収）

江口圭一［1976］『都市小ブルジョア運動史の研究』未来社

大林弘道［1978a］「「分野法」と《競争促進》政策（上）」『商経論叢　第13巻第3号』

大林弘道［1978b］「「分野法」と《競争促進》政策（下）」『商経論叢　第13巻第4号』

大林弘道［1974］「中小企業の分野調整と競争原理」『経済法　第21号』

大林弘道［2001］「中小企業問題」北原勇・鶴田満彦（編著）『資本論体系・第10巻現代資本主義（第2部補2）』有斐閣

大林弘道［2000］「中小企業運動論・序説」『企業環境研究年報　第5号』中小企業家同

友会全国協議会

大林弘道［2001］「戦後日本の経済団体と中小企業運動」『企業環境研究年報　第６号』中小企業家同友会全国協議会

大林弘道［2002］「米国研究者による中小企業運動論」『企業環境研究年報　第７号』中小企業家同友会全国協議会

大林弘道［2003a］「中小企業基本法の制定・改正と中小企業運動」『企業環境研究年報　第８号』中小企業家同友会全国協議会

大林弘道［2003b］「日本経済の再生と中小企業運動」『大原社会問題研究所雑誌　第541号』中小企業家同友会全国協議会

大林弘道［2005］「中小企業憲章制定運動の可能性」『企業環境研究年報　第10号』中小企業家同友会全国協議会

大林弘道［2006］「中小企業憲章制定運動と「自社分析」［１］」『中小企業環境研究年報　第11号』中小企業家同友会全国協議会

大林弘道［2008］「中小企業の現状と中小企業憲章の制定―中小企業憲章制定運動と「自社分析」［２］―」『中小企業環境研究年報　第13号』中小企業家同友会全国協議会

小宮山琢二［1941］『日本中小工業研究』中央公論社

中小企業家同友会全国協議会［2010］『中小企業憲章・条例推進ハンドブック』中小企業家同友会全国協議会

柳澤治［1989］『ドイツ中小ブルジョアジーの史的分析』岩波書店

鎗田英三［1990］『ドイツ手工業者とナチズム』九州大学出版会

（大林　弘道）

第4章 地方自治体の政策立案と統計の役割

Ⅰ．はじめに

　中小企業の振興を図るということは，それを層として捉えることが一つの前提となる。「我が国の中小企業は，企業数において99.7％，従業者において69％数，製造業の付加価値額53％を占める」というとき，そこで役割を果たすのが統計である。中小企業の生産・出荷，中小企業の業種分布，雇用者数，雇用形態等，中小企業の実態は数量的には統計によって捉えられる。そして，それが語る事実は重く，地域の産業振興，中小企業支援の必要性を理解する事実資料となってくる。

　バブル崩壊後の20年ほどの間に，わが国は4度の大きな景気後退に見舞われた。需要の縮みに耐えられない中小企業から後退が始まり，大企業を含めて業況が急激に落ち込んだ後，大企業が回復過程に入っているにもかかわらず，いつまでも回復が進まないのが中小企業であった[1]。景気の後退期に完全失業率が高まり，企業業績の回復過程でなお一層完全失業率が高まる状況がこの間みられたが，大企業業況と中小企業業況との間にもそれに近い関係がみられ，独自に中小企業対策を講じることの必要性を示すとともに，中小企業の動向を捉え，政策に機敏に反映させることの重要性が示されてきた。

　地域経済の疲弊が進む中，各地で新たな産業振興条例，中小企業振興条例作りが進み，企業，行政，市民の協力する街づくり，県土づくりが懸命に模索されてきている。その際大事なことは，地域の現状をデータに基づき科学的に分析し，地域の構成員が共通理解を持つことである。

　本章では，地域の産業振興，中小企業振興において更なる役割を果たすことが期待される地方自治体の取り組みと，そこへの連携・協力という点を，統計データの利活用という点から論じることとしたい[2]。というのは，地方から統

計と統計行政の縮小が始まってきており，その利活用なしには，縮小の流れを止めえないからである[3]。そして，一度縮小が進むと，後戻りは難しく，地域経済の現状認識の力に大きな影響を及ぼすことになるからである。

Ⅱ．行財政改革と地方行政

(1) 政策評価システムの導入

地方自治法は，第2条4項において，市町村における行政運営の基本構想の策定を義務づけている。これはその定めのない都道府県レベルにおいても行われ，基本構想のみならず，基本計画，総合計画の策定として行われてきた。

1990年代までは，人口増もそれなりに想定でき，計画も10年単位の長期のものとして作成され，一種の県づくりのビジョンを示すものであった。逆にいえば，そうしたビジョンと年々の行政遂行上の課題とは必ずしも直結していなくともよかった。しかし，2000年代に入ると人口減，財政難により状況は変わってくる。

長期ビジョンは引き続き策定しながらも，3～5年の中期計画，2～3年の実施計画，予算を伴う単年度計画を策定し，しかも重点課題を明確にし，政策，施策の選択と集中が進められてきた。そして，それを効率的かつ実効性を持つ形で進めるため，政策評価，事務事業評価を含む行政評価システムが導入され，その進行管理を市民に開かれた形で行うことが求められた。

国の機関についていうと，2001年1月に「政策評価に関する標準的ガイドライン」（政策評価に関する各府省連絡会議了承）がまとめられ，また，新府省発足後の6月に『行政機関が行う政策に関する法律（政策評価法）』が制定され，各府省はガイドラインの線に沿って政策評価を実施することになった。政策評価法にいう政策評価の目的は，行政における説明責任の徹底，効率的で質の高い行政の実現，成果重視[4]の行政への転換である。

評価のあり方としては，自己評価，できるだけ定量的にというのが『行政評価法』の求めである。「ガイドライン」では，「必要性」，「効率性」，「有効性」，

「公平性」,「優先性」の観点から評価し,評価の手法としては,可能な限り具体的な指標・数値による定量的な評価を行い,困難である場合は,客観性の確保に留意することとした。

　より具体的には,主要な施策等に関し,「いつまでに何についてどのようなことを実現するのか」を分かりやすく示す成果（アウトカム）に着目した目標（基本目標）を設定する。具体的な達成水準を示すことが困難な基本目標については,これに関連した測定可能な指標を用いて,それぞれの指標ごとに達成水準を示す具体的な目標（達成目標）を設定する。達成目標は,可能な限り客観的に達成度を測定できるような定量的又は定性的な指標を用いて示す。

　「ガイドライン」のポイントは,誰から見ても納得いく評価結果になるよう,客観的に測定可能な目標・指標（定量的目標）を設けるということである。基本目標の達成期間については,5年程度が基本とされ,「企画立案(plan)」,「実施(do)」,「評価(see)」を主要な要素として政策の企画・立案を図ることとされた[5]。

(2)　「三位一体改革」後の地方行政

　こうした「ガイドライン」に沿って国の機関は一斉に計画の立案と評価システムの構築を行ってきた。この「ガイドライン」は,2005年に改訂され,「事業評価」,「実績評価」及び「総合評価」などを組み合わせ,一層体系的でかつ合理的,的確な政策評価の実施の確保が求められるところとなった。そして,こうした政策評価の流れは,2006年の『公共サービス改革法』により,すべての地方自治体にも及ぶことになる。

　『公共サービス改革法』とは,『競争の導入による公共サービスの改革に関する法律』の略で,国の行政機関等又は地方公共団体が自ら実施する公共サービスに関し,その実施を民間が担うことができるものは民間にゆだねる観点から,これを見直し,公共サービスの質の維持向上及び経費の削減を図る改革を実施するため,必要な措置,必要な事項を定めるというものである。

　そして,この法律を踏まえた改革推進の方針として,総人件費改革,公共サー

ビス改革，地方公会計改革，情報開示の徹底・住民監視（ガバナンス）の強化，総務省による助言フォローアップの強化という方針が掲げられた。

　このうち，公共サービス改革については，計画策定（Plan）→実施（Do）→検証（Check）→見直し（Action）のサイクルに基づき不断に事務・事業の再編・整理，廃止・統合を行うこととされた。

　こうして，地方行政においても，総合計画の策定（施策の選択と集中），実施計画，単年度計画の策定ならびに推進と行財政改革が表裏一体のものとして進められることになってきたのである。これは他面では，アウトプットの明確でない予算が切り捨てられていく始まりでもある。

　筆者は，2006年から2009年にかけて，地方自治体での政策の策定とその進行管理において統計データがどのように活用されているかを調査するため，全国の自治体へのヒアリング調査を実施してきた[6]。2005年11月にいわゆる「三位一体改革」の政府・与党合意が見られ，3兆円規模の税源移譲等の約束の下に，地方歳出削減，地方分権のための関係法令の一括見直し，交付税，補助金の見直しが行われた。そして，2006年『地方分権改革推進法』の制定，「地方公共団体における行政改革のさらなる推進のための指針」（総務省）の策定等，矢継ぎ早に地方自治体の行財政改革の枠組みがつくられてきた。筆者が代表を務めるプロジェクトは，ちょうどこの端境期に全国の自治体を調査してきたことになる。

　「三位一体改革」の帰結が2008年にははっきりと見えるようになり，補助金の大幅削減，人員削減に苦悩する自治体が増えてくることになる[7]。このような展開を十分意識してヒアリング調査を行ったわけではないが，政策，施策，事務事業評価の実施状況に対する回答がそれまでと2008年以降とでは明らかに変わってきた。

　それまでは，行政評価法の求めにそって，計画の策定，政策・施策・事務事業評価について多くの自治体が工夫を凝らし，県レベルで言うと数千枚の評価シートを用いてPDCAサイクルを何とか回そうとしてきた。しかし，三位一体改革後，財政削減，人員削減が進む中で，冷静さを取り戻し，事務事業評価

など膨大な作業を伴う行政評価システムへの疑問が生まれてきているのである。事実上取りやめる，簡略化するなどの自治体も増えてきている。いうなれば，その余裕がなくなってきているのである。

他方，かつては現状分析や政策の体裁をシンクタンクに委託し，見栄えの良い総合計画策定に努めてきた自治体も多かったが，財政削減により，そうしたこともできなくなってきた。現状分析を含め総合計画，政策，施策の策定は，行政担当部局自らが自前でやらなければならなくなってきているのである。しかし，これは本来そうあってしかるべきで，地方行政が自らの責任で地域の分析を行い，政策立案し，市民，地域企業と共通の認識を確立すべきである。

そして，実は今そうした芽が生まれつつある。いくつか例を紹介し，それがさらに広がることを期待したい。

Ⅲ．地域の課題をデータで捉える

(1) 統計分析に基づく政策立案

宮城県では，2000年に10ヵ年の「宮城県総合計画」を策定したが，策定3年目ですでに人口見通しが大幅に狂ってしまい，新たなビジョンが必要となっていた。2005年に新知事が就任したことを契機に，人口減，財政悪化を踏まえた将来ビジョンの策定に入る。

2006年度いっぱい掛けて作ったビジョンは，2007年度を初年度とする10ヵ年ビジョンであった[8]。県政運営の理念として「富県共創！活力とやすらぎの邦づくり」を掲げ，政策推進の基本方向として，「富国宮城の実現～県内総生産10兆円への挑戦～」，「安心と活力に満ちた地域社会づくり」，「人と自然が調和した美しく安全な県土づくり」を目指すこととした。

この3つの政策推進の基本方向に沿って，33の取り組みを設定した。また，この10ヵ年のビジョン実現のため3ヵ年の実施計画として，「宮城の将来ビジョン行動計画」を策定した。この行動計画において合計370の個別取り組みが位置付けられ，2,907億円の総事業費が見込まれた。この政策の評価自体は改

めて問われることになるが，ここでデータの利活用との関係で注目しておきたいのは，その策定プロセスである。

　新たな将来ビジョン策定のため，2006年4月に，県庁内若手中堅職員75名による「将来ビジョンワーキンググループ」が設置された。そのための設置要綱が定められ，ビジョン策定に向けた調査・検討，原案策定がミッションとされた。

　このワーキンググループは，県の政策・財政会議，政策財政会議幹事会の下に設けられ，政策課長補佐を座長に課題別にチームが設けられた。メンバーは各部局より集められ，①商工・成長産業，②農林水産，③観光・国際化，④保健・医療・福祉，⑤環境・生活治安，⑥教育文化，⑦防災・基盤整備，⑧統計支援という8つの課題別チームに分かれ，それぞれにチームリーダーが置かれた。

　作業工程は，4月に情報収集（基礎データ），5月に個別ビジョン案の設定，6月に個別ビジョンの選定を行い，7～8月に個別ビジョンの具体化（現状と課題，重点施策，10年後に目指す姿の定式化）を行った。全体調整は政策課が行い，その後，パブリックコメントに向けた調整を行い，11月に最終案の調整が行われた。県の総合計画策定としては異例のスピードである。

　課題別チームに統計支援チームが設けられたことでわかるように，各課題の現状分析では，統計データに基づいて分野ごとに宮城県の現状と問題点の把握が行われ，データの不足などでは統計支援チームが協力した。2006年8月に商工労働部へヒアリング調査を行った際，応対者の一人が商工・成長産業チームのリーダーであった。同チームは，工業統計表に基づき類似県と産業別付加価値分析を行い，「今後豊富な第一次産品や，水産加工業を中心としたこれまでの関連産業の集積などの強みを生かした高付加価値な製品の開発を促進し，食品製造業を成長軌道」に乗せるという政策方向と施策を打ち出していた。

　分析の担当者は，統計分析など試みたことのないメンバーばかりであったが，統計支援チームの支援を得ながらデータに基づく課題整理を行っていた。今後求められるのはこうした姿勢であると思われる。工業統計表を用いた分析資料

の一部を閲覧することができたが，自県の分析であるだけに，特徴が良く捉えられたものであった。政策策定途上の熱気が良く伝わってくる内容であった。

(2) 危機意識に基づく地域分析

もうひとつ例を紹介したい。岐阜県である。ここでは，一種の総合計画に当たる「県民協働宣言」(2004年－2008年)の途中年である2005年に知事が代わり，政策の見直しが行われた。それまでの開発型の政策では県政運営がおぼつかない時代に入っているとの認識から，県庁内外での政策の総点検が進められた。

その一方，県の人口の自然動態，世帯構成の変化，社会移動の動態について分析し，人口の将来動向をとらえるため，「岐阜県人口・少子化問題研究会」を統計課に設置し，人口減という厳しい現実から目をそむけない検討を試みた。研究会は2007年3月に報告書[9]をまとめ，次の長期構想の策定作業へとつながることになる。推計は，国立社会保障人口問題研究所の方法とは異なる，独自の方法を用いた。

2007年4月，総合政策課に2009年度以降の長期構想を考えるための「長期構想担当」(3名)が配置される。担当者は，厳しい将来見通しを見据えた「岐阜県人口・少子化問題研究会報告書」を踏まえ，前例にとらわれない長期構想をまとめることを心がけ，各地の専門家を訪問し参考意見を得ることに努めながらも，自ら考えることを基本にした。

一方，庁内に対しては，県の将来構想を考えるため，各課の政策に関わる若手職員を中心にワーキンググループの設置を呼び掛けた。種々の意見があるなか，30代の職員26人が集まりワーキンググループをスタートさせることができた。各課の現場の担当者であり，必ずしも統計分析の素地があるわけでないため，統計課ないし統計課経験者にも参加を要請した。このワーキンググループは，その後，知事に認知され，庁内公認の将来構想研究会へと発展する。

2007年7月に将来構想研究会準備会を開催したのち，8月の第1回研究会から2008年3月の第18回研究会まで，月2回開催されている。このほか，政策討

論会・勉強会も月1回以上のペースで開催された。

　研究会運営にあたって注意したことは次の通りであったという。

　①データを丁寧に分析して，どこに課題があるかを議論し，見つけ出す。
　②10年の計画を立てる作業だが，30年先くらいを見通して検討する。
　③現在のまま推移すると地域がどうなるかについて，できる限り推計を行う。
　④人口減という問題についても，目をそむけず直視する。
　⑤並行して，現場の実情を調査するフィールドワークを実施する。

　研究会が動き出す中で，統計課の職員，統計課を経験した職員なども専門研究員として入ってくることになり，長期構想研究会は，40名の規模になっていった。研究会では，課題別に担当者が分かれ，勤務時間外を含めて検討が進められた。データ分析の仕方については，政策推進室並びに専門研究員がサポートした。そして，一定程度整理が進んでくると，さらに広範囲な目から見た検討，討議が必要となる。通常はペーパーを出して終わりであるが，長期構想研究会では政策討論会の場を設け，成果を広く公表した。また，外部専門家を招いた勉強会も公開で開催した。

　政策討論会は，ランチミーティング方式を参考に，昼休みの時間を使ってマスコミ，県民，議会にオープンな形で実施した。研究・分析したテーマに加え，考えられる政策の方向性を研究員が交代で発表した。時間が限られており，また，広範な層が耳を止めるため，プレゼン資料は課題の本質を深く突くとともに，それを簡潔に示すことが求められた。発表にあたっては，定期的な内部会合を開催し，研究結果を発表し，議論した。それをもとに資料を再調整するなどの手順を踏んだ。

　グラフにつけるアピール文をいかに簡潔に，そして，本質をつく表現にできるかに細心の注意を払った。第1回発表から力のこもった発表が続き，また，議会やマスコミからの反応があったことから，それが励みになり，力のこもったプレゼンを続けることができた。2008年6月までに16回実施し，そのための研究会会合は実に23回にも上ったという。

ここでの発表に際しては，知事の指示があり，また研究会であったこともあり，内容面での部局決裁をとらずに行うことができた。このことにより，いっそう自由に，深く考えることができたという。将来構想研究会は2008年4月に『長期構想の策定に向けて―人口減少時代への挑戦―』と題する報告書を発表し，1年間の研究を取りまとめた。

岐阜県は，これをもとに，県側からの課題と対応策のたたき台を提示し，県民との意見交換を行うこととした。そのため，有識者との膝詰め談義，車座討論会，圏域別の県民フォーラム，オンラインフォーラム，既存の各種会議を活用した意見交換など，様々な方法を用いた。データにもとづくプレゼン資料を見て，何となく感じていたことがデータを見てよくわかった，やっぱりそうだと実感できたという声をよく聞くという。

こうしたプロセスを経たのち，必要な庁内手続きをとって2009年3月に『岐阜県長期構想』が議会で可決されたのである[10]。非常に熱気あふれた策定プロセスであるが，庁内の職員自身がこれほどまでにしっかり統計データに向き合うことになったのは，やはり自県の将来への危機意識からであると思われる。

Ⅳ．求められるデータに基づく政策立案とその定着

(1) データに基づく分析成果の共有

さきほど，宮城県のケースを紹介したが，評価をする一方懸念もある。それは，どこの自治体でも同じであるが，職員の人事異動が速いため，計画の作成プロセスにおいて様々な分析が試みられても，それが蓄積されにくいということである。ワーキンググループで工業統計表を使って付加価値分析を行ったチームリーダーは，翌年にはまったく別の部署に異動になり，分析の途中プロセスは消滅してしまうことになる。このあたりをどうするかがどの自治体でも大きな課題となっている。

岐阜県の場合は，ランチミーティングのプレゼン資料が公開され残されているが，その途中の分析プロセスもまた大事である。やはり何らかの組織的な仕

組みが必要となっている。この点で注目したいのが，福井県のケースである。福井県では，2003年に新しい知事が就任して以降，「福井元気宣言」（知事就任後のマニュフェスト）を発表し，あわせて7部局長との間で，「福井元気宣言」推進に関する「政策合意」を交わした[11]。「政策合意」とは，各部局長がそれぞれの職務に関わる目標を設定し，責任を持って取組みを推進するための知事との合意で，これにより，各部局長が，所轄部局のトップであるだけではなく，「福井元気宣言」を実現するための知事の政策スタッフであることを明確にし，知事のリーダーシップが発揮できる体制を構築しようとしたのである。

さらに，現場レベルでの政策効果の向上のため，2004年2月に「政策推進マネジメントシステム」[12]を策定した。APDSサイクルの導入と呼んでおり，ここでいうAはActionでなくAssessmentである。分析，データ活用の視点がこのアセスメントに込められている。以来毎年，政策合意が交わされてきている。「Ⅰ基本姿勢」，「Ⅱ取組項目」で構成されており，年度終了後，知事と各部局長間で「政策合意」の達成状況の確認が行われている。

2005年3月には，県庁若手職員の政策立案能力養成を兼ねて「ふくい2030年の姿―25年後のふくい夢と希望の未来像―」を作成し，県の政策形成の参考資料にした。2期目に入った2007年5月に「福井新元気宣言」を発表し，現在はこれに基づく「政策合意」とその進行管理が行われている。

「政策推進マネジメントシステム」を動かすため，全部局に政策推進グループがおかれ，部長のスタッフ機能を果たすとともに，部内の共通業務を担っている。具体的には，予算のとりまとめ，部内の業務の再構築を含む部内調整，各部との調整である。そして，総合政策部に政策推進課がおかれ全体の政策調整を行うこととした。

このシステムは，政策の企画立案にあたっての現状分析，施策実施の達成状況に基づく再度にわたる分析を重視し，「分析（アセスメント）」をマネジメント・サイクルの最上位に位置づけている。そして，各部局による独自リサーチや県政マーケティング調査の実施に力を入れている。アセスメント重視の立場から，統計課は政策統計課としてそのミッションを示す名がつけられ，部署と

しては総務部におかれた。

　2007年度より「分析（アセスメント）」を一層重視するため，「データ推進システム」[13]を立ち上げた。ポイントは，全部局の政策推進グループおよび全部局全課にデータパーソンを置き，政策課題に対する統計データの収集・分析を行うという点にある。そしてそれをサポートする役割を政策統計課並びに政策推進課が担う形になっている。データマネージャー，サブデータマネージャーは政策統計課職員が担う。データパーソンは100名近くに上るという。

　各部企画参事は，各部会の主宰者，責任者として，分析テーマの設定やデータ分析等について統括するとともに，各部の「政策推進データストック」の責任者となる。全体のマネジメント会議は年3回ほど開き，各部政策推進Gのデータパーソンが参加する。マネジメント会議のリーダー（総務部企画監），チーフマネージャー（政策統計課長），政策推進課員は，必要に応じて各部会に参加し，運営・分析方針について指導する。

　データパーソンは，各部会に参画し，データマネージャー等と連携してデータの収集・分析等を行う。各課政策推進グループのデータパーソンは，各部の「政策推進データストック」の管理を行う。各課のデータパーソン担当者は，各課の「政策推進データストック」の管理を行う。データマネージャー・サブデータマネージャー（政策統計課職員）は，データパーソンと連携してデータの収集，分析等を行う。また，各部会におけるデータパーソンのスキルアップに協力するとともに，独自統計分析の実施に協力する。データに基づき各課へ課題を提起するとともに，研修も提起する。

　以上が，「データ推進システム」の仕組み並びに，各担当の位置づけである。これが十分機能するには経験とノウハウの蓄積が必要であり，まだ時間がかかると思われるが，人事異動が激しさを考えると，データの利活用が定着する一つの方向性を示しているのは間違いない。

(2) 統計データの位置づけの再確認

　政策推進のための「データ推進システム」のような仕組みが各自治体におい

て導入され,定着が進むためには,統計データの全庁的位置づけが改めて確認されていくのでなければならない。この点では,国による統計職員の配置数が下位から2番目に少ない和歌山県の取り組みが注目される。

和歌山県の企画政策局調査統計課では,2007年10月に「統計データのデータベース・共有化・オープン化のための取り扱い指針」を定め,統計データの位置づけを再確認し,整備の方向と共有化の方向を指し示した。理由は,本格的な地方分権の時代を迎え,地方独自の政策的意志決定と行政の成果の公表・評価が重要になっているにも関わらず,これまでの統計データについては,個々の目的に沿ってバラバラに作成され,公表されてきており,データの収集に時間がかかる,また各種データの複合的な分析が出来ない等の非効率が発生している。そのため,そうした弊害を出来るだけ少なくするため,情報技術の進歩に併せ,統計データの共有化・オープン化を円滑に進めることを目的に,組織的な整備を進める必要があるということである[14]。

整備の内容は,統計情報の管理面・共有面・活用面・保管面及び,最終的な公表用資料の取扱い等,全般にわたっている。

(1)庁内における統計情報の共有化と活用面の充実
　・庁内共有データの作成や分析ツールを有したデータベースシステムの検討
(2)公表用資料の簡素化と統計データのインターネットを通じた情報提供
　・管理・公表方針に基づく統計情報の管理と公表
　・統一性を持った公表資料の作成及び,統計データ部分の電子媒体での情報提供
(3)統計情報整備における体制の整備
　・基本指針に基づく,自主的な統計管理
　・各課室への統計管理者の設置による組織的な職員体制の構築

和歌山県では,以上の3つの分野を柱として,全体の整備レベルを設定することにより,段階的に整備を行っていくという。

ここで言う統計情報とは,調査によって得られた数値のみでなく,業務上の

必要性から集めた業務記録を元に作成するものを含んでいる。例としては，予算・決算の状況，行政コスト計算書，住民基本台帳（月報），選挙データ，その他アンケート調査の結果等である。

整備の体制としては，(1)各部局室から1名選出による，統計情報整備部会（仮称）を組織し，統計情報の取扱いに関する基本指針や管理・公表方針を含め，再度検討を行う。(2)各課室に統計情報を管理する「統計管理者」を設置のうえ，統計課を中心とした職員体制の整備を計っていく。

福井県と目指すところは共通しているように思われる。今すべての自治体において必要とされている視点である。

V．おわりに

データに基づく地域の課題の共有，データに基づく政策立案は必要ではあるが，地方自治体においては言うほど簡単なことではない。かつては，地域の産業振興をめぐる課題を捉えるため，地域企業の悉皆調査を自治体が自ら行うことがあった。分析に長けた職員も存在した。しかし，今日ではそうした予算も人員も確保できなくなってきている。

地方のデータは国の統計と地方独自に収集されるデータからなる。地方自治体の統計主管課は，国の統計の実査を担うとともに，県単独事業として独自の調査や独自の集計を行ってきた。得られた結果の市民への提供も行ってきた。しかし，人員減，予算減から県単独事業を次々縮小してきている。縮小するということはノウハウの蓄積も後退するということである。しかも，そこに配属されても3年程度で異動になる。したがって，それだけでは統計調査力，統計分析力が養成される状況ではなくなってきている。

その一方，過度な事務事業評価システムは下火になりつつあるが，目標管理型行政運営は変わることなく，定量的目標，数値目標の設定による進行管理はなお進みつつある。どの部署へ異動になろうとも，一定の統計力，データ分析力は必要となってきている。であればそれに徹することを考えてもよい。いわ

ば自治体職員全員統計力の構築である。その時，はじめて「地域社会における情報基盤としての統計」の確立に向けた新たな営みを始めうる。本章で取り上げた例は，萌芽的ではあるがそれに向けた示唆的な取り組みである。

それがきちんと進んではじめて，地域の企業，行政，市民，研究者が同じ目線で地域の課題，共通の目標を捉えることができ，共同の意識も生まれてくる。遠回りと思わず，手順を踏んで歩むべきであろう。

【注】

(1) これは大企業・中堅企業を対象としている日銀『短期経済観測』，内閣府・財務省『法人企業景気動向調査』に結果と従業者規模50人前後の中小企業を対象としている日本政策金融公庫『中小企業動向調査』，中小企業家同友会『同友会景況調査DOR』，および従業者10人未満の小企業を多く含む中小企業庁・中小企業基盤整備機構『中小企業景況調査』の結果を比較してみるとよく分かる。菊地進［2008a］，pp.143-175。

(2) 統計の利活用が問題となるのは，近年の統計行政の改革と関係している。その背景については次を参照されたい。総務省統計局統計基準部［1995］。総務省統計局統計基準部［2003］。日本学術会議政府統計の作成・公開方策に関する委員会［2006］。全国統計協会連合会［2007］。菊地進［2008b］。

(3) 2007年5月に日本統計法が60年ぶりに全部改正され，行政のための統計から社会の情報基盤としての統計としての位置づけが明確にされた。そして，それに伴い，内閣府の下に統計委員会が設けられ，その答申をもとに『公的統計の整備に関する基本的な整備に関する基本的な計画』が閣議決定された（2009年3月）。この中で，地方統計に関しても言及されているが，地方自治体の統計部門を国の統計作成の地方機構という視点から見ているため，地方統計活性化の有効な方策を提示しえていない。

(4) 教育もそうであるが，行政の場合も成果を企業収益のような量的指標で捉えることができない。そこに，あえて量的成果指標を持ち込もうとすると様々な混乱が生まれてこざるを得なくなる。

(5) 地方自治体の行財政改革とそれが地方統計行政に与える影響，統計セクションの役割については，次で論じておいた。菊地進［2009］，pp.243-268。

⑹　科研プロジェクト『地域経済活性化と統計の役割に関する研究』（研究代表；菊地進基盤研究 B，2006年度～2009年度，課題番号18330042）による調査で，県や政令市の企画部門，商工部門，統計部門を訪問調査した。

⑺　地方公務員の定員数は2005年から2008年の3年間で4.7％減となった。内訳は，都道府県は3.0％減（教育・警察除くと8.5％減），指定都市は7.3％減，市町村は6.4％減である。

⑻　宮城県［2008］。

⑼　岐阜県［2007］。

⑽　岐阜県の長期構想（2009年）ならびにその策定経緯については，岐阜県庁公式ポータルサイト http：//www.pref.gifu.lg.jp の総合政策課の「岐阜県の長期構想」のページを参照されたい。政策討論会の資料なども公開されている。

⑾　ここでは知事着任後の公約をマニュフェストと呼び，その遂行のため部局長と知事が協定を結ぶ形をとっている。静岡市でもインナーマニュフェストとして同様の方法がとられている。

⑿　福井県「政策推進マネジメントシステム」については，福井県庁公式ポータルサイト http：//www.pref.fukui.jp/の政策推進課のホームページにある「福井県政策推進マネジメントシステム（職員用テキスト）」を参照されたい。職員向けのマニュアルであるが，公開されている。

⒀　福井県「政策推進データシステム」については，福井県総合政策部政策統計課に問い合わせられたい。

⒁　庁内においては，イントラネットシステムである INTRA–Wakayama を使って，統計業務データを共有し，市民，県民へは，オープン化されている「統計情報館」によって，政策統計課の管轄する各種統計情報を提供するほか，各課内の統計情報ともリンクさせる。また，国や地域の機関とのリンクも行うことを目指している。

【参考文献】

総務省統計局統計基準部［1995］『統計行政の新中・長期構想』全国統計協会連合会

総務省統計局統計基準部［2003］『統計行政の新たな展開方向』全国統計協会連合会

日本学術会議政府統計の作成・公開方策に関する委員会［2006］『政府統計の改革に向けて』2006年3月23日

全国統計協会連合会［2007］『統計情報』2007年7月号，統計法改正特集。

菊地進［2008a］「『中小企業景況調査』の位置と特質」『立教経済学研究』第62巻第2号。

菊地進［2006b］「社会の情報基盤としての統計，その実質化」大塚勇一郎・菊地進編著『経済学における数量分析』産業統計研究社，p.20。

菊地進［2009］「地方自治体の政策形成と統計」岩井浩・福島利夫・菊地進・藤江昌嗣編著『格差社会の統計分析』（現代社会と統計2）北海道大学出版。

宮城県［2008］『冨県共創！活力とやすらぎの邦づくり2007－2016』宮城県企画政策部。

岐阜県［2009］『岐阜県人口・少子化問題研究会報告書』。

菊地進［2010］「地方統計機構と統計の利活用」法政大学日本統計研究所『研究所報』No.40。

（菊地　進）

第Ⅱ部

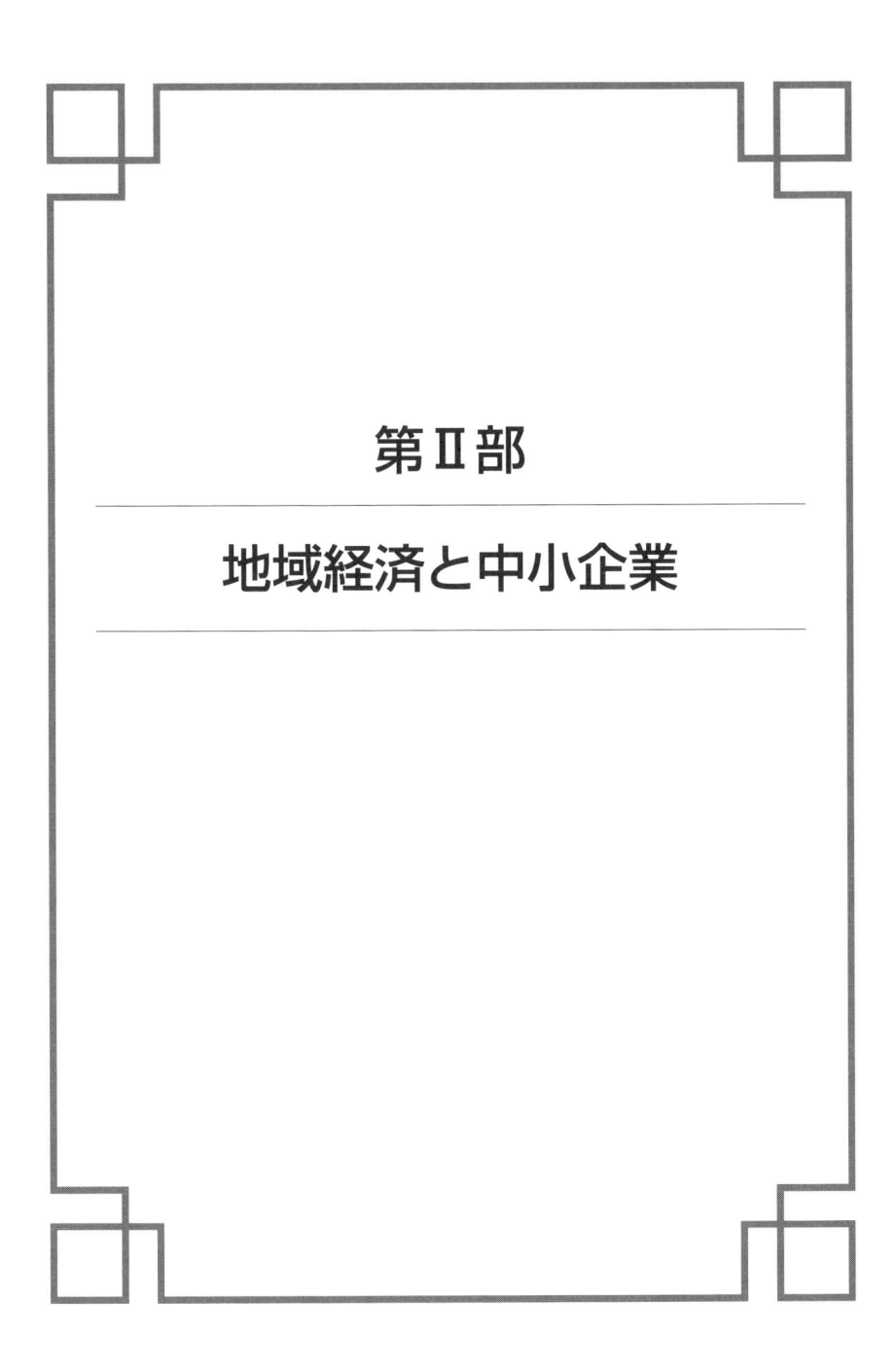

地域経済と中小企業

第5章 グローバル経済下の地域経済・中小企業問題

Ⅰ. はじめに

　経済のグローバル化の下で持続可能な経済社会を築くためには，地域に根ざした中小企業集積の再生に基礎をおいた循環型経済構造の構築が基本となる。地域間格差が拡大する中で地域経済の新たな活路打開の道を考えてみよう。

Ⅱ. 日本経済のグローバル化と地域中小企業の存立危機

(1) 日本経済のグローバル化の到達点と特徴

　今回のアメリカ発の国際金融恐慌は，日本にとって90年代の「失われた10年」危機と比べて，規模がグローバルに展開していること，また実体経済に与える打撃が質的に拡大していること，市場原理主義と金融資本主義の限界が白日の下に晒されたこと，さらに日本については小泉流構造改革政策以降のグローバル化・規制緩和・自由化路線の下で中小企業や国民のセーフティネットが解体されたことなどの要因が加わり，「新型複合不況」の様相を強めている。その際，金融不況が直撃したアメリカ・欧州諸国よりも我が国の経済の落ち込みが大きかったのは，日本の外需依存体質の諸矛盾が一挙に顕在化した結果であった。

　日本経済の2002年から2007年にかけての景気回復過程を主導したのは輸出（02年を100とした07年の指数は159）であり，内需（同じく111）は低迷していた。内需低迷の原因は非正規雇用の拡大に伴う雇用者報酬の減少であった[1]。かつての景気回復局面では，輸出主導のもとでも賃金は増大し，内需も拡大傾向を示した。輸出拡大が内需拡大につながらない傾向は，日本経済のグローバル化の特質と小泉流構造改革・規制緩和政策の帰結である。

そこで日本経済のグローバル化の到達点の要点を整理してみよう。

第1に，1985年のプラザ合意を契機にわが国の生産の海外移転は急速度で進んだが，2000年時点の海外生産比率を見ると，わが国(13%)はアメリカ(30%)やドイツ（47%）と比べて未だ低水準にあり，経済のグローバル化に関して依然として立ち遅れているという見解が政府や財界に見られた。しかし，いわゆるグローバル化の問題を考えるに際して，欧米諸国では日本と異なり，進出国と受入国との間での資本の相互乗り入れが活発である点が見過ごされてはならない。例えば，国内総固定資本形成（住宅投資・設備投資・公共投資の合計）に占める外国資本の投資の割合を国際比較しても，日本の実績（0.7%）はEU平均（50%），世界平均（22%）および先進国平均（25%）を大きく下回っていた[2]。すなわち日本経済のグローバル化は，外へ向かっての一方通行型の生産機能の海外移転であるため，海外生産比率の数値の高低によっては計り知れない悪影響を国民経済に及ぼす。

第2に，経済産業省の「海外事業活動基本調査」によると，96年度には製造業の海外現地法人の売上高が47兆円に達し輸出総額（44兆円）を初めて超えるに至り，逆輸入比率はその後16%の水準で高止まりしている。さらに2007年度の海外現地法人の売上高は111兆円へと増加の一途をたどり，輸出金額（85.1

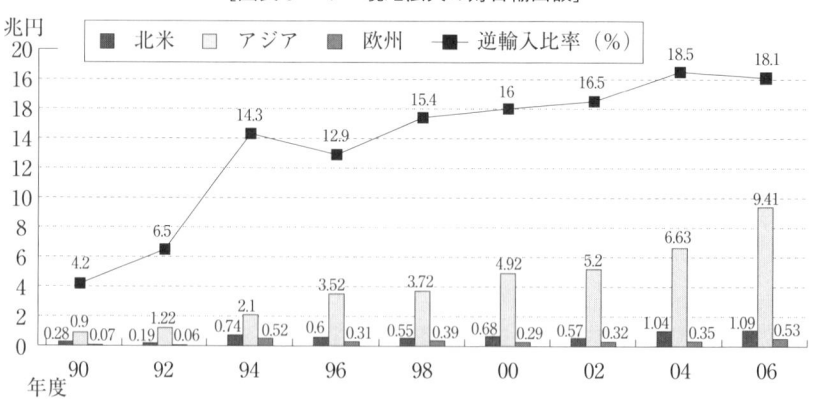

[図表5-1　現地法人の対日輸出額]

年度	北米	アジア	欧州	逆輸入比率（%）
90	0.28	0.9	0.07	4.2
92	0.19	1.22	0.06	6.5
94	0.74	2.1	0.52	14.3
96	0.6	3.52	0.31	12.9
98	0.55	3.72	0.39	15.4
00	0.68	4.92	0.29	16
02	0.57	5.2	0.32	16.5
04	1.04	6.63	0.35	18.5
06	1.09	9.41	0.53	18.1

（出所）経済産業省「海外事業活動基本調査」各年度版より作成。

兆円）を3割も上回り，日本は多国籍企業が主導する国民経済へとその構造を根本的に転換した。海外生産の拡大は国内で生み出されるはずの生産と雇用を削減する。また設備投資は内需を構成する重要な要因であるが，生産の海外移転の進展は海外生産拠点での設備投資に比重を移し，設備投資の内需寄与度は低下した。

　第3に，中国を中心とした東アジア諸国への生産の海外移転が日本国内の製造業に与える影響は，欧米への生産移転とは質的に異なった意味を持っている。先の経済産業省の調査を手がかりにして，大企業がバブル期を上回る好決算を持続していた2006年度の製造業現地法人の製品の販売先を進出地域別に見ると（図表5－1参照），日本企業はアジア，北米，欧州の3つの進出地域において異なった経営戦略を採っていることがわかる。すなわち，アジア現地法人の場合には現地と周辺域内に対する販売割合は69.9％で，北米（93.5％）と欧州（91.9％）を大きく下回っている。他方で，日本への輸出（いわゆる逆輸入）を見るとアジアの場合は22.1％で，北米（3.4％）および欧州（2.8％）と比べて一桁違っている。アジアの現地法人の場合，現地・周辺市場の確保・拡大とともに日本向け（22％）を主とし，欧米向け（6.3％）を従とした形での迂回輸出のための生産拠点という性格をも併せ持っている点が重要である。それゆえアジアへの生産移転が国内製造業に対して与える影響は，輸出向けの仕事の海外移転に留まらず，完成品の逆輸入や部品の海外調達という形で内需向けの生産基盤をも掘り崩す方向に作用している。不況下で注目を集めているユニクロ・ブランドのファースト・リテイリングの経営戦略（企画・デザインは日本で，生産は中国で行い，低価格商品を日本へ逆輸入する）は，その代表例である。

　日本の輸出はこれまでも特定業種の特定大企業によって過半数が占められていたが，大企業のグローバル戦略（企業内国際分業）のもとで，その影響はいっそう高まってきた。2007年の輸出に占める割合は機械類（一般機械と電気機械）が40％，自動車（部品を含む）は21％で，これら3業種で61％であった[3]。今年の『ものづくり白書』によると，これら3業種が鉱工業生産に占める割合

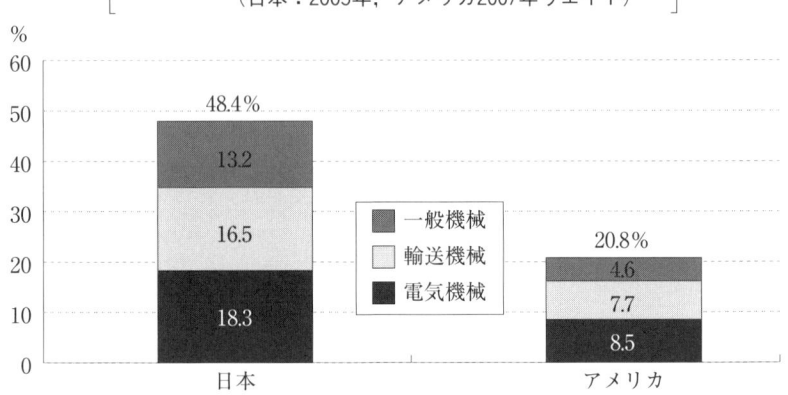

図表5－2　鉱工業生産に占める機械系3業種の日米比較
（日本：2005年，アメリカ2007年ウエイト）

日本　48.4%
- 電気機械　18.3
- 輸送機械　16.5
- 一般機械　13.2

アメリカ　20.8%
- 電気機械　8.5
- 輸送機械　7.7
- 一般機械　4.6

（出所）『ものづくり白書　2009年版』p.8。

は48.4％でアメリカの20.8％を大きく上回っている。さらに，機械系3業種の輸出割合はアメリカと比べて極めて大きく，とりわけアメリカ市場向けの比重が大きい輸送機械（主力は自動車）の輸出比率の高さが際立っている（図表5－2参照）。ちなみに国内自動車産業の危機が素材産業や下請け中小企業に壊滅的打撃を与えた理由は素材・部品の非常に高い国内調達率にある。輸送機械の国内調達率は日本が94.5％であるのに対してアメリカは66.6％であり，外注・下請けをフルに活用した日本型生産分業構造の下で諸矛盾が中小企業に集中的に転嫁されたのであった。その結果，2009年の中小企業白書では「全ての業種が総崩れの状態」という厳しい表現がなされた。

リーマン・ブラザーズ破綻直後の昨年9月17日の「ハチが刺した程度。日本の金融機関が傷むことは絶対にない」という与謝野経済財政担当大臣の発言は問題を金融部門に矮小化しており，以上でみたような二重のアメリカ経済への依存という構造的弱点を見落としたものであった。

(2) **中小企業の駆逐過程の進展**

今日の日本経済の苦境と活力低下の実態を象徴しているのが，日本経済の裾

[図表５−３　主要業種での中小企業の減少]

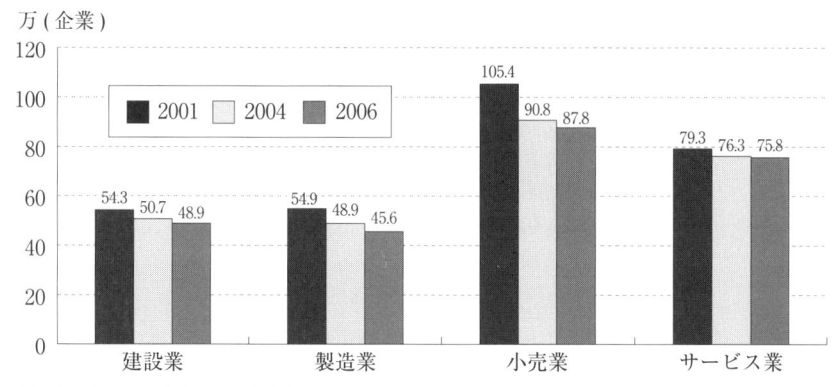

業種	2001	2004	2006
建設業	54.3	50.7	48.9
製造業	54.9	48.9	45.6
小売業	105.4	90.8	87.8
サービス業	79.3	76.3	75.8

(単位：万企業)

(出所)『中小企業白書　2008年版』349頁より作成。

野を形成している中小企業の衰退傾向である。2008年版の『中小企業白書』によると，中小企業の企業数はバブル景気に突入する時期の1986年の532.7万社をピークに一貫して減少傾向をたどり，2006年には419.8万社となり100万以上の中小企業が消滅した。とくに市場原理主義の政策が前面に押し出されてくる90年代末以降に減少の速度は急激に増した。図表５−３は21世紀に入ってからの主要な業種の中小企業数の推移を見たものだが，サービス業を除いて中小企業の存立基盤は急速に悪化していることがわかる。統計では未だ把握できないが，今回の新型複合不況の影響で中小企業の数はさらに大きく減少することは確実である。雇用の７割以上を支える中小企業の危機の深化は雇用減に直結するものであり，国民生活に深刻な打撃を与えるであろう。逆に考えると，中小企業を大切にする政策の重要性が浮かび上がってくるチャンスでもある。

さて以上で見た中小企業数の減少傾向を少し詳しく見てみると，地域密着度がより強い小規模事業所の減少が注目される。図表５−４を見ると21世紀に入ってからの規模別減少傾向は50人未満の企業，とりわけ自営業を中心とする10人未満の小零細企業での営業破壊の深刻さが浮き彫りになってくる。これらの小零細企業では事業主にとって，営業と生活の場が一体化している場合が多く，地域コミュニティのコアとしての役割を果たしてきた営業主体であり，今後さ

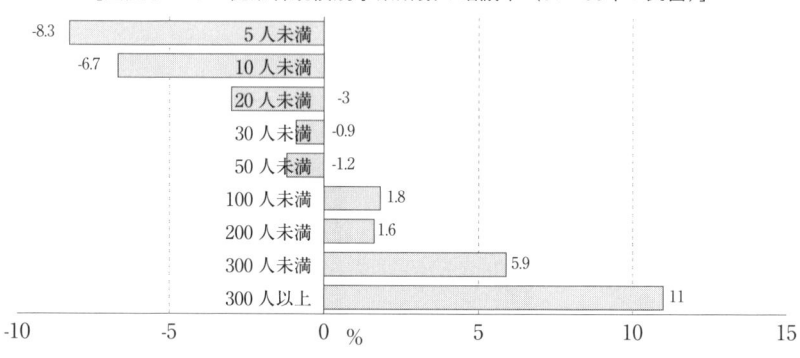

[図表5－4　従業者規模別事業所数の増減率（01～06年：民営）]

規模	増減率(%)
5人未満	-8.3
10人未満	-6.7
20人未満	-3
30人未満	-0.9
50人未満	-1.2
100人未満	1.8
200人未満	1.6
300人未満	5.9
300人以上	11

（出所）総務省統計局「平成18年事業所・企業統計調査（速報）」。

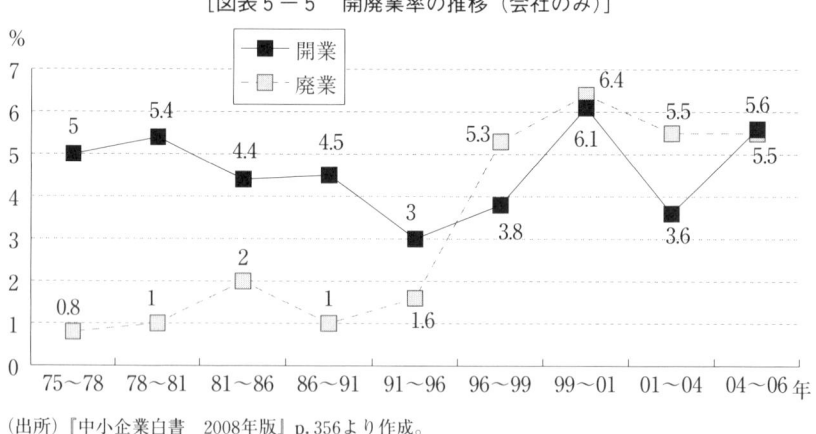

[図表5－5　開廃業率の推移（会社のみ）]

年	開業	廃業
75～78	5	0.8
78～81	5.4	1
81～86	4.4	2
86～91	4.5	1
91～96	3	1.6
96～99	3.8	5.3
99～01	6.1	6.4
01～04	3.6	5.5
04～06	5.6	5.5

（出所）『中小企業白書　2008年版』p.356より作成。

らに地域コミュニティの空洞化が進む恐れがある。

　小零細企業の減退の傾向を開廃業件数の推移から確認してみよう。図表5－5は「会社」単位での開廃業率の推移を見たものである。廃業率は確かに市場原理主義的政策が強まる90年代以降に増大しており，開業率も変動はあるものの相対的に活発であり，04～06年では開業と廃業は拮抗状態にある。これに対して「個人企業」についてみると，図表5－6が示すように「会社」よりも10年以上も早く80年代前半から廃業率が開業率を上回っていたこと，さらに一貫

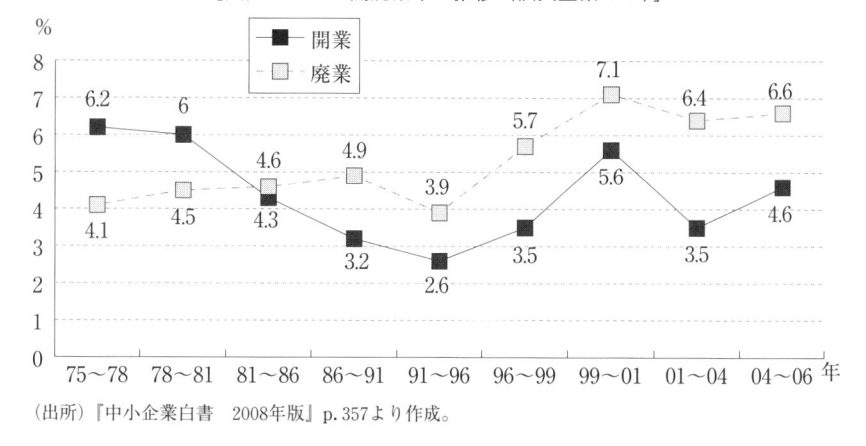

[図表5－6　開廃業率の推移（個人企業のみ）]

年	75～78	78～81	81～86	86～91	91～96	96～99	99～01	01～04	04～06
開業	6.2	6	4.3	3.2	2.6	3.5	5.6	3.5	4.6
廃業	4.1	4.5	4.6	4.9	3.9	5.7	7.1	6.4	6.6

（出所）『中小企業白書　2008年版』p.357より作成。

して廃業率が開業率を上回っており，その差も広がる傾向にあることが注目される。

Ⅲ．地域経済・中小企業の存立危機の深化

(1) モノづくり立国・日本の危機的現象

　資源の乏しい日本は加工貿易を国づくりの土台に据えて発展してきた。しかし，経済のグローバル化や，モノづくりから金融機能重視の方向への経済政策推進の結果，日本の製造業の存立基盤は衰退傾向を強めている。この問題は，わが国の工業集積地域のシンボルとも言える東京の大田区でも，典型的な形で顕在化しつつある。

　かつて東京は，高度な加工機能の総合的集積地として日本の製造業の心臓部の役割を果たしナショナル・テクノポリスと称された大田区を中心とした機械金属加工集積の城南地域，雑貨・ファッション関連の城東地域，都心の出版・印刷産業の集積など，世界の首都の中でも高度で多様な産業集積を有する個性的位置づけにあった。しかしコスト重視の行き過ぎた生産の海外移転とモノづくり軽視の都市再開発のなかで，東京の工業集積も急速に綻び出してきた。

図表 5 − 7 が示すように最近10年間で東京の工場数は34％も減少し，従業者数に至っては 4 割近くも減少した。とくにこの傾向は小泉政権による新自由主義的政策が強行された21世紀初頭に顕著に現れている点が注目される。これを規模別に見ると（図表 5 − 8 参照），従業者数 9 人未満の工場（技能・熟練の苗床機能を果たしていた小零細工場）の減少数は 1 万8,538軒を数え，消えた

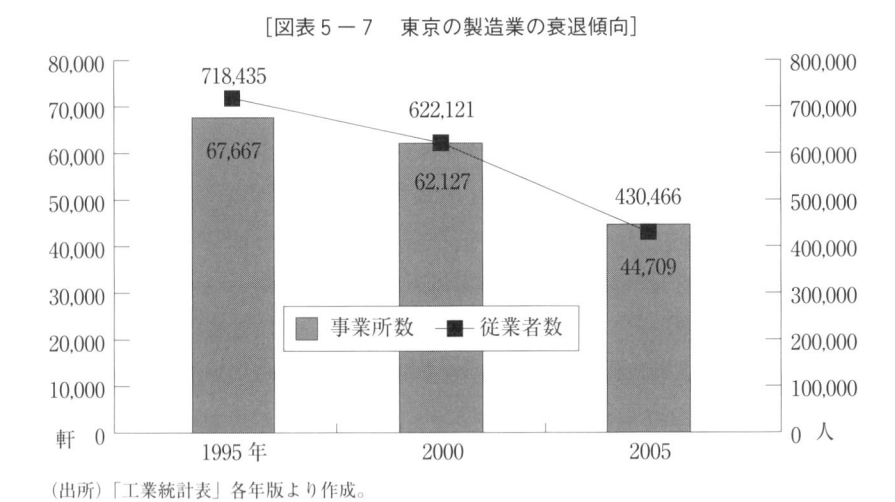

[図表 5 − 7　東京の製造業の衰退傾向]

(出所)「工業統計表」各年版より作成。

[図表 5 − 8　東京の製造業の規模別推移]

(出所)「工業統計表」各年版より作成。

工場全体の81%で圧倒的多数に及んでいる。とくに大田区の場合，バブル直前には9千軒以上もあった町工場は急速に駆逐され，2000年には6,165軒へ減少し，05年にはついに5千軒の大台を割り込み4,778軒となった。図表5－9は大田区の工場数の推移を規模別に見たものだが，ここでもやはり小零細工場の破壊が一目瞭然である。

ところで，地域密着型の営業を行っている自営業の衰退傾向は高度に発達した資本主義国に共通するものではなく，日本で特に強く現れている点が問題である。図表5－10は中小企業が大きな役割を果たしている国として世界的に知られている日本・ドイツ・イタリアおよびアメリカにおける最近の自営業者（家族従業者を含む）の推移を見たものである。それによると，国際化・規制緩和・価格破壊の進展と歩調を合わせる形で，中小企業重視の政策を取っているドイツ・イタリアおよび新自由主義の母国アメリカでは自営業者数は安定しているにもかかわらず，日本だけが急激な減少傾向をたどっている点が注目される。

自営業者は労働と生活の場が一体化した24時間市民であり，地域コミュニティのコアになる経営である。この階層の衰退はコミュニティ機能の空洞化の重

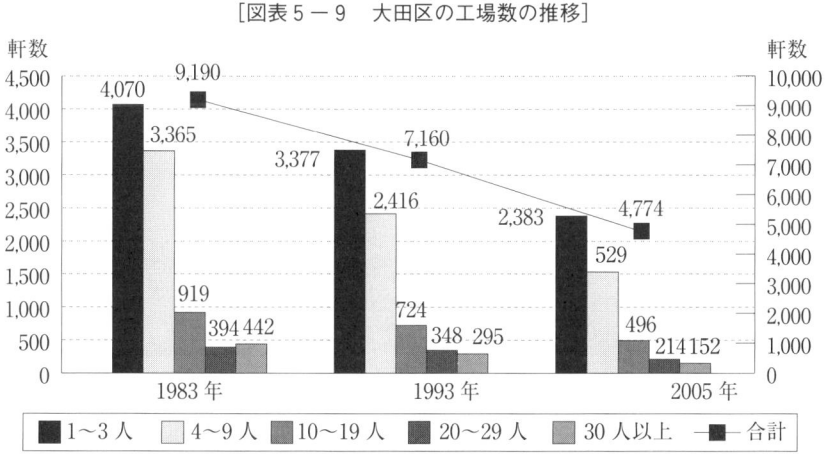

［図表5－9　大田区の工場数の推移］

(出所)「工業統計表」各年版より作成。

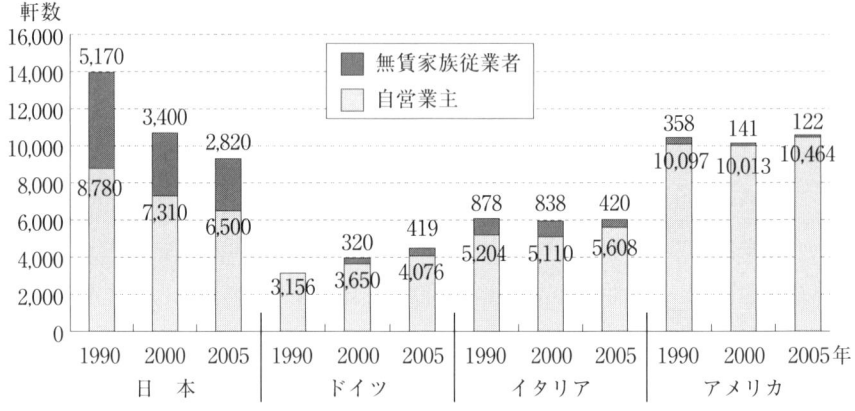

[図表5－10 主要国の自営業の推移]

(出所)『データブック 国際労働比較2008』p.146より作成。

要な要因になっている。自営業減少の背景の一つとして，所得税法第56条に基づく「自家労賃否認」問題がある。同じ仕事を家族が他の事業所で雇われて行なえば給与がもらえるが，家業に従事すると配偶者や子どもの給与は認められないという税制は地域密着型営業の事業継承にも否定的な作用を及ぼしている。多くの先進国では自営業の家族の賃金は必要経費として認められている。ところが図表5－10が明瞭に示しているように「無賃家族従業者」の絶対数と就業者全体に占める比率の双方で日本が特に目立っている。所得税法56条廃止の運動は先進国レベルでは当然の要求であり，憲法25条に明記されている「健康で文化的な最低限の生活」を営むための国民的要求の一翼を担う課題でもある。

　自営業者の減少の基本的な理由のもう一つは，所得水準の低さに求められる。図表5－11は製造業，卸・小売・飲食業とサービス業の3つの業態での平均的な所得を会社員の所得と比較したものである。数値が「1」以上の場合は，自営業者の所得が会社員より大きいことを意味する。それによると，サービス業では1975年以降，会社員の所得以下の水準が続いている。技能熟練が必要な製造業の場合は，90年までは自営業所得が会社員収入を上回っていたが，90年代

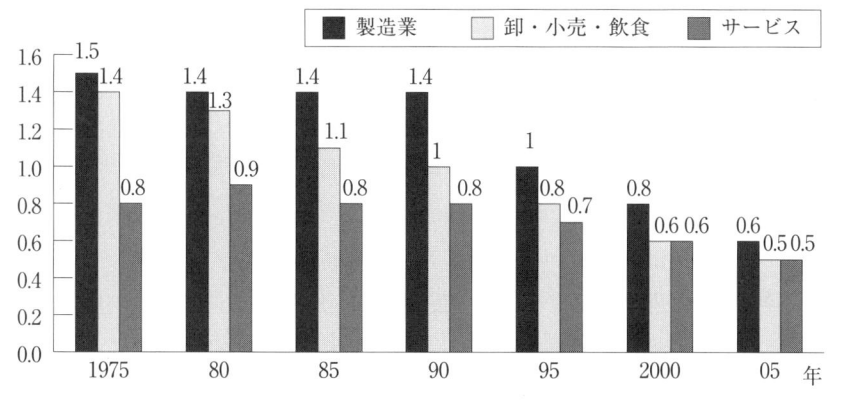

[図表5-11 自営業者対会社員の収入比率]

年	製造業	卸・小売・飲食	サービス
1975	1.5	1.4	0.8
80	1.4	1.3	0.9
85	1.4	1.1	0.8
90	1.4	1	0.8
95	1	0.8	0.7
2000	0.8	0.6	0.6
05	0.6	0.5	0.5

(出所)『中小企業白書 2008年版』p.18より作成。

以降のグローバル化・価格破壊の下で会社員収入を下回っている。そして2005年の水準は，3つの業態のいずれにおいても会社員収入の半分程度の所得に留まっている。こうした傾向は，戦後の一時期に見られた「窮迫的自立・自営」現象の21世紀における再現ともいえる。

(2) 地域的工業集積の意義

　地域経済と中小企業が自立的・自律的展開能力を獲得するための土台は，地域中核企業における企画・開発機能の高度化と地域的産業集積の活性化にある。そこで中小企業の地域的集積のメリットは，どこにあるのか。以下，その要点を整理しておこう。

　第1は，専門特化した固有技術の相互活用によるモノづくりレベルの高さが挙げられる（多様で高度な加工機能の地域集積）。たとえば鍍金業でも大物，小物，金・クローム鍍金など得意分野が異なる工場が集積していれば地域内で生産・加工できる仕事内容も質的に幅が拡がり，受注範囲も拡大する。活性化している商店街では同じ業種の商店が個性化することにより集客効果の点で，相乗効果を挙げているのと同じことである。

　第2は，ネットワーク形成の容易さである。特定地域に集積している地場産

業や基盤技術工業地帯では，常日頃の付き合いの延長線上で，路地裏ネットワークや自転車ネットワークなどと称されるように，必要なときに必要な相手とネットワークを組むことが可能になる。小ロット・短納期・難加工の受注の場合に大きな効果を発揮する。

　第3として，機械設備・材料・工具の入手可能性の高さが指摘される。モノづくり集積の高度な地域では，機械問屋・材料問屋などモノづくりを支援する卸機能が集まっている。その結果，他地域では入手しにくい小ロットでの原材料調達，特殊な工具・治具の入手，機械設備のメンテナンスの迅速対応が可能になる。地方に移転した工場が第一に気づく集積のメリットは意外にこのようなモノづくりサポート機能の重要性である。

　第4は，市場・技術情報へのアクセス可能性の高さである。地域集積度が高いほど，多種多様な情報が地域内に入ってくる。「コンピュータ，ソフトが無ければタダの箱」というようにソフト・情報の重要性は高まる一方である。しかし逆に「コンピュータ，ハードが無ければタダの夢」にすぎない。ソフトとハード，開発と製造の緊密な連携が求められる。

　第5は，資金調達の容易性である。中小企業集積の度合いの高い地域では，地銀・信金・信組など地域密着型金融機関が実体経済の金融・情報面でのサポーティング機能を発揮している。そこでは融資条件などを見ても，都銀のように財務指標中心ではなく，リレーションシップ・バンキングの立場から日常的な人間関係から得た社長の人格・使命感・信頼性などを総合した判断を行っている。

　第6は，業界と行政との連携による営業関係改善の問題である。工業集積度が高いと自治体も固有の中小企業支援策を構築する傾向が強く，たとえば同じプレス加工の仕事をしていても，工業集積度の高い地域に立地していると，行政支援のメニューの種類と質の点で，非常に有利である。

　第7として，地域ブランドによる広範囲の受注可能性である。大田区や東大阪市あるいは浜松などに立地していると，発注者側は地域イメージから町工場のレベルを推測する。西陣という地域ブランドからは，高度な織物技術が脳裏

に浮かぶ。ところが地方に点在した工場の場合，高度なモノづくり力を持っていても，その情報がなかなか発注企業に伝わりにくい。

　第8に，技術者・技能者の育成・確保の容易性である。工業集積地の多くでは公的機関を中心にして職業教育・訓練の場が多様に存在している。また今では少なくなったが渡り職人的な形で，個々の工場の特殊な技能が地域内に伝承される雰囲気もある。モノづくりで生活できる経済環境さえ整えば，この点での集積地の強みは意外に大きな効果を呼び起こすであろう。

(3) 持続可能な地域づくりの基盤としての地域資源活用型産業の危機

　民族や地域の生活文化の土台となる生活必需品（衣食住）の生産・流通に関わる地域資源活用型産業の疲弊化の現状を見てみよう。

　まず食料自給率をみると，周知のように農業基本法制定以前の1960年にはほぼ100％であったが，高度成長期以降のコスト重視の国際分業論に依拠した農業切り捨て政策の下で低下の一途をたどり，今日ではカロリー自給率は40％，穀物自給率は30％以下となっている。そして食料純輸入額(輸入マイナス輸出)は世界一である。食料の輸入依存はエネルギー資源の浪費であり，また他国の水資源の略奪を意味する。日本の年間食料輸入の量から推定すると，国内の総水資源利用量が約900億㎥であるのに対して，外国の水資源を年間約640億㎥輸入していることになると言われている[4]。こうした状況の中で，さらに食料輸入の自由化が経済のグローバル化の名の下に推進されると，食料の領域での地産・地商・地消が崩れ，大手流通資本や外食産業の支配力が強まり，地方経済の基盤はさらに脆弱化せざるを得ない。これまでも農業でも国際的なコスト競争力が問題となり，量産量販に適した大手種苗メーカーによる種子の独占的供給によって品種・品目の地域特性に見合った多様化が失われてきた。その結果，食の分野でも素材の規格化・標準化が進んでおり，地域生活文化のシンボルである食文化の空洞化が懸念される。

　しかし自治体の基本スタンス次第では持続可能な農村の構築が可能であることは，たとえば長野県川上村が一つのモデルを提示している。標高が高く水が

冷たいという自然条件を活かして食卓の洋風化の流れを読み取りレタス生産に力を入れ，高度成長期も農村として安定して発展した。バブル期に多くのデベロッパーによるリゾート開発の誘いがあり，県もリゾート法の重点整備地区に指定しようとしたが，紆余曲折を経て村民不在の開発を拒否した。3か所のゴルフ場はできたが，民間に土地を貸す方式で，開発協定の中で客土をしっかり施し閉鎖後も元の農地に戻せる仕組みを確保し，土地の荒廃を防ぐ措置が取られた。地域産業が安定しているので若者も大学進学で首都圏へ出て行ったあと，農業の後継者として故郷に戻るものが多く，2005年時点で30歳代の農業従事者は14％で全国平均の3％を大きく上回り，後継者問題は深刻化していない。また川上村の07年の合計特殊出生率は1.83で全国平均の1.34を凌駕し，持続可能な地域づくりの展望が切り拓かれている[5]。

次に住宅関連産業の苦境の実態を，豊かな木造住宅文化が育まれた地といわれている富山を事例として見てみると，豊富な森林資源が存在しているのも関わらず，年間に消費される100万㎥の木材のうち90％は外材であり，またハウスメーカーが使用している木材の8割以上は外材といわれている。先進国の中で日本ほど林業が廃れ，森林が放置・疲弊し，木材地場産業が自国資源と断絶した国は稀有であろう。加えて法制面での日本固有の建築方法の軽視が「和」の木造建築の駆逐化を加速化してきた。たとえば，建築基準法は現場で建設に直接関わる職人について触れておらず，大工棟梁という職能・技能に何の価値も見出していない。合成物質を多用したプレハブ住宅では素材が均質化しているので，技能・熟練は不要という意識であろう。こうしたコスト・効率性重視の政策の結果，日本古来の建築様式を意味する「在来工法」の国土交通省の説明は，"プレハブ工法，枠組壁工法（ツーバイフォー）以外の工法"となっている[6]。住宅の洋風化は家具・調度品の洋風化を伴うことにより，各地の"和"に基礎を置いた木工関連の地場産業は軒並み存立危機に陥ってきた。産地は洋風家具の生産に転換したが，食料と同じく価格問題がネックとなり，中国製を中心とした輸入品に市場を奪われ続けてきた。

輸入品は欧州の高級家具とイメージされるが実態は，2008年実績では2,095

億円の木製家具輸入農地の49%は中国製であり，アジア全体で約9割を占めており，欧州製品は1割にすぎない。ニトリに代表される大手量販店はグローバル調達で業績をあげているが，逆に国内生産者は危機の度合いを深めている。

　日本の街づくり，あるいは建築の手法の問題点は，地域の公的な空間を効率性・経済性偏重の観点で捉え，歴史的な建造物・町並みを規格化された似通った空間や近代的ビルへと建替え，安易に地名変更を行うなど，"記憶を消し去さる街づくり"が中心になっている点にある。極論すると都市空間は消耗品として扱われている。過去の記憶をどんどん消し去っていくという開発手法では，人と人とのつながりを通じて伝わっていく生活文化や地域独特の雰囲気などは断絶し，継承・発展されていかない。これでは地域密着型の小売店や工務店の存立基盤は今後もさらに掘り崩されていく危険性がある。文明は断絶と飛躍が特徴であり，文化は連続性と成熟が要点である。今，日本では地域文化が危機に瀕している。造っては壊すという"記憶を消し去さる街づくり"は確かにGDPを増大させ，成長に寄与するが，消耗品としての都市では消耗品としての人間しか育ちえない。他方"記憶を重ねる街づくり"は成熟志向なので安定した持続可能な地域経済基盤が形成されやすい。地域密着型の中小企業にとって「よい経営環境」づくりとは"記憶を重ねる街づくり"であり，そうした試みの事例としては長野県小布施町や大分県の由布院をはじめとして全国各地に存在している[7]。また日本の固有文化を活かした個別生産を行えば木工分野でも展望が切り拓かれる事例として，ポルシェやフェラーリの高級車のデザインを手がけた著名なデザイナーの奥山清行氏が故郷の山形県で起こした山形工房があげられる。地元企業と組んで開発した木製コート掛けは一本が14万円の高値で年間500本販売された。先進国にとって時代は量産量販から質産質販へ移行している。地域固有の資源と文化を結合して"和"のトレンドを世界に発信できる地域産業（グローバルに考えて，地域に根差した行動：グローカリズム）の構築が地域再生のキーワードである[8]。

　また，かつては日本の主力産業であった繊維産業は完全に劣位産業に転落した。繊維製品製造出荷額はピーク時の90年代初頭の13兆円から，中国を中心と

した途上国への生産移管に伴い，2005年には4.6兆円へと約3分の1強まで激減した。その結果，繊維製品の輸入浸透率（国内消費に占める輸入の割合）は90年の34％強から2005年には77％へと急増した[9]。洋服のみならず，この間に和装産業でも生産の海外移転が進み，産地は存亡の危機に瀕している。21世紀初頭にタオル産地が輸入製品に圧倒され，国際的に認められている緊急輸入制限（セーフガード）の適用を要請したにも関わらず，政府は自由貿易原理の維持に固執し，地域経済の擁護責務を放棄した。

以上のように国民の生活必需品に関わる地域産業がコスト重視の政策の下で生産の海外依存・移転が進んだ結果，気候・風土の特色を活かした地域生活文化の画一化が進み，地域密着型中小企業の駆逐を条件づけた。

Ⅳ．おわりに

日本の雇用の8割近くを提供し，日本経済を土台で支えているのは中小企業である。その中小企業が今，前代未聞の存立危機に直面しつつある。こうした状況を踏まえて，地域中小企業再生の課題を最後に整理しておこう。

第1は，中小企業の社会的・経済的存在意義の明確化と情報発信である。勤労者の圧倒的多数が働く場である中小企業の経営のあり方は人間発達の可能性の土台であり，個性的な財・サービスの提供は国民生活の質の向上（QOL）に貢献するものであることを中小企業家自身が確信を持って発信する必要がある。グローバル化時代に光り輝く地域社会を創造するためには地域資源を活かした形でのグローカリズムの担い手になるべき中小企業へと自己変革する必要がある。

第2は，中小企業は規模が小さいので，ユーザーニーズに一社のみでは十分対応できない。個性的でオリジナリティを持ち"志"に燃えた中小企業同士のネットワーク化が求められる。同業種間での共同化，異業種間での連携など，多様な形態のネットワークの網の目の多様化が追求されねばならない。

第3は，良い会社づくり，良いネットワークづくりを推し進めるためには，

志を同じくする経営者の量的拡大が必要不可欠である。持続可能な地域づくり・国づくりに挑戦するためには「仲間づくり」は基本的課題である。地域経済の内発的発展の基盤となる多種多様な経済団体・業者団体の力量強化と相互連携が求められている。

　第4として，地域振興政策への積極的な関わりの課題である。多くの中小企業が地域密着型であり，地域社会のあり方，地域経済の発展方向は，中小企業の経営にとって大きな影響を与える。その意味で，各地で地域経済の循環型構造の構築に基礎を置いた持続可能な地域社会づくりを経済面で保障する中小企業振興基本条例制定運動は，ますます重要性を帯びてきている。

　最後に第5の課題として，国民経済レベルでの「よい経営環境」づくりの課題がある。本文で述べたように，現在の中小企業を巡る経営環境は「中小企業の努力が報われる」形にはなっていない。不公正な取引関係を一掃し，安心して経営できる経済ルールづくり，本業を通じて社会貢献できる社会経済環境の整備が求められている。少なくとも組織の長が閣議に列席できるように，中小企業庁を独立した官庁へと昇格させる運動が必要である。

【注】

(1) 『経済』2009年3月号，pp.18-19参照。
(2) 『通商白書　2003』pp.111-112参照。
(3) 『日本国勢図会』2008/09年版，pp.316-317参照。
(4) 食料問題の概要を知るには，田代洋一［2009］『食料自給率を考える』筑摩書房ブックレット，中田哲也［2007］『フード・マイレージ』日本評論社，が有益である。
(5) 『日本経済新聞』2009年7月27日付夕刊「人間発見」参照。
(6) 森林資源・住宅問題については，白井裕子［2009］『森林の崩壊』新潮新書，が有益である。
(7) 竹内宏［2004］『「町おこし」の経済学』学生社，船井幸男［2006年］『まちはよみがえる』ビジネス社，，岡田知弘［2009］『一人ひとりが輝く地域再生』新日本出版社，参照。

⑻　『日本経済新聞』2009年8月9日付「NEWSな数字」，奥山清行［2007年］『フェラーリと鉄瓶』PHP研究所，『日本経済新聞』2009年4月6日付参照。

⑼　数値は経済産業省繊維課［2007］「繊維産業の現状と環境変化」2007年を参照。

【参考文献】

吉田敬一・井内尚樹編著［2010］『地域振興と中小企業』ミネルヴァ書房

岡田知弘ほか［2010］『中小企業振興条例で地域をつくる』自治体研究社

植田浩史［2007］『自治体の地域産業政策と中小企業振興基本条例』自治体研究社

(吉田　敬一)

第6章 産業集積における中小製造企業
―大阪の産業集積の特徴と中小製造企業の存立展望―

I．はじめに

　産業集積は，産業集積をめぐっては，学術的関心も高く，多くの知見の蓄積がある（たとえば関・立見［2007］）。これは産業集積が世界中において，また日本においても全国各地で形成されているためばかりでなく，産業集積のあり方が企業の存立や行動に影響を及ぼすためであろう。産業集積とそこに存立する企業との関係は不可分である。

　日本の産業集積の事例としては，製造業に限れば，東京の大田と東大阪がとりあげられることが多い（以下，産業集積は製造業種を念頭に置く）。なかでも東大阪の産業集積をめぐっては，多くの研究蓄積がある（植田編［2000］，衣本［2003］，湖中・前田［2003］，湖中［2009］，加藤［2006，2009］，鈴木・中瀬・高橋・清田［2009］など）。研究蓄積の厚みのように，東大阪市は，大阪の一大産業集積形成地域であることは間違いない。しかし，東大阪市は大阪府（以下，特に断りのない限りにおいて大阪と表記する）の一部地域である。また，大阪自体，日本の一大都市であることから企業や事業所が多く集積しており，集積としての厚みがある。東大阪は大阪の一地域に過ぎないにも関わらず，大阪の産業集積をめぐっては，東大阪以外の地域では研究蓄積が少ないのが現状である。

　そこで本章では，統計データやいくつかの具体的事例を踏まえながら，東大阪に限らず，大阪の産業集積の特徴をみるとともに，大阪の産業集積における中小製造企業の存立実態の現状，課題，そして展望を描き出していくことにしたい。

Ⅱ．産業集積をみる視点

　産業集積とは，ある特定の地理的範囲にある特定の産業を営む事業所（者）が集中して立地している状態というように定義されることがある。これはどういうことを指すのであろうか。

　産業集積を把握するためには，ある特定の地域（多くは行政区分）を対象に，日本標準産業分類に基づく産業の分類別に，事業所の集中度合をみるという方法がとられる。一般的に，製造業の産業集積（これを工業集積と呼ぶ）の代表的事例として，東京の大田と東大阪がとりあげられることが多い。大田は大田区であり，東大阪は東大阪市であり，ともに行政区分を指す。これらの地域がともに産業（製造業）集積の代表的事例としてとりあげられる根拠は，製造業事業所数の集積度合の高さにある。具体的には製造業事業所数の多さと，全事業所数に占める製造業事業所数の比重を示す。まず，製造業事業所数であるが，2006年事業所企業統計調査によると，大田区の製造業事業所数は5,958であり，また東大阪市のそれは7,388である。製造業事業所数は，産業（製造業）の集積度合をみる１つの指標ではある。しかし，製造業事業所数は，全事業所数（さらに人口）の数が多い，言わば都市部地域では必然的に多くなってしまう。そこで，全事業所数のうち製造業事業所がどのくらいの比重を占めているのか，全事業所数に占める製造業事業所数の比率（以下，製造業比率）が産業の集積度合をみるもう１つの指標となる。これでみると，大田区の製造業事業所数は5,958であるが，これは事業所数全体の18.6％を占める。また東大阪市のそれは7,388であり，これは事業所数全体の26.3％を占める。事業所数でみると大田区の方が集積度合は高いということになるが，製造業比率でみると，東大阪市の方が集積度合は高いということになる。さらに，日本全国の製造業比率を市区町村別に順位づけした図表６－１によると，大阪府下では代表的産業集積の事例としてとりあげられることの多い東大阪市よりも，八尾市や大阪市生野区や大阪市平野区の方が，事業所数は少ないが製造業比率は高いということがわかる[1]。

[図表6－1　全事業所に占める製造業事業所数の比率（市区町村別上位10位まで）]

	市区町村名	全事業所数	製造業事業所数	製造業比率
1位	京都府京丹後市	5,650	2,209	39.1%
2位	新潟県燕市	6,546	2,492	38.1%
3位	埼玉県八潮市	4,827	1,714	35.5%
4位	大阪府八尾市	12,807	3,625	28.3%
5位	大阪市生野区	10,532	2,949	28.0%
6位	岐阜県関市	5,769	1,605	27.8%
7位	埼玉県三郷市	5,722	1,558	27.2%
8位	大阪市平野区	8,245	2,240	27.2%
9位	大阪府東大阪市	28,053	7,388	26.3%
10位	大阪市東成区	6,158	1,610	26.1%

（出所）　関・立見［2007］（原典：2006年事業所企業統計）

　また，これらの数値は，定義の中にみられる産業集積の地理的範囲を考慮していない。市区町村で区切られた地域のなかで，当然のことながら事業所は当該地域において均一に立地しているのではなく，さらに特定の狭い地域に産業集積は形成されている場合が多い。また，この点に関連して，産業集積は，行政区分をまたがって形成されていることも多く，単純に産業集積を市区町村の行政区分で区切ってみることは，産業集積の形成の実態を過小評価してしまいかねない。

　これらの点を大阪の産業集積を事例にみてみよう。図表6－2をみていただきたい。これは，2003年の工業統計調査に関する大阪府地域メッシュ統計であり，大阪府下地域を網の目（メッシュ）に区切り，製造業事業所の集積度合いをみたものである。色が濃くなっている地域に製造業事業所が多く集積している。図表6－2によると，製造業事業所が多く集積しているのは，大阪市東部地域を含む大阪府東部地域とその周辺地域ならびに一部大阪市北西地域周辺であることがわかる。産業集積の代表的事例の1つとしてあげられることの多い東大阪市は，じつはこの大阪府東部地域に形成されている一大産業集積の一部である。上述の八尾市や大阪市生野区，さらには大阪市平野区もこの一大産業

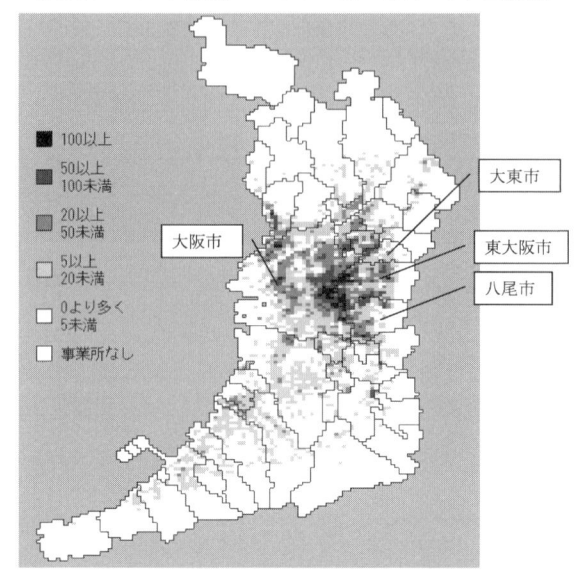

［図表 6 - 2　大阪府における工場の地域メッシュ統計］

（出所）　http://www.pref.osaka.jp/toukei2/map/kougyo/ms03kgj01.html
（2009年11月閲覧），立見［2008］，p.234　図14 - 1

集積に含まれる。

　産業集積は，事業所の集中している状態であるが，それは静態的にみたときの状態である。事業所は企業活動により新設や移転，廃業を伴う。これにより，産業集積は動態的に変化する。たとえば，大阪府東部地域で産業集積が形成されているのも，歴史的にみれば，大阪市内など都市部において操業していた製造業者が，経済成長に伴って工場などが手狭となり，地価の安い周辺地域に外延的に移転したことが要因としてある。また，1965年くらいから公害問題が深刻化し，それに伴い市内の製造業者の操業環境が悪化したことも工場の外延的移転を促進させることとなった[2]。さらにその後，大阪府東部地域内においても，たとえば，東大阪市にて操業を営んでいた製造業者が，手狭になったなどの理由から，東大阪市からみて南部の八尾市や北部の大東市などへ移転する事例も少なからずある[3]。

　産業集積の動態的変化でもう1つ着目しておかなければならない点は，産業

集積の「縮小」である（植田［2004］）。日本における製造業事業所数は，工業統計調査（全数調査が行われた00，03，05，08年のデータを時系列）によると，1965年から1983年にかけて増加傾向にあったものの，その後は減少している（図表6－3）。特に1998年や2000年以降の落ち込みは目を見張るものがある。また，製造業集積度合が全国のなかでも多い東京都，大阪府，愛知県の3つの主要都市で同じ推移をみると，全国の動向と同じような傾向であることがわかる（図表6－4）。特に1983年以降の東京都における製造業事業所数の減少は著しく，1983年までは主要都市間にて製造業事業所数の一定の開きがあったものの，大阪府や愛知県と比べて東京都の減少の幅が著しかったことから，2005年に至っては都市間での数値は均衡している。また，製造業事業所が多く集積している，言わば大都市地域には，従業員数が3名以下のいわゆる零細企業が多く存立している（図表6－5）。しかし，産業集積の「縮小」を牽引しているのは，こうした零細企業の減少であり，従業員規模4～9名の企業層も含めて，1983年以降，減少の傾向にある。日本の事業所数のほぼ大半を占める零細企業の数が減っていることが，日本の産業集積の「縮小」に大きく寄与していると言える（図表6－6）。

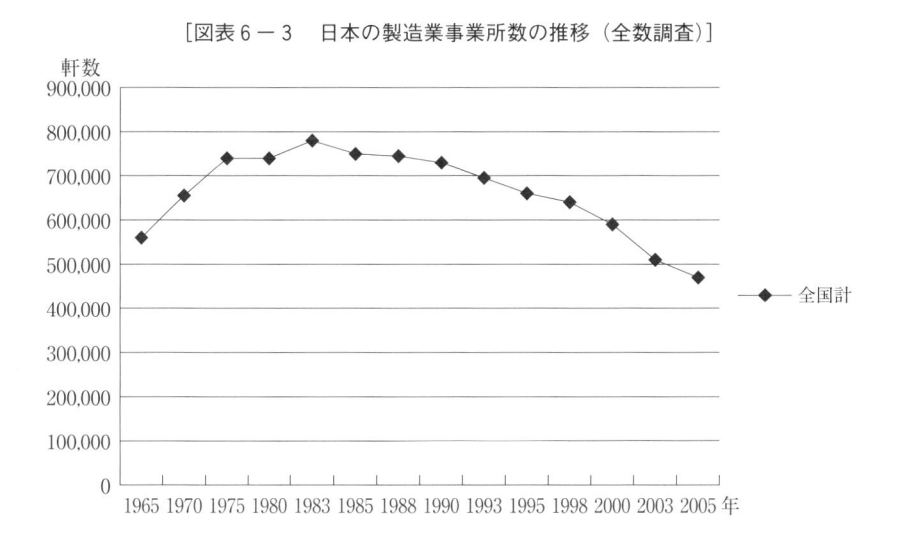

［図表6－3　日本の製造業事業所数の推移（全数調査）］

［図表6－4　主要都市間における製造業事業所数の推移（全数調査）］

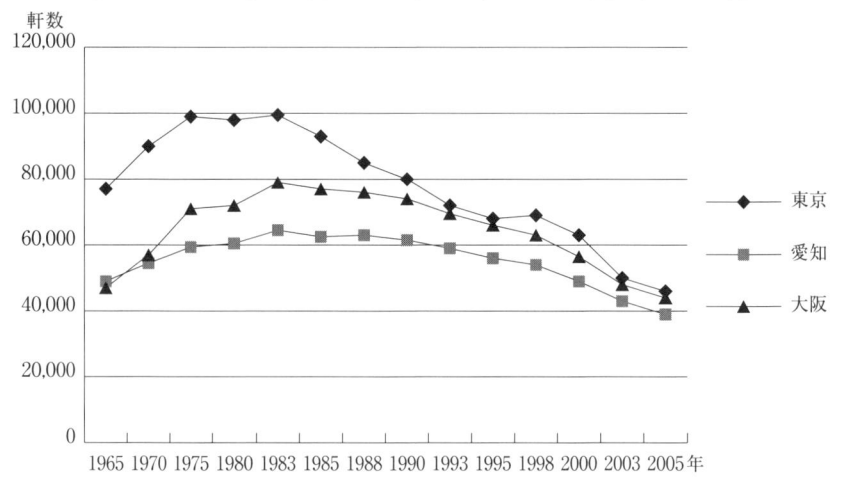

軒数のグラフ：東京、愛知、大阪の1965年〜2005年の推移

［図表6－5　全国都道府県別における従業員規模別（3名以下，4名以上）事業所数］

	3名以下	4名以上	合計
全　国　計	192,125	273,716	468,841
東　　　京	23,413	21,296	44,709
大　　　阪	18,102	25,454	43,556
愛　　　知	15,982	23,125	39,107
東京特別区	20,911	17,294	38,205
埼　　　玉	11,193	15,821	27,014
静　　　岡	7,967	13,228	21,195
兵　　　庫	6,800	11,537	18,337
神　奈　川	6,180	11,370	17,550
大　阪　市	7,942	8,981	16,923
岐　　　阜	7,412	8,087	15,499
京　　　都	7,933	6,122	14,055
新　　　潟	5,952	7,119	13,071
群　　　馬	5,153	6,852	12,005
長　　　野	4,789	6,796	11,585
名　古　屋　市	4,637	6,338	10,975
福　　　岡	3,784	7,053	10,837
茨　　　城	3,582	6,888	10,470
栃　　　木	4,336	5,863	10,199
千　　　葉	3,443	6,679	10,122

（出所）　2005年度工業統計

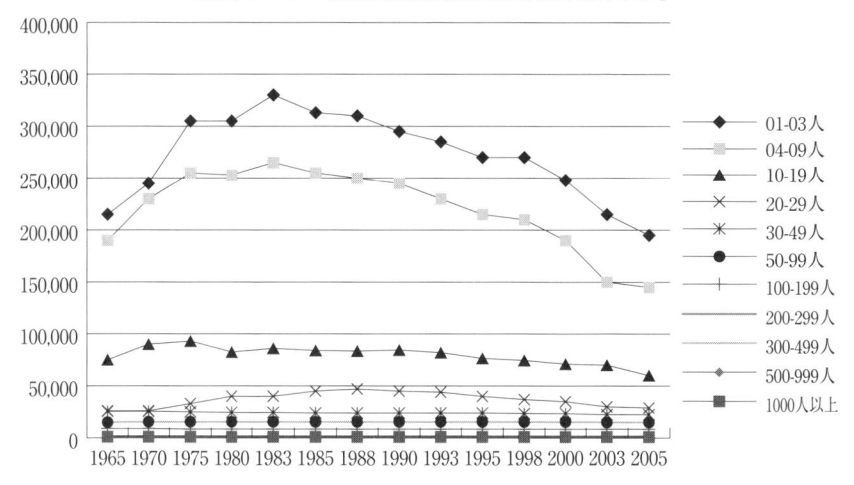

[図表6－6　従業員規模別製造業事業所数の推移]

凡例：01-03人、04-09人、10-19人、20-29人、30-49人、50-99人、100-199人、200-299人、300-499人、500-999人、1000人以上

Ⅲ．産業集積における中小製造企業の存立――大阪のケース――

　大阪における産業集積は，2005年工業統計調査（全数調査）によると，製造業事業所数でみると東京都に次ぐ全国2位の規模であり，その数は43,556である。また従業員規模別にみると，従業員数3名以下の事業所数が18,102で全体の41.6％となっており，小規模事業所が多く存立している。2003年ならびに2005年工業統計調査によれば，大阪府における小規模事業所はここ数年減少傾向にある。従業員規模にかかわらず，大阪府における事業所数は減少傾向にあるが，特に従業員数が3名以下の事業所数は，2003年から2005年にかけて約10.3％（2,074事業所）も減少している。しかし，その絶対数は多いことから，産業集積の層としての厚みがある。

　また，大阪府においては，前節でもみたように大阪府東部地域を中心に厚い集積がみられる。なかでも大阪府下の産業集積には，東大阪市において製造業事業者が最も多く存立しており，2007年工業統計調査（従業員数4名以上）によると，その数は3,417であり，次いで八尾市が1,841，大阪市生野区が1,044，大阪市平野区が1,018となっている。また，それらの地域に存立しているのは，

ほとんどが従業員数30名未満の小規模企業となっている。具体的に，小規模製造企業の存立を東大阪市と八尾市でみてみよう。2006年度事業所企業統計調査によれば，東大阪市では，製造業事業所の構成を従業員規模別でみると，製造業事業所数7,388のうち，4名以下が52.4％，5～9名も23.2％を占めており，従業員数9名以下で，全体の75.6％を占めている。また，八尾市では，同様のデータによれば，製造業事業所数3,625のうち，4名以下が48.4％，5～9名も25.8％を占めており，従業員数9名以下で，全体の74.2％を占めている。

　これら大阪府東部地域において，小規模企業が多く存立しているのには，次のような理由がある。いわゆる製造業集積地域においては，製造企業の立地が

[図表6－7　大阪府における市区町村別製造業事業所数]

	事業所数			従業者数
	計	内従業者 30人～299人	内従業者 300人以上	（人）
東大阪市	3,417	301	5	54,629
八尾市	1,841	184	9	35,027
大阪市生野区	1,044	64	1	13,641
大阪市平野区	1,018	77	1	14,716
豊中市	755	61	8	14,919
大阪市西淀川区	614	90	4	14,725
大阪市東成区	549	52	－	8,319
大東市	544	71	5	15,369
大阪市城東区	526	48	1	8,186
大阪市淀川区	526	90	4	14,828
門真市	482	77	8	18,511
守口市	480	49	4	13,807
堺市堺区	467	63	6	15,943
和泉市	464	51	－	7,556
摂津市	448	54	6	12,730
松原市	442	37	1	8,229
岸和田市	439	56	2	9,441

（出所）　2007年工業統計調査

[図表6－8　大阪府の製造業事業所数の変遷]

	2003年	2005年	増減数	増減率
3名以下	20,176	18,102	-2,074	-10.3
4名以上	27,227	25,454	-1,773	-6.5
合計	47,403	43,556	-3,847	-8.1

（出所）　工業統計調査より筆者作成

[図表6－9　東大阪市と八尾市における従業員規模別事業所数]

	東大阪市		八尾市	
	度数	％	度数	％
1～4人	3,872	52.4	1,756	48.4
5～9人	1,716	23.2	934	25.8
10～19人	1,011	13.7	472	13.0
20～29人	334	4.5	27	5.7
30～49人	266	3.6	134	3.7
50～99人	137	1.9	75	2.1
100人以上	51	0.7	46	1.3
合計	7,388	100.0	3,625	100.0

（出所）　2006年事業所企業統計調査のうち製造業のみ

多く，製造企業からもたらされる需要が集中している。この需要が，製造企業にとって当該地域を魅力的なものとしている。また，このような需要の集中が，たとえば鍍金やプレス加工，熱処理など特定の加工分野だけでも存立を可能とする。それゆえ，たとえば，大阪府東部地域のような製造業集積地域には，ある特定の工程に特化した小規模専門企業が多く存立している。

　産業集積には，製造業関連業種が集積していることから，顧客が地理的に近いというメリットがある。大阪府北西地域に隣接している兵庫県尼崎市の製造業者に対して筆者が実施した調査によれば[4]，尼崎市内に立地する理由およびそのメリットとして，「高速道路などの交通の便が良い」が50.0％と最も高い回答割合となっているが，これに次いで「顧客が地理的に近い」という項目の回答割合が34.3％と高くなっている。顧客を外注先，仕入先，販売先に分けて取引地域をみると，外注先では58.2％が尼崎市内であり，仕入先の40.0％，ま

た販売先の28.8％と比べると外注先の地理的近接性が明らかである。このように，産業集積には，部分品ないしある特定加工部分の外注先を近隣で容易に確保しやすいというメリットが最も高いと考えられる。また，八尾市が2003年度に実施したアンケート調査によれば[5]，八尾市に存立している製造企業は，規模が小さい企業ほど，他の地域よりも，同じ八尾市に存立する近隣の事業所から受注したり，また外注先として選定したりする割合が高いという（八尾市 [2003]）[6]。また筆者が実施した調査でも，八尾市に存立している中小製造企業は，他の地域よりも，同じ八尾市に存立する近隣の事業所を外注先として選定する割合が高く，またその割合は，仕入や販売と比べても，際立って高い[7]。

製造企業が自社で内製せずに，外部企業へ外注するのは，基本的には自社で内製する費用と比べて外注費の方が，費用が安くすむためである。たとえば，東大阪市において，産業集積に存立する製造企業を活用するある事例がある。この企業は，創業1971年で従業員数が約50名の本社を東大阪に置くマグネット応用製品ならびに磁石の企画・開発・設計・製造を行う企業である。仮に企業Aとしておこう。企業Aの経営者によれば，東大阪市において事業所が近接することにより，次のようなメリットがあるという[8]。

　「最近，ナットを持ち上げる機械の開発をしていた。試作品をうちの会社の隣の工場に持っていき，どうすれば磁石でナットを引っ張れるかを，技術がわかる人が隣の工場にいたため，実際に使ってもらいながら研究をしてきた。そうしたら，後に回転すればいいことがわかり，製品を開発することができた。」

A社は，自社に隣接する工場の技術者に対して，自社が開発を進めている商品の技術相談をもちかけたり，また試作品をその工場に設置しながら試験や検査を行ったりすることにより，効率的な自社製品開発を実現している。ここでいう効率性は諸費用の削減であり，具体的には，問題解決を速やかに行う時間費用，技術相談にかかる相談費用，適正な協力者を見つけ出す探索費用，近接していることによる輸送費用などである。産業集積が形成されており，近接し

ている工場を活用することができるゆえに，これらの諸費用を削減することに成功している事例である。

　一般的に，受発注取引は，製造企業一般に共通して存在している。このことは，安価な発注金額であったとしても，それでも存立可能とする企業群が存在するということである。このような企業群には次のような特徴がある。1つは，労働者の多くが家族労働であるために，家族が生活できる範囲の所得であればよいためである[9]。日本では，2006年事業所企業統計調査によると，企業の形態のうち，個人企業と法人との数は大きく差はない。また，法人と言えども日本の中小企業の多くは非公開会社であり，また株式会社と言えども経営者かその家族や親戚などにより株式の多くが所有されている場合が多い。また，個人企業ないし中小規模の会社の主要な労働力は主に家族労働であり，自営的性格が強く表れる[10]。日本においてこうした企業群が今日においても多く存立しているということは，それらが存立していけるだけの合理的なしかるべき理由があるからかもしれない。

Ⅳ．産業集積における中小製造企業の課題と展望

(1)　中小製造企業の情報発信による活性化

　産業集積を構成する製造企業の事業所数が減少し始め，産業集積は「縮小」していくことになった（植田［2004］）。産業集積「縮小」の要因には，主に外的要因と内的要因があると考えられる。外的要因の1つは，製造企業による生産拠点の別の地域への再編・集約である。具体的には，1985年以降の円高に伴って，製造企業（特に大手企業）は自身の生産拠点を海外，特に1990年代以降は東アジア諸国に移転させてきた。また，これに伴って，日本国内では，製造企業は全国各地の事業所の再編・集約を進めてきた。日本国内の集約については，集約先周辺地域における外注先が優先的に外注候補とされた。また製造企業は移転先の東アジアにて，現地のローカルないし外資系企業を新規の外注先として確保しようとした。この結果として，日本国内に発注されうる案件も，

東アジアでの発注価格をベースに日本国内の外注候補先に要請されることにより，東アジア諸国との価格競争に巻き込まれることとなった。

　外的要因のもう1つは，情報化である。日本全国ならず世界各国の企業は，自社がいかなる事業を営んでいるかをインターネットで広く公開している場合がある。こうした企業との連絡は，電子メールなどで容易にかつ瞬時にとることができる。このように，日本全国ならびに世界各国の企業へ情報のアクセスが一段と進んできており，また図面などのやりとりや事業の決済も電子化により容易になった。したがって製造企業からすれば，必ずしも産業集積を形成する近隣の製造企業に外注する必要性はなくなり，日本全国ないし世界各国へ外注する機会が増幅されることとなった。

　産業集積の「縮小」傾向に拍車をかけたのが，産業集積の内的要因であり，経営者の高齢化ならびに後継者不足である。日本国内の産業集積を形成する中小製造企業の多くは，高度経済成長期やその後まもなくして創業した企業が多い。創業してから後継者が先代の事業を継ぐことにより，事業の維持継続が可能となっており，現在において多くの経営者が二代目や三代目として事業を営んでいる。一般的に，中小製造企業の場合，後継候補者は現経営者の子息や息女である場合が多い。しかし，事業を継続したいと思ったとしても，子息や息女で適当な人材がおらず，事業の継承者をまだ見つけ出せないでいる中小製造企業も少なくない（『中小企業白書 2005年度版』）。さらにこうした状況に追い打ちをかけるように，事業の存続に魅力を感じなくなることで，中小製造企業のなかには，自主的・積極的に廃業をする企業も出てくる可能性が高くなると考えられる。

　産業集積の「縮小」を食い止めるためには，当該地域に需要を持ち込み，事業の継続性を高め，事業所の存続を図らなければならない。産業集積地域の外部から需要を持ち込むためには，産業集積外部に広く存在する需要を的確に把握し，それを産業集積内部から提供することのできうる，地域リーダー企業とも言うべき企業群の果たしうる役割が重要である。産業集積外部に需要を「取りに行く」という手段である。このような企業群は，産業集積外部に需要を把

握する情報収集力と，産業集積内で供給体制構築力を有している。こうした企業群がより多く輩出されることにより，産業集積内に多くの需要がもたらされることになろう（小川［1999］，山本・松橋［1999］）。しかし，その輩出のあり方は，産業集積に立地する企業の各々の自助努力次第である。

一方で，産業集積内部に外部から需要を「もってきてもらう」手段もある。それは，主として産業集積外部の企業などから，産業集積内部の企業に対して何らかの仕事の依頼を意味する。仕事の依頼を受けるために，産業集積内部の企業が「何ができるか」の情報を広報・宣伝などを通じて外部へ発信しなければならない。つまり，産業集積を構成する中小製造企業の事業・商品内容や魅力を産業集積外部に発信しなければならない。

大阪府下には，中小製造企業の情報を広く外部に発信する手段（施設）として，東大阪市に2003年に設立されたクリエイション・コア東大阪がある。クリエイション・コア東大阪は[11]，土地・建物は中小企業基盤整備機構が所有しており，運営は，中小企業基盤整備機構をはじめ，財団法人大阪府産業振興機構，東大阪商工会議所，大阪府の4団体によってなされている。クリエイション・コア東大阪の主な事業は[12]，①ワンストップサービス，②常設展示場，③国際情報受発信サービス，④インキュベート支援，⑤産学連携・人材育成の5つである。なかでも，②常設展示場は，大阪府の中小製造企業を中心とした自社商品ならびに加工技術などを展示しており，約200のブースがある。展示したいという要望があれば，書類選考により展示可能となる。クリエイション・コア東大阪に来さえすれば，誰でもこのブースを見ることができることから，大阪府下の中小製造企業にとって格好のPRの場となっている。また，視察団による展示場の視察を通じて，ビジネスにつながった事例もあり，展示場への出展ビジネスチャンスともなっているという。

また地方自治体でも，独自に地域の中小製造企業の情報を外部に発信しようとする動きもある。その一例として，八尾市の事例があげられる[13]。八尾市では，「八尾ものづくりネット」により，八尾市に存立する製造企業の情報をデータベース化するとともに情報発信を行っている。これは1998年度から進められ

ている事業であり，登録数は1,042企業，うち公開は744企業となっており（2009年3月現在），月間の平均アクセス数は20,826件となっている。また，八尾市では「八尾ものづくり見本市」をものづくりネット内に開設しており，149企業が登録をし（2009年3月現在），ネット上で商談が可能である。また，八尾市はこのほかにも，大阪市中央区のマイドームおおさかにて「八尾ビジネスマッチング博」を開催しており，2008年度実績で70の企業が出展した（来場者8,601名，引合件数4,001件）。このような展示会は，また，大阪府東部地域と南部地域の市と商工会議所が連携をし[14]，大阪府の中小製造企業の技術力をアピールすることを目的とし，東京ビッグサイトに2008年度実績で191の企業と団体がともに出展した（来場者数全体11,724名，引合件数全体10,911件）。その他，八尾市は，「ものづくり受注商談会2008」と称した，「逆見本市」も2008年度に行っている。通常，展示会は売手側が出展するが，買手側を19ほど集め，販路の開拓を目指した（来場企業数48）。このように八尾市は，地元の中小製造企業の情報を発信することにより，支援を積極的に行っている。このような動きは，八尾市が2001年に制定した中小企業地域経済振興基本条例に基づき，地域の中小製造企業への支援を具体的に進めているためである。八尾市は，2002年に①企業訪問，②研修会・セミナー，③新製品開発・生産加工依頼など相談，④マッチングを行う「中小企業サポートセンター」を設立するなど，中小製造業と産業集積の活性化を目的とした具体的支援事業を展開している[15]。

(2) 中小製造企業の存立と操業環境の整備

産業集積内に需要を持ち込むことにより，中小製造企業の存続が期待されるかもしれない。しかしながら，産業集積内部では，自社では解決しえないけれども，自社の存続に対して深刻な影響を及ぼしうるような自社を取り巻く操業環境の問題がある。それは，中小製造企業に対する理解不足や特に若年層からの魅力のなさに起因している。

1．住民（市民）からの理解

　産業集積の「縮小」にみられるように，産業集積地域において，中小製造企業の他地域への移転や，また廃業・倒産が起こっている。そして，当該企業が立地していた土地の跡地に，古くて新しい問題が起こっている。それは，住工混在問題である（関・立見［2007］）。

　産業集積が形成されている地域のように，中小製造企業が多く立地している地域では，人口も多くまた交通網が発達するなど都市としての性格を持ちつつも，市街地と比較すると地価が安いのが特徴である。中小製造企業の移転や廃業・倒産などにより，空き地ができると，その土地は格好の住宅開発対象となりうる。近年，工場の跡地に住宅や高層マンションが建設される事例が全国に多くあり，交通が便利な安価物件として紹介されることがある。

　都市のような特徴を持つ地域の比較的安価な物件を購入し，居住しようとするのは，多くは当該地域をよく知らない市民である。工場の跡地に住居や高層マンションが建設されると，当該地域が産業集積の形成地域であることを知らない住民が，その時に居住するということになる。こうして居住を始める住民を仮に「新住民」と呼んでおこう。

　当該住居や高層マンションの周辺地域には，多くの中小製造企業が存立しており，産業集積を形成している。しかしながら新住民は，産業集積形成地域であることをほとんど知りえないために，工場の操業に伴う騒音や悪臭などに対して，不快感をあらわにすることがある。たとえば大東市では，大東市内のある11地区に存立する中小製造企業を対象とし，2006年において市役所に連絡のあった中小製造企業の操業にかかる苦情を集計したところ，騒音や悪臭などに対して40件の苦情がなされたという[16]。また，大東市では，中小製造企業を対象とした操業にかかる近隣の住宅とのトラブルの有無についてのアンケート調査が実施されており，この結果によれば，近隣住宅とのトラブルが「まったくない」が60.7％と最も多かったが，「少しある」が15.2％，「現在トラブルがある」が1.9％と合わせると17.1％の中小製造業者がトラブルがあったと回答している。さらに，「今はないが今後に不安」も21.6％もある。このように，新

住民に限られているわけではないが，当該地域に居住をする住民一般から工場などの操業にかかる苦情がいったん出されたり，また実際に工場主と地域住民とのトラブルにつながっていたりする場合がある。さらに，実際にトラブルになっているだけでなく，トラブルにつながりかねないことが中小製造企業の不安料となっている。このように，中小製造企業が産業集積内の地域住民とトラブルになるかなりうると，当該地域で存続していくことは困難となってしまう。

　住工混在問題に典型的にみられるように，中小製造企業は，産業集積を構成する中小製造企業に対する地域住民による理解がなかなか得られない場合が多い。中小製造企業が当該地域に長期的に存続していくためには，地域住民から理解を得られ，共生を図っていく必要がある。大東市では，共生を目指した中小製造企業の注目すべき取組がある。この事例として，工業地域経営者連絡会（以下，工経連）があげられる（大東市［2007］）。工経連は，工業地域と準工業地域に存立する103の製造企業から構成される，住工混在問題を解消するための協議会であり，2006年3月に結成された。工経連の活動の柱の1つに，住工混在問題への対応がある。この協議会として立ち上げたのが，「大東市住工調和ものづくりモデル地区構築事業推進協議会」である。ここで，住居と工場の調和を図るべく，工場の集積地域をモデル地区に選定し，この地区における住工混在問題の解消を図っていくための具体的取組を検討していった[17]。具体的には，工場の空地に住居や高層マンションが建つことで近隣住民との間でトラブルが発生することから，事前に土地の売却などの各種情報の収集を行っている。また，住民との交流を模索しながら，対話を図り，互いの理解を深めようとしている。大東市の住工混在問題は，工場の近隣住民から苦情がなされるが，その苦情は市役所にまわされる。しかし，地方自治体とて税収や雇用の点で，製造企業の存続を図っていく必要がある。こうして，大東市では，地方自治体が「大東市住工調和ものづくりモデル地区構築事業推進協議会」の運営を全面的にサポートしながら，また地域の大学も実態調査などで関与し，産官学民連携により取組まれた事例である。

2．若年者からの魅力

　もう1つは，中小製造企業に対して，若年者の多くが就労の場としての魅力を抱いていないことがあげられる。中小製造企業の労働力構成は一般的に高齢者の割合が大企業と比べて比較的高くなっていたり，また，後継候補者も承継しないこともあるという事態に陥っているのには，若年層労働者が中小製造企業を魅力ある就労の場としてみていないためである。

　若年層が中小製造企業を就労の場とし，事業を継承したり，また，魅力ある就労の場に社風を変革していくためには，需要側である中小製造企業それ自体の工夫も必要であろう。しかし，同時に，供給側である若年層の意識も変えていく必要がある。つまり，若年層が就労する前の段階で中小製造企業に対する意識を変革する必要がある。このために有効な手段が教育である。この具体的事例として，八尾市の異業種交流であるマテック八尾のロボット分科会の取組があげられる。マテック八尾は，公的制度学習会に参加した約30のメンバーで2001年に結成された[18]。マテック八尾のロボット分科会では，近隣の工業高等専門学校である奈良工専にて開催された，中学生を対象にしたロボット講座に参加し，講座に必要な工作キットを提供しながら，中学生に対してものづくりの魅力を伝えようとしている。また，2009年2月には八尾市市街地にあるショッピングセンターにて，第1回の「八尾ロボットコンテスト」を開催するなど，ロボット製作を通じて，ものづくりの魅力を教えようとしている。

　また，もう1つの事例として，大阪市平野区におけるフィールドコア・平野の取組があげられる。フィールドコア・平野は，平野区を中心とした8つの中小製造関連企業（鏡，金属箱，運送，額縁，ダンボール，コンピュータ，金属加工・製品，住まい，システム構築・映画制作）が2007年に結成した異業種交流グループである。フィールドコア・平野では，平野区近隣の中学生のインターンシップを積極的に受入れている。また，大阪市の平野区と東住吉区における産業界と行政が中心となり開催されている産業交流フェアにて，万華鏡の工作キットを提供し，子どもたちに万華鏡づくりを体験してもらっているフィールドコア・平野では，これらの活動を通じて，地元地域の若年者に対して，中小

製造企業で就労する魅力を伝えている。

V．おわりに

　本章では，大阪における産業集積（とりわけ工業集積）における中小製造企業の存立実態の現状，課題，そして展望を描き出すことを目的としていた。

　大阪の産業集積は，集積を構成する企業（事業所）数が多く，集積としての厚みがある。その多くは小規模企業である。東大阪は一大産業集積地域であるが，その南部の八尾市や，大阪市東部地域なども含めた大阪府東部地域が大阪の一大産業集積地域となっている。大阪の産業集積において，小規模企業が多く立地することが可能であるのは，製造業集積地域においては，製造企業の立地が多く，製造企業からもたらされる需要が集中しているためである。この需要が，製造企業にとって当該地域を魅力的なものとしている。しかし，層としての厚みは維持されながらも，産業集積は「縮小」している。

　産業集積の「縮小」を食い止めるためには，当該地域に需要を持ち込み，事業の継続性を高め，事業所の存続を図らなければならない。東大阪市には，クリエイション・コア東大阪の展示会がある。また八尾市では，自治体が独自に展示会を開催したり，また，インターネットを活用し，そこに地元のものづくり企業の情報をアップすることなどにより，大阪の多くの中小製造企業の情報を産業集積外部へ発信し，需要獲得機会を創出している。

　また，産業集積の「縮小」を促進しうる中小製造企業の操業環境も整備していかなければならない。たとえば住工混在問題のように，地域住民とのトラブルが原因で中小製造企業の操業が危ぶまれる可能性もある。そこで大東市のように対話を図り，工場主と住民とが互いの理解を深め，共生を図らねばならない。また，中小製造企業の後継者問題も深刻であり，後継者難から廃業を迫られる可能性もある。そこで八尾市や大阪市平野区にみられるように，若年者に対して就労する前の段階でものづくりの魅力を伝え，教育をしていくことが必要である。

これらのように，大阪の産業集積における中小製造企業は，自社の情報発信による需要の獲得と操業環境の整備を行いながら，存立維持を図っている。中小製造企業の存続・発展はあくまで自社による自助努力が基本であり，それをサポートするための支援がある。しかしながら，本章のいくつかの事例でみてきたように，特に地域市民との関わりなど，これまで中小製造企業があまり関与しなかった領域ではあるが，こんにちの経済社会における存立維持を考えた際には，これらにも中小製造企業が主体的かつ積極的に関わっていかなければならないことを，大阪の事例は示唆している。ここに今日的な中小製造企業の存立展望があろう。

［付記］
　本章は，拙著「産業集積における中小製造企業の存立と展望―大阪をケースとして―」『阪南編集（社会科学編）』第46巻第2号，2011年所収を加筆・修正したものである。

【注】
⑴　日本全国の市区町村（東京23区を含む）のなかで，製造業の集積（これを工業集積と呼ぶことにする）をみると，製造業事業所数1,500以上でみて，集積度合が高い地域は，10位まで順に京都府京丹後市（39.1％），新潟県燕市（38.1％），埼玉県八潮市（35.5％），大阪府八尾市（28.8％），大阪市生野区（28.0％），岐阜県関市（27.8％），埼玉県三郷市（27.2％），大阪市平野区（27.2％），大阪府東大阪市（26.8％），大阪市東成区（26.1％）となっている。
⑵　大阪市経済局［1967］「大阪市内工場分散状況調査結果報告」『大阪経済』第38号，大阪市史編集委員会［1989］『新修大阪市史　第9巻』p.283。
⑶　筆者が2007年度にかけて実施した調査によれば，八尾市の製造業者105のうち，八尾市外にて創業し後に八尾市内に移転した事業所数55のなかで，創業地を大阪市とする事業所が33（うち平野区8，生野区7），東大阪市とする事業所が12ほどあった。
⑷　2008年7～12月にかけて，筆者らが実施した訪問ならびにアンケート調査に基づく。回収された調査票は114件である。下記のデータの詳細は，拙者「尼崎市におけるも

のづくり企業の立地と産業集積―2008年度調査を中心に―」財団法人尼崎工業会『AIA ニュース』2009年9月号，pp.13-14を参照のこと。

(5)　八尾市が実施したアンケート調査は，2003年6月に，八尾市に存立する製造業事業所4,220に対してアンケート調査を郵送自記式にて実施された。宛先不明また廃業による配布不能を除き，有効発送数は3,872であり，回答数は802事業所であり，有効回答率は20.7％であった。

(6)　従業者数4人以下を「零細企業」，5～19人を「小規模企業」，20人以上を「中・大規模企業」とすると，受注先の地域分布として，八尾市近隣地域が占める割合は，零細企業で43.6％，小規模企業で38.5％，中・大企業で19.7％となり，規模が小さいほど八尾市近隣地域で受注が多いことがわかる（八尾市［2003］p.25 表Ⅲ-3-5）。また，外注先の地域分布も，八尾市近隣地域が占める割合は，零細企業で67.2％，小規模企業で60.6％，中・大規模企業で45.7％となっており，規模が小さいほど八尾市近隣地域に外注先を選定する場合が多いことがわかる。

(7)　2007年9月から12月にかけて筆者が実施した訪問調査によるアンケート調査によれば，八尾市の製造業者86のうち，八尾市内に外注先があるとする事業所は32（37.2％）であった。また，販売先は102のうち18（3.9％），仕入先は99のうち20（20.2％）であった。

(8)　2009年8月14日13：00～15：00に筆者が企業Aの代表取締役に対して実施したヒアリング調査に基づく。

(9)　もう1つは，家族労働以外の従業員が雇用されている場合でも，それほど従業員を多く雇用せずに，固定費分をまかなえるだけの必要分の売上を維持できればよいためである。大阪府の事例ではないが，大阪府北西地域に隣接する兵庫県尼崎市のある中小製造企業（企業B）では，従業員を10名程度に抑えておいて，従業員1人が達成できる収益性をより高めることで，受注事業が主体であっても強固な存立を可能にしている。企業Bは，個々の受注案件を従業員一人ひとりに任せることで，従業員が個人の努力と工夫により利益を確保できたならば，それがそのまま当該従業員の賃金に反映されるようにしている。中小製造企業の労働者移動は激しいが，労働者の就労に対するインセンティブを向上させ，労働者の定着に寄与している点は注目される。2009

⑽　野村によれば，雇用のあり方により企業を「大企業モデル」，「自営業モデル」，「中小企業モデル」に分けられるとする。このうち「中小企業モデル」は範囲の広さゆえに「大企業モデル」と「自営業モデル」の中間モデルと位置づけられるとしたうえで，「家族従業者以外に従業員を数人雇っているとしても，親戚の子供を雇っていたり，あるいはたしかに従業員を雇っていても労働移動が激しく，従業員はすぐにいなくなってしまう。また，たとえ従業員が居ついたとしても，経営と家計の未分離や家族従業者が重要な労働力であるという自営業モデルの基本的な特徴は維持されている」とし，中小企業層の下層部分は「自営業モデル」に限りなく近い点を指摘している（野村［1998］p. 90）。

⑾　2009年8月14日9：55～10：55に筆者らが財団法人大阪産業振興機構クリエイション・コア東大阪事業部コーディネータに実施したヒアリング調査に基づく。

⑿　http://www.m-osaka.com/jp/による。（2009年11月閲覧）なお，インキュベーションについては，研究開発企業への転換を目指そうとする中小製造企業をはじめ，近畿内の15大学と1高専や行政機関が入居している。また，上述の企業Aも2004年8月から2009年5月まで入居していたが，入居していた際に同じくインキュベーション施設に金属のナノを扱うベンチャーが入居しており，そのベンチャー企業との出会いを基に研究開発を進めるべく，ベンチャー企業に対して出資し，連携を深めた。また，インキュベーション施設への入居をきっかけに出会った大阪府立産業技術研究所（通称：産技研）の研究員とも連携を深めながら，自社の製品開発力を高め，新事業を手掛けることができるようになった。2009年8月14日13：00～15：00に筆者が企業Aの代表取締役に対して実施したヒアリング調査に基づく。

⒀　2009年10月22日14：30～15：30に筆者が八尾市産業政策課ものづくり支援室室長に対して実施したヒアリング調査に基づく（役職はヒアリング時点のもの）。なお下記のデータなどは，ヒアリングの際に提供された資料に基づく。

⒁　参加した市・商工会議所は，八尾市，八尾商工会議所，東大阪市，東大阪商工会議所，堺商工会議所，守口門真商工会議所，大東商工会議所，北大阪商工会議所，松原商工会議所である。

⒂　八尾市中小企業サポートセンター（以下，サポートセンター）については，http://www.yao-support.net/（2009年11月閲覧）を参照のこと。また，サポートセンターが行うセミナーに参加することをきっかけに構築した産学連携により，企業の活性化を実現した企業Cの事例がある。企業Cは，プリント基板のルーターないしプレス加工を主たる事業としている。加工技術の相談にサポートセンターを訪問し，そこで企画されていたセミナーに参加した。セミナーにてバリテク研究会があるということを紹介され，それに参加し，後にバリをとるためのレーザー研究会にも参加することとなった。そこで大阪大学の先生と知り合うことになり，それが縁で，大阪大学レーザー研究所と連携し，大阪府の補助金を活用しながら，バリのでない加工機の試作機を2007年に完成させた。工場も新たに設立することにもつながった。サポートセンターならびに企業Cの事例の詳細については，関［2008］を参照のこと。

⒃　大東市［2007］pp.11-12．なお11地区の内訳は，大東市内の御領1～4丁目，新田旭町，新田境町，新田西町，新田北町，新田本町，氷野3～4丁目である。また，苦情件数40件の内訳は，騒音が19件，悪臭が11件，大気汚染が11件，振動が2件，その他が7件である。なお元データは大東市の資料による。

⒄　住工混在問題の解消の方向性としては，大東市の調和策と同じように，東大阪市などでも先駆的にモデル地区を選定し，同じような取組がなされている。しかし，一方で，たとえば尼崎市のように，業種別にゾーンを指定し，製造企業の集積を強化しようという分離策もある（関・立見［2007］）。どちらの方策がよいかは，当該産業集積の歴史的経緯や特徴によるものと考えられる。

⒅　http://www.matec-yao.com/（2009年11月閲覧）

【参考文献】

大東市［2007］『大東市住工混在地域実態調査報告書　産業集積編』

加藤厚海［2006］「産業集積における仲間型取引ネットワークの機能と形成プロセス―東大阪地域の金型産業の事例研究―」『組織科学』第39巻第4号，pp.56-68

加藤厚海［2009］『需要変動と産業集積の力学―仲間型ネットワークの研究―』白桃書房

衣本篁彦［2003］『産業集積と地域産業政策―東大阪工業の史的展開と構造的特質―』晃洋書房

湖中 齊［2009］『都市型産業集積の新展開―東大阪市の産業集積を事例に―』お茶の水書房

湖中 齊・前田啓一編著［2003］『産業集積の再生と中小企業』世界思想社

野村正實［1998］『雇用不安』岩波書店

小川正博［1999］「産業集積の課題とネットワーク」『経済と経営』第29巻第4号，pp.607-648

関 智宏［2008］「都市における産業集積と中小企業―大阪府八尾地域における中小製造業の関係性構築と経営基盤強化―」中小企業家同友会全国協議会企業環境研究センター『企業環境研究年報』第13号，pp.123-140

関 智宏・立見淳哉［2007］「住工混在問題と産業集積―大都市自治体における先駆的取組の事例分析を中心に―」『阪南論集（社会科学編）』第44巻第1号，pp.19-35

鈴木洋太郎・中瀬哲史・高橋信弘・清田 匡［2009］「中小企業と産業集積―大阪の中小企業密集型産業集積の検討と展望―」冨澤修身編著『大阪新生へのビジネス・イノベーション―大阪モデル構築への提言―』ミネルヴァ書房，pp.127-151

立見淳哉［2008］「企業と産業集積」関 智宏・中條良美編著『現代企業論』実教出版，pp.233-247

植田浩史編著［2000］『産業集積と中小企業―東大阪地域の構造と課題―』創風社

植田浩史［2004］「産業集積の『縮小』と産業集積研究」植田浩史編著『「縮小」時代の産業集積』創風社，pp.19-43

八尾市［2003］『八尾市製造業の立地に関する実態調査報告書』

山本健兒・松橋公治［1999］「中小企業集積地域におけるネットワーク形成―諏訪・岡谷地域の事例―」『経済志林』第66巻第3・4号，pp.90-118

（関 智宏）

第7章 大都市東京の中小企業
―「都市型中小企業論」をめぐる議論―

I．はじめに

　東京は，中央省庁をはじめとした行政機関や大企業の本社が集中する日本の政治・経済の中心地である。実際に中央省庁の本庁舎は，東京都千代田区に集中している。また，資本金10億円を上回る国内の大企業5,495社のうち，その48.7％にあたる2,895社は東京に本社を置いている[1]。このように，東京は，行政の中枢管理機能や企業の本社機能が集まる地域となっている。

　次に，東京の経済規模を取り上げると，2008年度の都内総生産は87兆9,839億円（名目）となっている[2]。都内総生産は，対全国比で17.8％を占めている。経済規模でも他の道府県を大きく上回っている。その背景としては，東京には全国の事業所の11.7％に相当する69万の事業所が存在していることがあげられる[3]。さらに，人口は，国内の約10％にあたる1,300万人あまりを抱えている。東京は，人口がもっとも集中する国内最大の消費地でもある。

　以上のように，東京は政治的・経済的な機能の集中度合いからみても，市場規模の面からみても国内随一の"大都市"といえよう。他の都市にはみられない特徴を備えるとともに，経済活動がもっとも盛んな地域である。こうした東京ではあるが，1980年代の半ばをさかいとして，事業所数は減少が続いている。しかし，裏を返していえば，東京では，1980年代半ばまで事業所数が増加していたということでもある。特に大規模な事業所数が低迷するなかで，中小企業が増加していったことが注目されていた。

　この時期，東京の中小企業数の増加をめぐっては，「都市型中小企業論」あるいは「都市型産業論」として活発に議論が交わされていた。それらの議論は，大都市東京において中小企業が増加している要因や，大都市における中小企業の存立条件を示そうとするものであった。特に，中小企業研究者のあいだでは，

それらの議論は中小企業論の「本質論」[4]に関わる問題として議論されることになった。ただし，東京の中小企業数が減少に転じると，徐々に「都市型中小企業論」やそれに関わる「本質論」の議論は下火になっていた[5]。

そこで，本論では，まず，1970年代から80年代にかけて展開された，大都市東京の中小企業をめぐる議論を整理し，これらの議論が中小企業論の研究にどのように寄与したのかを論じたい。そのうえで，今日，大都市東京における中小企業の存立条件がどのように変容したのかを考察したい。

II．「都市型中小企業論」の背景

(1) 大都市東京における中小企業の増加

ここでは，大都市東京において中小企業が研究あるいは政策の課題として取り上げられるようになった背景を明らかにしたい。

第1の背景としては，1980年代はじめまで東京において中小企業の増加が続いたことである。このようなことが研究課題とされたのは，東京は高地価・高賃金といった操業環境にあることから，中小企業はこれらの負担に対応することが困難となり，やがては淘汰されるものと考えられていた。だが，こうした想定とはうらはらに，実際には中小企業の増加が続いたのである。この点を表1の統計から確認しておきたい。

まず，1960年代から1970年代前半までは，事業所総数は対前比率で10％を上回る割合で増加している。従業者数「300人以上」の事業所では，一時期，マイナスを記録しているが，それを除くと全ての層で増加が続いている。

次に，高度経済成長終焉後の1970年代半ばから1980年代前半までの推移をみると，事業所総数の増加率は10％を下回ることになる。特に従業者「300人以上」の大規模層は，著しく低迷している。一方，従業者「1～4人」や「5～9人」といった小零細層の事業所は，1970年代半ば以降も堅調に増加していった。

以上のように，高度経済成長期以降は増加率が低下しているものの，1960年

[図表7－1　東京の事業所数と増加割合の推移（農林水産業を除く）]

(単位：事業所，％)

年	総数	対前増加率	1～4人	対前増加率	5～9人	対前増加率	10～49人	対前増加率	50～99人	対前増加率	100～299人	対前増加率	300人以上	対前増加率
1960年	407,089	－	250,081	－	83,664	－	61,548	－	7,014	－	3,589	－	1,193	－
1963年	465,491	14.3	287,148	14.8	92,252	10.3	71,849	16.7	8,518	21.4	4,376	21.9	1,348	13.0
1966年	513,984	10.4	313,807	9.3	105,817	14.7	79,110	10.1	9,139	7.3	4,772	9.0	1,339	－0.7
1969年	572,672	11.4	355,813	13.4	115,600	9.2	84,915	7.3	9,691	6.0	5,171	8.4	1,482	10.7
1972年	643,206	12.3	409,262	15.0	123,821	7.1	90,898	7.0	11,039	13.9	6,180	19.5	2,006	35.4
1975年	682,794	6.2	437,921	7.0	132,595	7.1	93,724	3.1	10,680	－3.3	5,917	－4.3	1,957	－2.4
1978年	742,311	8.7	473,371	8.1	148,594	12.1	101,053	7.8	11,293	5.7	6,049	2.2	1,951	－0.3
1981年	789,492	6.4	503,734	6.4	157,951	6.3	107,477	6.4	11,973	6.0	6,366	5.2	1,991	2.1
1986年	797,214	1.0	493,900	－2.0	162,185	2.7	119,661	11.3	12,652	5.7	6,798	6.8	2,018	1.4

(出所)　東京都［各年版］『東京の事業所』東京都より作成。

代から1980年代はじめにかけて，中小零細規模の事業所の増加が続いたことがわかる。反対に，大規模な事業所数は，減少・停滞することになった。このような東京における中小企業の増加現象をどのようにとらえるか，また，そうした中小企業の存立条件を明らかにすることが研究の課題となったのである。

(2)　都市政策としての中小企業問題

　第2の背景としては，産業立地政策や都市政策の問題として，東京の中小企業の増加現象が取り上げられていた。たとえば，1969年策定の新全国総合開発計画においては，過密過疎および地域格差の解決を図ることが目標とされ，東京などの大都市圏では管理・情報等の諸機能を分担し，工業や農業などの物的生産機能は圏域内外への分散が促進されていった。

　このような流れを受けて，「工場再配置促進法」（1972年制定）や「工場立地法」（1973年改称制定）が制定されることになった。これらの法律は，都市部への人口・産業の過度な集中を防ぐとともに，それらを地方へ誘導することをねらいとしていた。その主な対象となったのが大規模な工場であった。それにより，東京では大規模事業所の立地に歯止めがかかり，あわせて大規模事業所の流出が促されることになった。

しかし，このような現象に対して，東京都からは，「東京の企業は優秀な業績をあげる企業や規模の大きい企業ほど移転分散する傾向があるといえよう。これでは，東京は発展のない業種や小零細企業の『たまり場』となるおそれがある。」[6]といった悲観的な見解が示された。こうした見解に対して経済地理学や中小企業の研究者からは，それらに批判的な研究成果が発表されていくことになった。いずれにせよ，産業立地や都市政策の観点から，都市の中小企業の増加や存立条件に対して関心が向けられていくことになったのである。

　次節では，主な研究者の研究成果を示しながら，大都市東京の中小企業に関してどのような議論が交わされたのかを検討していくことにしたい。

Ⅲ．「都市型中小企業論」の展開

(1) 大都市工業研究─経済地理学分野の研究成果─

　東京の中小企業に関する研究は，経済地理学の研究者によって先駆的に手掛けられてきた。それらの研究は，中小企業論の研究者にも影響を与え，さらには「都市型中小企業論」を考察するうえで基礎的な研究材料を提供したといえよう。そこで，経済地理学の分野で進められてきた東京の中小企業研究について取り上げておきたい。

　東京の工業において中小零細工業の重要性に注目した研究としては，板倉・井手・竹内の成果があげられる[7]。このなかで板倉らは，東京における30余りの業種を選んだうえで，地理的な分布やその形成過程，生産・流通関係を明らかにしている。まず，工業の分布については，分散型工業と集中型工業が存在していることを示している。それらを決定づける要因としては，分散型工業の場合は消費者との結びつきが強い近在必要型として存立していると指摘している。一方，東京の工業における生産・流通関係のなかで問屋や製造卸が果たす役割に着目し，それらが中小零細工業の立地に影響を与えていることを解明している。つまり，集中型工業は，問屋や製造卸との結びつきによって形づくられていることを示している。こうした緻密な実態調査と分析を踏まえて，東京

には無数の中小零細工業が複雑な生産集団を形成し，コンプレックスエリアを現出させていることを説いている。

板倉らの研究は，「都市型中小企業論」の論点の１つである，東京に中小企業が増加した要因そのものに強い関心が向けられたものではない。しかし，一連の研究を通して，東京の工業における中小零細工業の重要性を明らかにしたことや，それらの存立条件の一部を解明したことは，大都市東京の中小企業研究に貢献するとともに，後の研究にも様々な示唆を与えている。

もちろん，後から取り上げることになる清成や中山らの「都市型中小企業論」研究にも繋がっている。たとえば，板倉らが示した，近在必要産業の存在は，清成が指摘する「都市型中小企業」の１つの類型である「住民の生活関連産業」（基礎的消費に関する産業）にも共通している。また，問屋や製造卸との結びつきという点では，中山が東京の小零細企業の存立条件を説明するうえでのキー概念にもなっている。さらに，コンプレックスエリアの形成については，集積のメリットと中小企業の存立を考察する際の基本的な材料を与えている。

経済地理学の分野では，「都市型中小企業論」が本格的に議論される1970年代以降も東京の中小企業に関する多数の研究成果が残されている[8]。ただし，それらの研究の多くは，先に取り上げた板倉らの研究と同様に工業に関するものである。これに対して，清成らは，工業にとどまらずサービス業や小売業，さらには既存の産業分類では捉えきれない新たな産業に目が向けられていくことになる。

(2) 「都市型中小企業論」の形成

1960年代に東京をはじめとした大都市に人口や経済活動が集中するとともに，中小企業も急増していることに言及した初期の研究としては，国民金融公庫調査部［1971］「都市型新規開業実態調査」[9]があげられる。これらの調査をもとに清成は，都市の発展と中小企業の増加促進の関係を理論化すべく「都市型中小企業論」を展開した。

清成は，先に取り上げた東京都の「東京は発展のない業種や小零細企業の『た

まり場』となるおそれがある。」[10]という見解を対し,「都市が発展すればするほど,中小企業は増加する。中枢管理機能の強化は,まさに中小企業増加の過程である。しかも,脱工業化社会への移行はますます都市化をおし進め,中小企業を増加させるであろう」[11]と論じている。

それでは具体的にどのような中小企業が増加しているのかといえば,次にあげる「都市型産業」[12]が中小企業分野として拡大していると推察している。

①中枢管理機能関連産業
　イ．中枢管理機能を担うソフトな産業（都心立地型）─研究開発産業,デザイン開発産業,情報産業,各種の専門サービス業,マーケティング産業
　ロ．中枢管理機能関連・補助産業（準都心立地型）─印刷・製本業,縫製加工業,皮革加工業,機械加工業,労務提供業
②住民の生活関連産業
　イ．基礎的消費に関する産業（分散立地型）─基礎的消費財の製造業,小売業,対個人サービス業
　ロ．高級消費に関する産業（都心・準都心への集中立地型）─専門店,百貨店,一部のレジャー産業
③知識集約的重化学工業生産関連産業
　イ．投資財・耐久消費財生産関連産業
　ロ．上記のための生産財生産関連産業

これらは,都市の経済機能とは切り離せない産業であり,都市の規模が大きくなるほど多様性を増すと指摘している。また,こうした多様性は,相互補完的なかたちで専門的中小企業の存立を可能にし,社会的分業をより深化させているとしている。社会的分業の深化は,中小企業の新規参入を容易にするため,加速度的に企業が増加していくと論じている。このように,都市における中小企業の増加のメカニズムを都市の発展と多様化,集積のメリットといった観点から説明している。

さらに，新たに参入する中小企業については，「都心三区を中心として能力発揮のために大企業ないしは中堅企業からスピン・オフ（飛び出す）したベンチャー・ビジネスともいうべき新しいタイプの中小企業が輩出している」[13]と述べている。このような指摘からも明らかなように，清成の「都市型中小企業論」は，「ベンチャー・ビジネス論」[14]や「中堅企業論」[15]と不可分の関係で語られていることに注目する必要がある。

さて，こうして都市に登場している中小企業は，新しい時代感覚や新しい技術・マーケティング手法などを駆使して高い生産性をあげ，高い賃金支払い能力を有していると指摘している。つまり，清成は，高地価・高賃金といった不利な操業環境にある都市の中小企業の存立条件を高い生産性に求めているのである[16]。また，あわせて，こうした不利を克服できない中小企業は，都心ではそもそも存立しえないと論じている。このような主張が都市における中小企業の存立条件をめぐる議論を引き起こしていくことになった。

(3) 「都市型中小企業論」批判

清成らが唱えた「都市型中小企業論」は，「ベンチャー・ビジネス論」や「中堅企業論」とあいまって，広く注目を集めることになった。しかし，中小企業研究者の間からは，いくつか批判がなされることになった。ここでは，主に中山の批判を取り上げることで，「都市型中小企業論」の論点を整理していくことにしたい[17]。

まず，中山は，清成らの「都市型中小企業論」は「知識集約的先端産業」にのみ目を向けており，対象に偏りがあることを問題視している[18]。そのうえで，東京の産業は1960年代までは全国に先駆けて重化学工業化をたどり，高い成長を達成していた。しかし，その後は都市化の進展により，公害や交通難，土地価格の高騰，工場再配置の影響もあり大・中規模工場の転出が続き，小零細企業の増加をまねいたと分析している。さらに，東京の中小企業は，大多数の分野で下方移動ないし零細化が起こっていると分析している。

このような中小企業の下方移動ないし零細化の背景や，そうした企業の存立

条件として次のような点をあげている[19]。

第1には，賃金上昇と若手労働力不足が賃労働に依存する経営を相対的に不利にし，家族主体の経営に移動させた。第2には，都市型生産が需要の多様性に応じた「多品種少量生産」，「小回り性」を要求し，量産化工場は地方に移転させた。第3には，多様な流通業者の集積が問屋制に代表される小生産者の利用形態を強化している。第4には，大量の関連産業の集積が零細企業間の複合的・水平的分業を深化させ，小零細集団としての多種商品の生産基地を形成した。

このように，中山は，家族を主体にした経営や問屋による小生産者の利用強化，社会的分業の活用などが都市における小零細企業の存立条件になっていることを見出している。また，中山が強調しているのは，これら東京の小零細企業の大量存在は必ずしも「合理的」条件にもとづくものではなく，「非合理的な強さ」，つまり家族の無償の労働，従業員の劣悪な労働条件，従属性などに依存しているということである[20]。

明らかに，清成らが注目した高生産性により高地価・高賃金への対応を可能にしている「都市型中小企業」とは異なる点に存立条件を求めていることがわかる。次節では，改めて「都市型中小企業論」をめぐる論点をまとめておきたい。

IV．「都市型中小企業論」の論点

(1) 小零細企業の「たまり場」論の否定

これまで紹介してきたように，経済地理学の研究者らによって東京の工業において中小零細工業の重要性が見出され，その分布や生産・流通関係が明らかにされた。さらに，清成らは，高度経済成長期以降も東京に中小企業が増加していくなかで，高生産性を実現する新たなタイプの中小企業が誕生していることを発見した。大都市東京における新たなタイプの中小企業に着目した点は，中小企業研究に一定の貢献をしたと評価されるところである。また，東京は発

展性のない業種や小零細企業の「たまり場」となるといった東京都の悲観的な見解[21]を打破する研究成果を示すことにもなった。

しかし，中山が指摘したように，清成らが目を向けた中小企業は，いわゆる「知識集約的先端産業」といったように偏りがあったといえよう。そのため，東京における中小企業の全体像を構造的に捉えたものにはならなかったと考えられる。

そこで，中山は，清成らの「都市型中小企業論」を批判する形で，都市の産業を構成する末端産業の姿を明らかにしたのである。いわゆる東京の「地場産業的末端工業」は，家族の無償労働や長時間労働，従業員の劣悪な労働条件にもかかわらず勤労意欲を失わず，しかも技術水準も大企業労働者に劣らないといった「非合理的な強さ」を備えているところに存立条件を見出している。その点では，中山も，東京都の悲観的な見解を否定するものであった。

(2) 「本質論」的な対立

ここで注意しなければならないことは，そもそも清成らが対象としていた中小企業と，中山らが対象としていた中小企業は異なっていたのではないかということである。確かに，表面的には両者が対象としていた中小企業は異なっていたといえる。しかし，「都市型中小企業論」をめぐって議論が展開された理由は，中小企業の存立に関わる根本的な認識に決定的な相違があったからである。もっとも異なる認識としては，「高い家賃，高い賃金といったコスト面での不利を克服できない中小企業は，都心ではそもそも存立しえないのである」[22]といった清成の見解にあらわれている。彼がこのような見解に至る過程をたどると，有澤らが唱えた「二重構造論」[23]批判のなかに原型がある。

清成は，高度経済成長期に中小企業の従業者規模が拡大したことや産業構造が変化したこと，そして労働力不足状況に転換したことを踏まえ「二重構造」が変化・解消したと論じている。つまり，労働力不足が深刻化するなかで，労働節約的な方法をとるだけではなく高い生産性をあげて高い賃金支払い能力を身につけなければ，中小企業の存立は許されなくなったと述べている[24]。

このように，高い生産性を誇る中小企業が誕生したという事実にとどまらず，中山らが示したような家族労働などに依拠した中小企業の存立条件をも否定しているのである。清成らがこうした議論を展開したのは，「わが国の中小企業論の多くは，『二重構造』を特殊日本的な現象として捉え，わが国の経済の後進性に由来するということを強調するあまり，伝統的に中小企業のダークサイドのみを強調してきた」[25]と述べているように，既存の中小企業論研究を批判し，積極的な中小企業観を構築することにねらいがあったと思われる。

清成も指摘するように，中小企業研究に影響を与えた有澤らの「二重構造論」では，中小企業は劣悪な労働条件にある問題性のある存在として認識されていた。また，戦前の中小企業研究を集大成し，戦後の中小企業研究にも大きな影響を与えることになった山中は，大工業と中小工業の間に「隷属性」を見出し，中小工業は合理的自生的発展を抑圧されていると見ていた[26]。それぞれ表現や着目点が異なったとしても，中小企業を問題のある存在として捉えている研究者が少なくなかったことは確かであろう。

こうした認識に対して，清成らは，中小企業の積極的な役割を期待し，「ベンチャー・ビジネス論」あるいは「中堅企業論」を結実させていった。この点で，「都市型中小企業論」をめぐる議論は，単に東京の中小企業問題としてではなく，中小企業の存立条件や中小企業観をめぐる「本質論」の議論として展開されていたといえよう。

V．おわりに

(1) 小零細企業の減少──「非合理的な強さ」の限界

最後に，今日の大都市東京における中小企業の存立条件について考察しておきたい。大都市東京の中小企業に関する研究は，90年代以降も継続されている。しかし，これまで取り上げてきたような「都市型中小企業論」あるいは「本質論」といった観点からの議論は少なくなっている。その１つの理由としては，東京の中小企業の減少が続き，70年代・80年代のように，その増加要因を分析

するといった状況ではなくなったことがあげられる。

　東京の事業所数は，1986年に79万を上回っていたが2006年には69万にまで減少している[27]。同期間に従業員「1〜4人」の事業所数が，49万から39万に減少する一方で「300人以上」の事業所数は，2,018から2,625へと増加している[28]。小零細層の事業所が減少し，大規模事業所が増加しているのである。このような状況を踏まえると，かつて東京の中小企業増加の一翼を担っていた家族労働に依拠する小零細層の存立条件が揺らいでいることは明らかである。

　製造業を例にとるならば，地方や海外企業との競争により，受注量の減少や受注単価の下落により，家族労働に依拠している小零細層といえども経営を維持できなくなったと考えられる。同様に，小売業やサービス業の分野でも，小零細企業は，大手スーパーやコンビニエンス・ストア，さらには巨大なショッピングモールの出現などの影響で，客足が遠のき，売上の減少により倒産・廃業に追い込まれている。あるいは，このような厳しい経営を強いられるなかで，事業を継承することをあきらめた経営者も少なくない。つまり，中山が指摘したような「非合理的な強さ」に支えられた小零細企業が存立する余地は狭まっているといえよう。

(2) **集積メリットの変容**

　経済地理学の研究や中小企業論の研究でも指摘されていた，集積にともなうメリットも物流や情報基盤の整備が進むなかで変容している。これまで筆者が研究対象としてきた印刷産業は，いわゆる「都市型産業」とみなされてきた[29]。東京には多数の印刷関連企業が集まっているが，それらは小規模で専門的な加工分野に特化していた。専門的な加工業者は，集積することで，東京に発生する大量かつ多様な印刷需要に対応してきた。つまり，印刷需要者に近在するとともに，分業を担う外注先にも近接していることで迅速かつ柔軟な対応を図ってきたのである。

　しかし，物流・情報基盤が充実するにともない，東京で受注した仕事をデジタルデータとして地方工場（業者）に送り，刷り上がったものを宅配便で東京

の顧客に届けるといったことが容易に行われるようになっている。そのため，東京における印刷産業の集積内で印刷加工を行う必要性は薄れている。同様に，地方の印刷業者が東京で受注を取り付け，地方の自社工場を経て，再び東京の顧客に納品することも容易になっている。こうしたことから，相対的に高地価・高賃金のもとで事業を営んでいる東京の印刷業者の事業は，窮地に追い込まれている。もちろん，より迅速な対応を求められる仕事や，発注者との協議（校正など）が頻繁に求められる仕事については，地方に流出することは少ない。

このように，結果として東京には高地価・高賃金のもとでも採算にみあう仕事が残ることになったが，そのような仕事は限定的であり，さらに物流・情報基盤の整備が進めば，東京の印刷産業の存立基盤はますます狭まると予想される。こうしたことは，印刷産業だけではなく製造業の多くの分野でも生じている。こうしたことから，東京の中小企業が集積内の社会的分業を活用して事業を展開する優位性は徐々に薄らいでいるといえよう。

(3) 大規模事業所への収斂

先に紹介したように，清成は，高い生産性により高地価・高賃金の不利を克服しえない中小企業は都心では存立しえないと述べたが，この間の東京の中小企業の減少は，彼が指摘した通りになったかにみえる[30]。しかし，もう1つ検討しなければならないことは，高い生産性を誇る中小企業が次々に誕生してきたかということである。

高い生産性を誇るか否かは別として，事業所として増加したのは，「サービス業」のなかでも「医療，福祉」分野や「運輸・通信業」のなかの「情報通信業」分野などに限られている。もちろん，他の業種内でも，企業の誕生と消滅が起こっているが，全体としては減少傾向にある。つまり，都市の発展や中枢管理機能の強化は，必ずしも中小企業の増加を促したわけではない。

むしろ，増加しているのは，大規模事業所である。清成の分析を応用するならば，東京で高い生産性を発揮して事業を維持・拡大，あるいは新規参入しているのは大企業ということになる。高い生産性を発揮し，新規に誕生した中小

企業は，一部の業種や企業に限られていたといえよう。

　以上のように，大都市東京の中小企業は，家族労働に依拠する小零細層では経営逼迫や事業見通しが厳しいことから，減少に歯止めがかからない状況となっている。もはや，こうした形態をもってしても，経営を維持・継続することが困難な状況となっている。また，東京に立地する中小企業にとっての優位点であった需要者との近接性や集積メリットも，物流・情報基盤の充実により徐々に薄らいでいる。

　しかし，物流・情報基盤が整備されてもなお海外や地方の企業では対応できない需要が東京には存在している。つまり，極端に納期が短い仕事や，発注者や生産者同士の頻繁な交渉を要するような研究や試作に関する仕事。また，直接に消費者と関わりを持たねばならない医療や福祉などの対個人向けのサービスや，事業所の業務を請負うソリューションビジネスなどである。対個人向けサービスや対事業所向けのサービスについては，人口や事業所の集中する東京が全国でもっとも多くの需要が発生していることは確かである。

　ただし，重要なことは，こうした需要が細分化していることや差別化が可能であることが中小企業の存立には不可欠であると考えられる。一定のまとまった需要であれば，大企業が参入して市場を支配してしまうからである。しかも，東京で事業を展開するならば，高地価・高賃金を克服し得る生産性を発揮しなければならない。しかし，こうした事業を展開し得た中小企業は限られており，近年では東京では大企業のウェイトが高まったといえよう。

【注】

(1) 大企業の本社所在地については，松林［2008］を参照した。
(2) 東京都「都民経済計算報告」2008年度版を参照。
(3) 総務省統計局「平成18年事業所・企業統計調査報告」による。
(4) 中小企業論における「本質論」とは，「中小企業とは何か」ということを問うことである。ただし，佐藤編［1981b］，p.16は，「中小企業とは何か。それはαでありω

である」と述べているように，「最初にして最後の難問なのである」。ここでは，ひとまず中小企業の存在意義や役割についての研究としておきたい。
(5) 都市型中小企業に関する近年の研究としては，和田［2008］をあげることができる。
(6) 東京都経済局編［1970］，p.7。
(7) 板倉・井手・竹内［1970］。
(8) 東京の工業地域の形成や中小企業の分布，生産関係を研究した経済地理学の成果としては，井手・竹内・沢田［1977］，辻本［1981］，竹内［1988］などがあげられる。
(9) 国民金融公庫調査部［1971］。
(10) 東京都経済局編［前掲］。
(11) 清成［1972］。
(12) 都市型産業の類型については，清成［前掲］。
(13) 清成［1972］を参照。
(14) ベンチャー・ビジネスについては，清成・中村・平尾［1971］において定義づけや具体例が紹介されている。
(15) 「中堅企業論」は，中村［1964］によって提唱されている。
(16) 清成［1982］は，都市に立地する中小企業の供給する財の特徴として，高付加価値で軽く，小型である点をあげている。そして，それらは研究開発集約的，デザイン開発集約的であり，情報志向型であると述べている。
(17) 中山の「都市型中小企業論」に関する研究としては，中山［1980］，［1982］，［1983］があげられる。また，他の研究者の批判的研究としては，佐藤［1981a］や福島［1984］などがあげられる。
(18) 中山［1982］，p.31。
(19) 中山［1983］，pp.166-169。
(20) 中山［前掲］，p.185。
(21) 東京都［前掲］。
(22) 清成［1972］，p.91。
(23) 二重構造論とは，有澤廣巳らが唱えたもので，彼は人口の大部分が大工業部門に吸収されず，劣悪な労働条件にある中小企業部門に雇用されていることを問題としてい

る。過剰労働力状態が中小企業の存続・盛行の条件になっており，前近代的な中小企業部門の問題は，過剰労働力問題に依拠していると考えていた。有澤［1937］。こうした考えは，戦後にも引き継がれ，1957年の『経済白書』では，二重構造とは，「わが国雇用構造においては一方に近代的大企業，他方に前近代的な労使関係に立つ小企業および家族経営による零細企業と農業が両極に対立し，中間の比重が著しく少ない。」経済企画庁［1957］pp.35-37。

(24) 清成［1970］, p.140。
(25) 清成［前掲］, p.66。
(26) 山中［1948］, pp.58-59。
(27) 東京都［各年版］『東京の事業所』東京都を参照。
(28) 東京都［前掲］を参照。
(29) 印刷産業の研究については，山本［2001］，山本［2008］，中小企業研究センター編［2004］などがあげられる。
(30) 清成［1972］, p.91。

【参考文献】

有澤廣巳［1937］『日本工業統制論』有斐閣

板倉勝高・井手策夫・竹内淳彦［1970］『東京の地場産業』大明堂

井手策夫・竹内淳彦・沢田裕之［1977］『経済地域の研究―京浜地域の工業と農業―』博文社

清成忠男［1970］『日本中小企業の構造変動』新評論

清成忠男［1972］『現代中小企業の新展開』日本経済新聞社

清成忠男［1982］「都市経済のビジョンと中小企業」『都市問題研究』第34巻11号，都市問題研究会

清成忠男・中村秀一郎・平尾光司［1971］『ベンチャー・ビジネス』東洋経済新報社

経済企画庁［1957］『経済白書　昭和32年版』大蔵省印刷局

国民金融公庫調査部［1971］「都市型新規開業実態調査」『調査月報』No.123, 国民金融公庫調査部

佐藤芳雄編［1981a］『巨大都市の零細工業』日本経済評論社
佐藤芳雄編［1981b］『ワークブック中小企業論』有斐閣
竹内淳彦［1988］『技術革新と工業地域』大明堂
中小企業研究センター編［2004］『巨大都市印刷業の新展開』同友館
辻本芳郎編［1981］『工業化の地域的展開―東京大都市圏―』大明堂
東京都経済局編［1970］『東京の産業　昭和45年度』東京都経済局
中村秀一郎［1964］『中堅企業論』東洋経済新報社
中山金治［1980］「巨大都市　東京を支える中小企業」『エコノミスト』80.5.20，毎日新聞社
中山金治［1982］「首都圏―都市型産業の変化と小零細企業」第34巻11号，都市問題研究会
中山金治［1983］『中小企業近代化の理論と政策』千倉書房
福島久一［1984］「巨大都市東京の産業と中小零細企業」『経済』新日本出版社
松林信介［2008］「大都市東京の産業構造の変化と中小企業」『企業環境研究年報』第13号，中小企業家同友会全国協議会企業環境研究センター
山中篤太郎［1948］『中小工業の本質と展開』有斐閣
山本篤民［2001］「印刷産業の技術変化と受注構造」日本中小企業学会編『日本中小企業学会論集20』同友館
山本篤民［2008］「大都市印刷産業の存立基盤の変化と新たな展開」『企業環境研究年報』第13号，中小企業家同友会全国協議会企業環境研究センター
和田耕治［2008］「都市型中小企業の創成と変容に関する考察」『企業環境研究年報』第13号，中小企業家同友会全国協議会企業環境研究センター

（山本　篤民）

第8章 地場産業における中小企業の技術

―高度成長期川口鋳物工業における強靭鋳鉄製法の共同的な技術導入―

I．はじめに

　日本の素形材工業は，1980年代以降に発揮される日本機械工業の国際競争力の技術的な基盤である。中小企業が多数を占める素形材工業が機械工業の基盤たりえたのは高度成長から低成長期にかけてその技術が発達したからであるが，これについての具体的な研究は多くない[1]。本章では，素形材工業のうち技術的歴史的に中核部門である鋳物工業を取り上げる。

　機械の主要構造材として使用される鋳物は完成品・部品の品質を左右する重要な素形材である。そのため，鋳物の材質を調整して，ユーザーの求める品質の鋳物を製造する能力は現代の機械部品用鋳物メーカーにとって必要不可欠なものとなっている。日本の鋳物メーカーにこの材質調整能力が形成された要因は高度成長期における強靭鋳鉄製法の導入であり，その製法の普及は戦後日本鋳物工業の技術水準を著しく引き上げた。

　日本鋳物工業における強靭鋳鉄製法の導入を具体的にみると，その過程は一様ではなかった。鋳物内製工場を有する大手の船舶・工作機械・産業機械メーカーは1950年代に強靭鋳鉄製法の一つとして米国で確立したミーハナイト製法を導入したが，鋳物生産を専業とする中小鋳物メーカーの技術導入のあり方はそれとは異なるものであった。本章では日本有数の鋳物工業集積地である埼玉県川口市の川口鋳物工業を事例に中小鋳物メーカーの技術導入の特質を明らかにする[2]。

Ⅱ．先行研究

(1) 鋳物内製の大手機械メーカーの技術導入

　強靭鋳鉄製法普及の端緒として大手機械メーカーによる技術導入を指摘したのは，石野亨や加山延太郎等の鋳造工学者である。彼らは，1950年代に強靭鋳鉄製法の一つであるミーハナイト製法を日本の鋳物メーカーが米国ミーハナイト＝メタル社（以下MM社と略記）から導入することによって普及したと指摘した（石野・加山［1970］，p.305）。ただし，1950－60年代にミーハナイト製法の技術導入を果たした企業は内製鋳物工場を有する大手の船舶，工作機械，産業機械メーカーであった（1960年時点で14社）ので，これを技術普及の端緒として評価することはできるが，MM社からの技術導入だけでは中小鋳物メーカーを含めた日本鋳物工業への強靭鋳鉄製法の普及を説明することはできない。

　日本鋳物工業は中小企業の比重が高く，鋳物生産を専業し，受注生産を特質とする中小鋳物メーカーが約7割を占めており，日本の鋳物生産量の4割強はこうした中小鋳物メーカーによって担われている[3]。こうした中小鋳物メーカーも同様に強靭鋳鉄製法の導入が高度成長期に課題となっていた。

(2) 中小鋳物メーカーの技術導入

　この点について市川弘勝は次のように述べている。ミーハナイト製法は「特許権の関係もあって一般鋳物専業企業には普及は困難」であるが，発注先の品質向上の要求が強かった中規模上層の「専業鋳物企業」（従業員規模100名前後）は強靭鋳鉄製法を導入した。同製法には「設備近代化」が必要だとして，大手機械メーカーからより中小規模の鋳物メーカーへと，「親企業からの援助」を背景に，「設備近代化」が広がったとする。さらに，市川は，ミーハナイト製法に代わる独自な強靭鋳鉄製法を開発した中規模上層の鋳物メーカーの存在も指摘している（市川［1960］，pp.88-93）。

　しかし，川口鋳物工業では鋳物メーカーの取引先企業との関係が非専属的な

場合が多く，系列関係に基づいた取引関係からの技術指導を受けられる鋳物メーカーや独自製法を開発する能力を有する鋳物メーカーは限られる。ただし，市川はこの範囲の外にある鋳物メーカーにも目を配り，川口では「零細規模の業者までを含めた鋳物業界全体に，鋳物製品の品質向上」に対する関心の高まりと「設備近代化」の漸進を指摘したが，その条件については触れられていない（市川［1960］，pp.96-97）。

さらに，川口鋳物工業で導入された強靭鋳鉄製法を理解するためには市場の要求も考察に加えなければならない。日本工業規格によれば，強靭鋳鉄鋳物は引張強さ30kg/mm²以上の鋳物をさすが，この時期の強靭鋳鉄鋳物の市場は工作機械用と船舶用エンジンが主力であった。（沢井［2010］，p.31）。ところが，後述するように，川口鋳物工業の主力製品は種々雑多な産業機械用の鋳物であり，その鋳物製品に求められる引張強さは20-30kg/mm²が中心であったが，こうした製品分野も強靭鋳鉄製法と無関係ではなかった。

(3) 分析の枠組み

筆者は，先行研究にみられる以上の制限性を踏まえ，強靭鋳鉄製法の導入過程を明らかにするために次のような分析枠組みを採用する。

まず，ミーハナイト製法を取り上げ，その製法の諸要素を明らかにし，強靭鋳鉄製法の本質が鋳物製品の材質調整法であることを明らかにする。そして，鋳物メーカーが強靭鋳鉄製法を導入するためには，その技術的知識の獲得を前提とするが，その技術的知識の普及にはその担い手が必要である。こうした分析枠組みを採用することで，大手機械メーカーの内製鋳物工場と鋳物メーカーに対する技術的知識普及の担い手の相違，そしてそれぞれの技術導入経路とそのための諸条件が明らかにされる[4]。前者に対する技術的知識の普及の担い手はMM社であったが，後者に対するそれは明らかでない。

Ⅲ．強靭鋳鉄鋳物とその製法

(1) 強靭鋳鉄鋳物

　強靭鋳鉄鋳物とは，元来，鉄鋼材料に比べて「脆い」とされてきた普通鋳鉄鋳物を強靭化させたもの，つまり，引張強さが高く，粘り強く，衝撃にあっても割れにくい性質を付与した鋳鉄鋳物である。強靭鋳鉄鋳物が求められた技術的な背景には機械技術の発達がある。少量生産鋳物に限定すれば，とりわけ工作機械の高速化・高精度化という方向の発達に伴って強靭鋳鉄鋳物が求められた。工作機械の高速化・高精度化は金属加工における生産性の向上を目的として追求されるが，その実現には機械構造材として多用される鋳鉄鋳物の強靭化を必要とした。鋳鉄の性質はその金属組織により決まるが，その金属組織は鋳鉄の化学組成と溶湯の冷却条件に規定される。強靭鋳鉄鋳物を製造するには，その金属組織，化学組成の解明，製法の発明が必要であった。

(2) 強靭鋳鉄製法の技術と技術的知識

　1916年ドイツ人のランツが低炭素かつ低珪素溶湯を徐冷する方法を考案したのが強靭鋳鉄製法の始まりだが，1923年にアメリカ人のミーハンとイギリス人のスモーレイが発明したミーハナイト製法がその後の強靭鋳鉄製法の基礎となった。その製法とは，低炭素溶湯，鋼屑の多量配合，1500度近い高温溶解，溶湯に珪素合金などの添加剤を加える「接種」法を総合したものである。ミーハンとスモーレイはアメリカを拠点にMM社を1926年に設立し，鋳物技術コンサルタント会社へと成長する。

　この強靭鋳鉄製法に則った鋳鉄溶解を実現するには，それに対応した技術（高温溶解が可能な溶解炉と送風機など）が必要となる。日本の在来型溶解炉（コシキ炉）は燃焼領域の狭い小型溶解炉であるので，1500度近くにまで溶解温度を上げることは不可能である。そのため，日本の鋳物メーカーは，高温溶解に適したキュポラを導入するか，高温溶解が可能なように在来型溶解炉と送風機の改良が必要となる。鋳物メーカーが強靭鋳鉄製法を導入する場合，こうした

技術的変化に迫られるが，これは溶解技術の基本原理を入れ替えるような変化ではない。むしろ，強靭鋳鉄製法導入に伴って根本的に変化するのは他方の溶解作業であった。つまり，溶解作業者は強靭鋳鉄製法に則ってその作業を遂行することが求められたのである。具体的には，目標とする鋳鉄材質に合わせた材料配合，原材料コークス比の設定，溶解速度・温度の管理，送風速度・圧力の管理，溶湯の材質検査，目標材質に合わせた添加剤の種類・量の決定と溶湯への投入などである。したがって，溶解作業者は強靭鋳鉄製法に関する技術的知識の習得が求められることになる。

(3) 溶解方法の定式化としてのミーハナイト製法

MM社の鋳物技術に対する功績は強靭鋳鉄製法の開発だけでなく，種々の性質を有する鋳鉄に対応させた溶解方法の定式化も挙げられる。同社は，図表8－1に示すように鋳鉄を一般構造用，耐摩耗用，耐蝕用，耐熱用に適した性質に分類し，さらにその分類の中で引張強さ及び硬さの高低を基準に区分した。

[図表8－1　ミーハナイト＝メタル社による鋳鉄の区分]

用途	符号	備考	符号	備考
一般構造用	GE GD GC GB GA	引張強さ 21 kg/m㎡ 引張強さ 24.5kg/m㎡ 引張強さ 28 kg/m㎡ 引張強さ 31.5kg/m㎡ 引張強さ 35 kg/m㎡	GM SGP SGF GAH	引張強さ 38.5kg/m㎡ 強度を主としたもの 伸びを主としたもの 引張強さ 49 kg/m㎡ BHN 350
耐摩耗用	WA WH WB	引張強さ 35kg/m㎡ BHN 321 引張強さ 21kg/m㎡ BHN 575 引張強さ 27kg/m㎡ BHN 350～475	WBC WEC	チルド鋳物　引張強さ32kg/m㎡ 　　　　　チルド面のかたさ BHN475 チルド鋳物　WBCより内部強度は劣るがチルド面のかたさは高い
耐蝕用	CB₃ CB	耐濃硫酸用　引張強さ 32kg/m㎡ 耐弱酸用　引張強さ 32kg/m㎡	CC KC	耐海水用　　引張強さ 28kg/m㎡ 耐アルカリ用　引張強さ 23kg/m㎡
耐熱用	HA HB HD HR	使用温度 650℃　引張強さ 35kg/m㎡ 使用温度 760℃　引張強さ 26kg/m㎡ 使用温度 620℃　引張強さ 23kg/m㎡ 使用温度 845℃　引張強さ 28kg/m㎡	SC HE HM	使用温度　900℃（温度の急変が無いもの） インゴットケースのように熱的ショックを受けるもの 使用温度　840℃

(注)　BHNはブリネルかたさである。
(出所)　山口澄夫［1954］「ミーハナイト鋳物」『日本機械学会誌　第57巻第426号』, p.37より作成。

これらの分類に対応した溶解方法が定式化された。

溶解方法の定式化は次のようになされた。アメリカのニューヨーク州にあるMM社鋳物研究所で鋳鉄に関する化学分析・物理的実験が繰り返され，耐摩耗性，耐蝕性，耐熱性などの特性を持つ鋳鉄が開発された。研究所はそれぞれの特性と各レベルの強靱さをもった鋳鉄の溶解実験を重ね，鋳物技術に関するノウハウを蓄積した。MM社は，こうした研究・実験成果の蓄積をもとに溶解方法を中心とした鋳物の製造工程全般にわたるマニュアルを作成した。そこには原材料配合割合，製品の肉厚にあった金属組織，溶湯の簡易測定法，注湯温度・速度，接種剤の種類・量が定められている。そして，その材質の鋳物に合った鋳型砂の配合・試験方法ならびに鋳造方案も指定されている。

(4) 材質調整能力としての強靱鋳鉄製法

これまでの分析により，強靱鋳鉄製法は，第一に鋳鉄に特殊な性質(強靱さ，耐摩耗性など)を付与する溶解方法であり，第二に研究・実験成果を基礎にして，特殊な性質に対応した溶解方法を定式化した製法であると特徴づけられる。

鋳物メーカーにとって強靱鋳鉄製法を導入することの意味は，溶解作業における経験主義からの脱却である。強靱鋳鉄製法導入以前の鋳物メーカーは，溶解作業者の経験的知識にもとづいて溶解操業し，材質調整を行っていた。溶解作業者は，その経験により原材料の破面の色，溶湯の色，湯面模様から溶湯材質をある程度推測することは可能であったが，鋳物の機械的性質を計画的に操作することは困難であった。後に詳述するように，冶金学的な知識，実験を基礎にした溶解方法の習得なくして溶解作業者は，任意に引張強さを調整し，各種の特性を引き出しえないので，経験的知識にもとづいた溶解方法では厳格に材質指定がなされる機械部品用鋳物市場の要求に応えることはできない。

1963年の雑誌『金属』の座談会で強靱鋳鉄協会会長の水野桃一が強靱鋳鉄製法導入の目的は単に強靱な鋳物をつくることではなく，「管理された鋳物」をつくることだと述べていたが(戸波［1963］, pp. 57-58)，その発言は強靱鋳鉄製法導入が経験主義的な製法から研究・実験成果にもとづいた製法への転換

であること，そして，強靭鋳鉄製法の本質は材質調整能力であったことを端的に表現している。

Ⅳ．鋳物内製の大手機械メーカーによる強靭鋳鉄製法の導入

(1) ミーハナイト製法の特許実施権取得

　日本においてミーハナイト製法をいち早く導入したのは三井造船である[5]。同社は1952年にMM社の特許実施権を取得し，その後を東京芝浦機械，三菱重工業，新潟鉄工所，石川島播磨重工業などの船舶，工作機械，産業機械メーカーの内製鋳物工場が続いた。図表8－2は1950-60年代にMM社とライセンス契約を結んだ会員企業・工場と採用例である。

[図表8－2　ミーハナイトライセンシー工場]

契約年	企業名	採用例	出所
1952	三井造船	内燃機関用鋳物（ディーゼルエンジン部品），船舶用鋳物	①
1953	新潟鉄工所	工作機械用鋳物，内燃機関用鋳物（ディーゼルエンジン部品）	②
1953	ミクニ＝ミーハナイト鋳物	工作機械用鋳物，産業機械用鋳物	③
1953	三菱重工	内燃機関用鋳物（シリンダ，クランク軸），産業機械用鋳物	④
1953	東芝機械	工作機械用鋳物	⑤
1954	石川島播磨重工業	舶用タービン，産業機械用鋳物	⑥
1955	川口金属工業	―	
1956	北川鉄工	旋盤チャック，作業用バイス，マシンバイス，卓上ボール盤，平削り盤，プレス機	⑦
1956	日立造船	陸上用機械	⑧
1957	豊田工機	工作機械用鋳物（研削盤用ベッド）	⑨
1957	日伸製鋼	―	
1958	三鉱製鉄所	―	
1958	日本ロール	―	
1960	新村ミーハナイト	―	

(出所)　①三井造船株式会社［1953］『三十五年史』。②日本社史全集刊行会編纂［1977］『日本社史全集―新潟鉄工所　八十年史―』。③三井ミーハナイト＝メタル株式会社［1996］『回顧録』。④三菱重工業株式会社名古屋機器製作所［1986］『鋳・鍛造工場の歴史』。⑤貿易之日本社［1979］『東芝機械』。⑥石川島重工業株式会社社史編纂委員会［1961年］『108年史』。⑦掛昭次［1992］『創立50周年記念誌』北川鉄工所。⑧日立造船株式会社［1985］『日立造船百年史』。⑨豊田工機二十年史編集委員会［1961］『豊田工機二十年』。企業名，加入年についてはジャパン＝ミーハナイト＝メタル社社内資料より作成。

MM社と契約を交わした大手機械メーカーは，完成品の性能の向上と品質の確保のために，その素材から変えていかねばならないと判断し，ミーハナイト製法を導入した。先の区分によればミーハナイト鋳鉄は21〜49kg/㎟までの引張強度やその他の性質を引き出すことができる。船舶用内燃機関や工作機械の構造材としてミーハナイト鋳鉄鋳物が使用されたのは，完成品の性能向上にともない鋳物に高い剛性が要求されたためである。

　工作機械用鋳物がミーハナイト鋳物の主力製品となったのは，第二次世界大戦後の自動車工業をはじめとする量産型機械工業の成長と急速な生産効率向上の追及という背景がある。量産型機械工業に工作機械を供給する工作機械メーカーはその要求に応え，主軸最高回転速度3000rpm以上の高速・高精密の工作機械を製造するようになった。こうして1950年代以降に強靭な機械材料に対する要求が高まり，日本の工作機械用鋳物が普通鋳鉄から強靭鋳鉄へと転換したのである（長尾［2002］，p.336）。

(2) 特許実施権取得の条件

　MM社の特許実施権を取得するためには，当該鋳物工場はMM社の審査基準を満たす必要がある。その審査基準とは，①特許情報やノウハウに関する情報の秘密保持，②当該鋳物工場の技術水準（工場の規模，設備，溶解能力，人材等），③当時100万円という高額なライセンス料および溶解量に応じたロイヤリティに対する支払能力である。MM社とライセンス契約を結んだ企業のほとんどが大手の船舶，工作機械，産業機械メーカーであったため，その審査基準を満たす条件は十分に有していたと考えられる。

(3) ミーハナイト＝メタル社による技術教育

　特許実施権を取得した鋳物内製の機械メーカーは自社の技術者を渡米させ，MM社から直に技術教育を受けることができた。たとえば，三井造船は鋳物技術者二人を6ヶ月間渡米させ，彼らはその間にMM社から講習を受け，ミーハナイトライセンシー鋳物工場の見学と実習を重ねた。帰国後，彼らはミーハ

ナイト式平衡送風機付キュポラの図面をもとにキュポラをつくり，送られてきたマニュアル等の技術資料をもとに現場作業員の教育を行った。こうして契約から約1年で技術導入が達成された(三井ミーハナイト＝メタル[1996]，pp.11-17)。

　ミーハナイト製法を習得した会員工場はMM社のサービス活動を継続的に受けることができる。その内容は，技術情報の提供，MM社技術者による技術指導，講習会・勉強会の開催である。契約時には50冊にも及ぶミーハナイト製法のマニュアルが，そして，それ以降は毎年最新の鋳物技術に関する資料が，同社から鋳物工場に送られる。さらにMM社の技術者が年に2回二日間から一週間かけて鋳物工場に訪れ，実際の製造現場を見学し，改善提案を行う。こうした定期的な技術指導以外に，必要に応じて技術者が会員工場に出張するサービスも行われる。年に1回開催される「ミーハナイト会議」では会員相互の情報交換，アメリカやヨーロッパの鋳物業界についての情報交流がなされている。

　MM社の特許実施権を取得した大手機械メーカーは，以上のような技術教育サービスを受けることによって，ミーハナイト製法の習得を果たした。

Ⅴ．川口鋳物工業における強靭鋳鉄製法の導入

(1) 共同的な技術導入
1．材質指定の厳格な鋳物市場
　川口鋳物工業で強靭鋳鉄製法の導入が課題となった契機は，材質指定の厳格な機械部品用鋳物市場の登場である。戦後復興期の川口鋳物工業は機械部品用鋳物の需要が激減したため，日用品鋳物の生産が一時的に高まったが，1950年に始まる朝鮮戦争を機に機械需要が徐々に回復し始めていた。川口鋳物工業の製造品目別生産金額の推移をみると，その最大分野である産業機械器具用鋳物の生産金額は1961年に112億円にまで急増し，その後一時減退するものの，その躍増は65年以降も続き，70年には199億円にまで達した（川口市［1984］，

pp. 499-500)。このように機械部品用鋳物市場が拡大するなかで，川口鋳物メーカーに対して強靭鋳鉄製法の獲得を求める市場が出現したのである。その市場とは，鋳物ユーザーが発注時に使用条件に合わせた機械的性質を持つ材質かつ内部欠陥の無い鋳物部品を要求する市場，つまり，材質指定が厳格な市場である。

川口鋳物市場は，京浜工業地帯の産業機械メーカーが中心的な需要者であり，中小企業からの発注も多く（埼玉県商工部［1966］，p.111)，ミーハナイト鋳鉄を求めた船舶や工作機械メーカーの鋳物市場とは異なるものであった。引張強さ30kg/㎟以上に強みが発揮されるミーハナイト鋳鉄とは異なり，川口鋳物のユーザーから求められた引張強さは20-30kg/㎟が中心であった[6]。

このように川口鋳物メーカーは引張強さ30kg/㎟以上を求められることは少なかったが，材質指定が厳しく要求される新市場の出現に対してすぐさま対応できたわけではない。指定された材質の溶湯が安定してつくれず，返品されることもしばしばあった。こうして川口鋳物工業でも強靭鋳鉄製法の導入が課題となった。

2．川口鋳物工業の労働市場

強靭鋳鉄製法の導入には溶解作業の変更と製法に関する技術的知識の習得が必要であるが，これを習得した中心的な労働者は従来溶解工程を担ってきた熟練工ではなく，未熟練の若年労働者であった。それは次のような傾向が川口鋳物工業の労働市場にあったためである。

川口鋳物工業の熟練鋳物工・溶解工は，渡り職人的に頻繁に職場移動を繰り返し，大工場よりも小工場に集中する傾向があった。熟練工の職場規律を嫌がる職人気質，造型工程の機械化への抵抗，そして将来独立への機会を掴みたいという展望が，彼らを小工場へと向かせていた（小田橋［1948］，pp.45-46)。

材質指定が厳格な機械部品用鋳物市場の登場と小工場における熟練工の滞留を図表8－3に概念的に示した。川口鋳物工業の熟練工は下方の企業に移動する傾向があるため，小規模工場に熟練工が滞留する。下層の鋳物メーカーは，

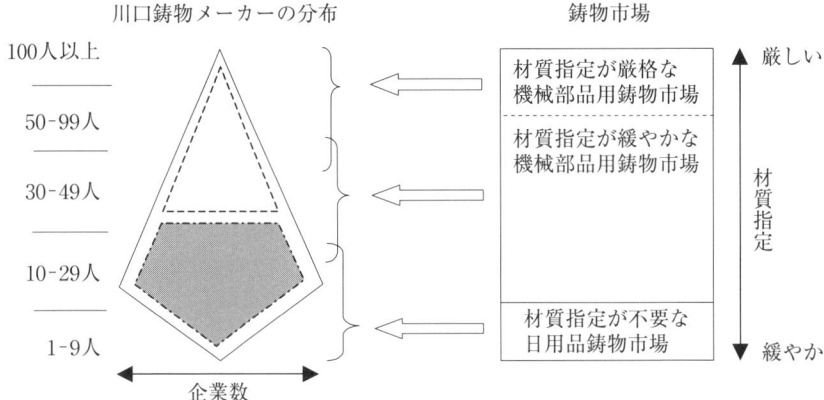

[図表8−3　鋳物市場と川口鋳物メーカーの対応関係]

川口鋳物メーカーの分布　　　　　鋳物市場

- 100人以上
- 50-99人
- 30-49人
- 10-29人
- 1-9人

企業数

材質指定が厳格な機械部品用鋳物市場　←　厳しい

材質指定が緩やかな機械部品用鋳物市場　←　材質指定

材質指定が不要な日用品鋳物市場　←　緩やか

△　熟練工が相対的に少なく，新技術の導入が容易な鋳物メーカー

▨　熟練工が相対的に多く，新技術の導入が困難な鋳物メーカー

(注)　材質指定が厳格な機械部品用鋳物市場は拡大傾向にあり，材質指定が緩やかな機械部品用鋳物市場と材質指定が不要な日用品鋳物市場は縮小傾向にある。
(出所)　筆者作成。

　熟練工が相対的に多いが，市場からの技術発達要求がもっとも弱いため，技術導入への動機も上層の鋳物メーカーに比較して弱い。他方，上層の鋳物メーカーに対する技術発達要求は下層の鋳物メーカーよりも強いため，新技術の導入に対する動機が強い。熟練工は下層の鋳物メーカーに滞留しているために，新技術に対応させた教育は熟練工ではなく未熟練の若年労働者に向けられることになる。したがって，強靭鋳鉄製法の導入が課題となったのは上層の鋳物メーカーであったと考えられる。

3．技術的知識普及の担い手

　では，川口鋳物工業ではいかに強靭鋳鉄製法導入の諸条件を獲得したのだろうか。高額なライセンス料のため高度成長期にMM社の特許実施権を取得した川口鋳物メーカーは川口金属工業以外にはなかった。さらに，川口鋳物メーカーが取引先企業からの指導・援助関係を『産地診断』からみれば，取引先企

業から「経営指導」が無いと回答した企業は88%であり,「技術指導」は60.7%,「設備・治具・工具貸与」は77.3%,「資金貸与」は69.7%が無いと回答している（埼玉県［1954］,p.271）。川口鋳物工業において取引関係を通じた取引先企業からの指導・援助が多く見られないのは,非専属的下請鋳物メーカーが多いためである。また,研究開発活動を担う技術者のいる川口鋳物メーカーは1952年時点でわずか26.5%にすぎず（埼玉県［1954］,pp.140-142),多くの鋳物メーカーは自ら製法を開発する条件を欠いていた。

　このように個別メーカーでは技術導入の諸条件が不足していたが,共通の課題を抱える川口鋳物メーカーが共同することによって,MM社に代わる技術的知識の普及の担い手と技術導入の諸条件を整備した。強靭鋳鉄など鋳物技術に関する研究活動は埼玉県鋳物機械工業試験場が担い,技術的知識の普及は試験場と川口鋳物共同研究会による技術教育活動によって遂行された。そして,若年労働者の技能養成は共同職業訓練所が担当した。

(2) 強靭鋳鉄製法の技術導入の条件
1．埼玉県鋳物機械工業試験場による研究活動

　鋳物技術に関する研究活動は次のように展開した。川口鋳物工業協同組合が川口鋳物メーカーの共通課題を受けとめ,1953年に「高級鋳物〔強靭鋳鉄鋳物－引用者〕研究費の交付を求める請願書」を埼玉県に提出した。それは「ミーハナイト」に匹敵する強靭鋳鉄製法の導入を果すため,強靭鋳鉄製法の調査研究を試験場が担い,そのための費用384万円を陳情するものである。同組合はその資金を獲得し,次のように使用した。第一に,試験場の施設の拡充,第二に,1年間の調査研究活動の諸費用,第三に,ミーハナイト特許実施権を受けた三井造船等の技術者を講師として招き技術指導を受けるための費用,第四に,調査研究員の増員費用である。こうして試験場では強靭鋳鉄製法の研究,溶解方法の定式化,溶湯の材質調整にかかわる分野の研究が始められた。1954年以降約20年間にわたりキュポラ溶解操業法の確立をめざして研究・実験活動が続けられ,溶解方法に関するノウハウが試験場に蓄積された。

2．共同職業訓練所と川口鋳物共同研究会の創設

　強靭鋳鉄製法の導入には同製法に則って溶解操業を遂行しうる労働力の養成が求められるが，個別メーカーが単独でそれを実行するには多くの困難があった。そこで，川口鋳物工業では個別メーカーの乏しい人的財政的条件の下でも実現可能な共同技能養成事業が創設された。その運営主体として川口鋳物工技能者養成運営会が1950年に発足され，運営会は共同教習施設の経営，講師の委嘱，教習計画，教科書の選定・編纂，技能検定の実施等，技能者養成事業の遂行に当たった。

　さらに，1950年に川口鋳物工業協同組合の決議によって川口鋳物共同研究会（埼玉県と試験場の共同運営）が発足された。研究会は川口鋳物メーカーの経営者や工場長などを対象とした鋳物技術講演会を企画した[7]。

（3）　川口鋳物共同研究会・埼玉県鋳物機械工業試験場・川口市職業訓練所による技術教育

1．川口鋳物共同研究会による講演会

　川口鋳物共同研究会の講演内容は多岐に渡る。1950年代に開催された講演会は141回に上り，開催回数の多かったテーマは，海外の鋳物業界やその技術（29回，1934名参加），鋳型・鋳物砂・造型法（27回，1577名参加），溶解方法・溶解炉（24回，1469名参加）である。試験場，鋳物技術に関連した研究所の研究者・技術者，大手鋳物メーカーの工場長・技術者などが講師として招かれた。こうした講演会は川口鋳物メーカーにとって重要な技術情報源として機能した[8]。

2．埼玉県鋳物機械工業試験場による質疑応答と実地指導

　講演会などを通じて習得した技術的知識をもとに鋳物メーカーが生産方法を改良する段階では鋳物メーカーの個別的条件に合わせねばならない。こうした改良段階での技術教育が試験場による質疑応答と実地指導である。

　生産現場で問題が生じた時に川口鋳物メーカーの経営者あるいは現場監督者

が試験場の技術者に対して質問をし，それに応える業務が質疑応答である。1955-70年にかけて「溶解炉，溶解炉の操業方法，原材料配合，付帯設備」に関する質疑応答件数の増加が著しく，その件数は1955年の88件から1959年の418件に急増し，それ以降も300件台を推移し，1970年度には761件に上った[9]。

　質疑応答を経ても問題が解決しない場合は実地指導が行われる。実地指導とは試験場の職員・嘱託職員が工場に訪問して，実際の操業を観察し，問題点を指摘し，改善提案をする業務である。たとえば，溶解技術に関する実地指導であれば，試験場の技術者が溶解炉の溶解速度，溶解温度，溶解炉に原材料を投入する速度，原材料の配合割合などの溶湯条件と溶湯の材質を計測して，操業方法のアドバイスをその生産現場に合わせて行う。1955-70年にかけて溶解操業に関する実地指導の件数が最も多く，1959年度には128件に上った[10]。

　さらに注目すべきことは，実地指導の業務に当っていた嘱託職員である。生産現場の知識・経験を補うべく，「鋳物技術界のベテラン」7名を嘱託職員として指導業務に参加させていた。彼らは先の研究会の運営にも参加していた[11]。

　こうした学習を通じて川口鋳物メーカーは，強靭鋳鉄製法に関する技術的知識を習得しただけでなく，さらに高温溶解に対応するためにキュポラを導入した。キュポラの導入が叶わないものは在来型溶解炉の背丈を高くする改良や送風機に除湿装置や酸素富加装置を付設するなどの改良を施した[12]。

3．川口市職業訓練所による技能養成

　先の運営会は1960年には川口市職業訓練所に改組された。訓練所の定員は900名，訓練期間3年であり，在籍者のほとんどが18歳未満の若年労働者であった。技能養成には学科教習（基本学科，専門学科）と実習（基本実習，応用実習）の二つがあるが，鋳物工として習得すべき技術的知識は主に学科教習の専門学科で教育される。訓練所の「鋳物工指導目標（専門学科）」（1962年度）によれば，1，2年次訓練生は専門学科において鋳物工場で働く上で必要となる基礎的な知識の獲得が求められる。3年次では「特殊鋳造法」，「鋳造法による材質の変化」，「不良の原因とその対策」，「炭素の変化にともなう鉄の性質，組織の

変化」など鋳鉄の材質調整にかかわる知識の獲得が目標となっている（川口市［1959］）。

　以上のように川口鋳物メーカーは共同研究会・試験場・訓練所の技術教育を通じて強靱鋳鉄製法について学習し，必要とされる技術を不十分ながらも整備して，材質調整能力を獲得することができた。こうして川口鋳物メーカーの鋳物品質が改善された例は多く見られ，試験場の材料試験の成績は次の通り向上した。1年間の引張強さ試験全本数のうち引張強さが27kg/㎟以上を超える本数は1954年度にはわずか14％であったが，1960年度には40.7％にまで増加した（『川口鋳物ニュース』1960年5月15日付）。

Ⅵ．おわりに

　最後に，川口鋳物工業の技術導入のあり方を大手機械メーカーのそれと比較して，その特質について指摘し，研究課題を示してまとめとしたい。

　まず，大手機械メーカーと川口鋳物メーカーに対する技術的知識の普及主体は明確に異なっていた。前者はMM社であり，後者は川口の共同研究会・試験場・訓練所である。この相違は両者の人的財政的条件の相違に由来する。川口鋳物メーカーはMM社の特許実施権を取得できず，技術導入の諸条件が不足していたため，MM社に代わる担い手（共同研究会・試験場・訓練所）と技術導入の諸条件を鋳物メーカー・協同組合・地方自治体などが共同して創出した。このように川口鋳物メーカーが共同して，共通する課題を達成する基礎には産業集積の存在がある。同種の鋳物メーカーの集積は，共通の利害を一致させる基盤をつくり，それは共同の基礎となる。川口鋳物メーカーの強靱鋳鉄製法導入にみられる特質は共同性である。

　市川のように鋳物メーカーの技術発達のあり方を系列化に基づく取引先企業の技術指導や独自の技術開発に求めるならば，両者の条件が揃わない鋳物メーカーの技術発達の条件は明らかにされない。川口鋳物工業で明らかにされた共同的な技術導入は，系列関係の有無，あるいは独自製法を開発しうる能力の有

無にかかわらない地場産業における中小企業の一つの技術発達のあり方として位置づけることができる。

　つぎに，技術的な側面を比較する。強靱鋳鉄製法とは鋳鉄鋳物の材質調整法であるが，その方法を用いて鋳鉄の強靱さやその他の特性をどの程度まで高めるかということはノウハウに属する。この方法およびノウハウとそれに適した技術が合わさることで強靱鋳鉄の製造が可能となる。

　ミーハナイト製法で製造可能な鋳鉄の引張強さは20～49kg/㎜²と広範囲であった。強靱鋳鉄（引張強さ30kg/㎜²以上）が求められた場合にミーハナイト製法の強みが発揮され，とくに工作機械用鋳物でミーハナイト鋳物が多用された。

　他方，川口鋳物メーカーで製造されていた鋳鉄の引張強さは20～30kg/㎜²と範囲が狭いが，川口の鋳物ユーザーから指定された材質はこの範囲のなかに留まっていた。ミーハナイト製法と川口鋳物工業で実践されていた強靱鋳鉄製法は材質調整法としては同一であるが，後者は技術的知識の面ではミーハナイトメタル社のノウハウを使用できず，技術の面では在来溶解炉の改良など旧来の生産設備に依存していた点で異なっている。川口の試験場で20年間にわたり実験・研究がなされたのは，独自にノウハウを確立する必要があったためであると考えられる。試験場に招かれた技術者などからミーハナイト製法のノウハウが直接使用できたならば，試験場で研究活動を展開する必要はないだろう。あるいは，ノウハウを知りえたが川口鋳物工業の技術水準には適合しなかったため，試験場で研究が必要とされたとも考えられる。いずれにしても試験場や共同研究会が川口鋳物工業の技術発達に果たした役割は大きい。

　川口鋳物メーカーが導入した強靱鋳鉄製法は，引張強さ30kg/㎜²以上を求められることが少なかった点でミーハナイト製法を簡易化した製法，あるいは川口鋳物工業の技術水準に合わせた製法として評価することができるだろう。しかも，その製法は川口鋳物市場の要求に応えうるものであった。

　以上が本章の結論であるが，川口鋳物工業でみられた共同的な技術導入が成立した根拠については必ずしも明らかでない。本章で対象とした技術導入以外にも，川口鋳物工業では1900年代に鉄道輸送を利用するための川口町停車場設

置運動が展開され（老川［1992］, pp.236-239），1920年代後半からは労使紛争と鋳物工養成への対策（柳沢［2003］, pp613-615）が地域レベルで採られるなど，業界・地域が一体となって川口鋳物工業や関連工業にかかわる諸課題に対応してきた歴史がある。共同性の成立根拠は川口鋳物工業の歴史的展開のなかで考察する必要があるだろう。

【注】

(1) 遠山［2001］, 田中［2004］などの研究が挙げられる。
(2) 川口鋳物工業については数多くの研究が重ねられてきた。尾高［1956］, 市川［1960］, 老川［1992］, 松井［1999］, 三田村［1998］, 柳沢［2003］などあるが，本章では主として市川の研究を取り上げる。
(3) 1963年に行われた通産省重工業局の調査によれば，2712事業所中，「専業」が68.8％，「兼業」が17.1％，「一貫」が14.1％である。生産量は2367千トン中，「専業」が43.8％，「兼業」が28.1％，「一貫」が28.1％である（通産省重工業局［1965］, p.14）。
(3) 本章は分析対象を少量生産鋳物メーカーに限定している。ミーハナイト製法を基礎とする強靭鋳鉄製法の導入はこの分野において導入されたからである。少量生産鋳物メーカーは基本的に手込め造型方式で鋳型を造型し，中大物鋳物の生産を主とするような鋳物メーカーである。製品分野としては船舶用や工作機械用や産業機械用などの鋳物部品に多い。
(4) 技術と技術的知識の区別，技術的知識の普及とその担い手とを区別する方法については河邑［1998］を参考にした。
(5) 1952年時点ではミーハナイト製法特許は失効し，ミーハナイト式キュポラが特許対象とされていた。それにもかかわらず，MM社とライセンス契約を結ぶ目的は，MM社に蓄積された溶解方法のノウハウの習得である。
(6) 『産地診断』に川口鋳物の製品例とその引張強さが示されている。ターレット盤27 kg/m㎡，タービンライナー23kg/m㎡，バルブ・ポンプ・シリンダーブロック19kg/m㎡，配水管，プーリー，フィルタープレス，ミシン，かまど15kg/m㎡，ミシン，ストーブ10kg/m㎡とその引張強さの範囲は10～27kg/m㎡である（埼玉県［1954］, pp.245）。

⑺　川口鋳物メーカーの従業員に対して基礎的な技術的知識を講義する講習会も行われた（埼玉県鋳物機械工業試験場編［1984］, p.37）。

⑻　1950年代の講演会テーマ・回数・参加者数については永島［2010］, p.306。

⑼　1955-70年までの質疑応答件数については永島［2010］, p.307。

⑽　1955-70年までの実地指導件数については永島［2010］, p.308。

⑾　彼らの所属企業と役職は、元日本国有鉄道技師、三和鋳造所専務取締役員、新潟鉄工所取締役製鋼工場長、三菱重工業川崎製造所鋳造鍛造工場長、日立製作所亀有工場技師、池貝鉄工所川口工場長、名古屋鋳工所社長である。

⑿　川口鋳物工業協同組合技術顧問山中昇に対するヒアリング記録［2009年8月19日］による。

【参考文献】

石野亨・加山延太郎編［1970］「日本の鋳造技術発達史」日本鋳造50年史編集室『日本鋳造50年史』日本鋳造株式会社

市川弘勝［1960］「銑鉄鋳物工業」押川一郎他編『中小工業における技術進歩の実態』東洋経済新報社

老川慶喜［1993］『産業革命期の地域交通と輸送』日本経済評論社

小田橋貞寿［1948］「川口鋳物業の労働事情」『労働問題研究　第32号』中央労働学園

尾高邦雄［1956］『鋳物の町―産業社会学的研究―』有斐閣

川口鋳物工業協同組合［2005］『まだ100年、これから100年　新生への鼓動』同組合

川口鋳物工業協同組合［1960年5月15日付］『川口鋳物ニュース』

川口鋳物工業協同組合［1953］「高級鋳物調査研究費交付に関する請願書」

川口市［1959］「職業訓練認可申請書」

川口市編［1984］『川口市史　現代資料編』同市

河邑肇［1998］「工作機械メーカーの製品開発システムと販売・サービス活動」坂本清編『日本企業の生産システム』中央経済社

埼玉県［1954］『川口鋳物工業産地診断綜合基本調査表』同県

埼玉県鋳物機械工業試験場編［1984］『創立五十周年記念誌』同試験場

埼玉県商工部［1966］『川口鋳物工業産地診断書』同県

沢井実［2010］「高度成長と技術発展」石井寛治・原朗・武田晴人『日本経済史5　高度成長期』東京大学出版会

田中幹大［2004］「中小企業と技術革新―冷間圧造技術・フォーマーの東大阪地域への普及」植田浩史編『「縮小」時代の産業集積』創風社

通産省重工業局［1965］『銑鉄鋳物工業の実態と近代化の方向』日本鋳物工業会

遠山恭司［2001］「自動車素形材産業における技術革新とサプライヤー・システム―プレス金型鋳物の事例研究―」日本中小企業学会編『中小企業政策の「大転換」』同友館

戸浪春雄他［1963］「座談会　強靭鋳鉄とその将来」『金属　第33巻第12号別冊付録』アグネ

日本強靭鋳鉄協会編［1961］『強靭鋳鉄』日刊工業新聞社

永島昂［2010］「外製少量生産鋳物メーカーの強靭鋳鉄製法導入にみられる共同性―高度成長期日本鋳物工業における多様な技術導入経路―」『中央大学経済研究所年報　第41号』中央大学経済研究所

松井一郎［1999］『地域経済と地場産業―川口鋳物工業の研究―』公人の友社

三田村佳子［1998］『川口鋳物の技術と伝承』聖学院大学出版会

三井ミーハナイト＝メタル［1996］『回想録』同社

長尾克子［2002］『工作機械技術の変遷』日刊工業新聞社

柳沢遊［2003］「川口市―新興工業都市の事例研究Ⅱ―」大石嘉一郎・金澤史男編『近代日本都市史研究―地方都市からの再構成―』日本経済評論社

（永島　昂）

第9章 地域商店街の役割

Ⅰ．はじめに

　各地域で商店街は「まちの顔」といわれるが，その顔が歪んだり消えていく地域が少なくない。「シャッター通り」とよばれる疲弊する商店街が増える一方で，土日祝日には必ずといっていいほど自動車で道路があふれかえる郊外型大型ショッピングセンターが全国に存在している。今，全国で「まちづくり」の必要性がいわれるが，これは人間が生活する場である地域社会を守り育てることである。本章では，「まちづくり」が24時間地域住民でもある商店街の商店主やその家族達によって維持されていることを明らかにすることを目的としている。

　その代表的な事例として京都市中京区にある「西新道錦会商店街振興組合」を取り上げて，近隣型商店街が地域社会に必要な存在として地域住民や自治体に認識されるために商店街が存在する役割とは何かを明確にしていく。

Ⅱ．商店街の現状

(1) 商店街調査にみる現状

　小零細小売業，飲食店，サービス業などが集積する形態が商店街[1]である。ここでは2007年3月「平成18年度商店街実態調査」全国商店街振興組合連合会（有効回答2,644）から商店街の現状を見ておこう。

　商店街の最近の景況（図表9－1）では「繁栄している」は1.6％に過ぎず，「停滞しているが衰退するおそれがある」37.6％，「衰退している」32.7％と，ほぼ7割の商店街が苦況にあえいでいる。

　図表9－2から空き店舗がない商店街は20.2％であるから，全国の4/5の商

[図表9-1 商店街の最近の景況]

全体（N＝2644）

- 繁栄している 1.6%
- 停滞しているが上向きの兆しがある 4.8%
- まあまあである（横ばいである） 22.9%
- 停滞しているが衰退する恐れがある 37.6%
- 衰退している 32.7%
- 無回答 0.4%

（出所）　全国商店街振興組合連合会『平成18年度商店街実態調査』中小企業庁

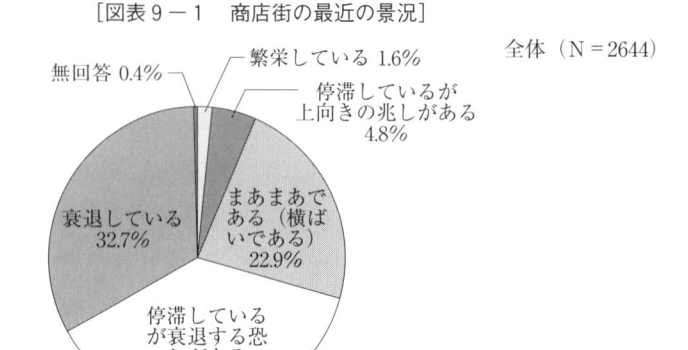

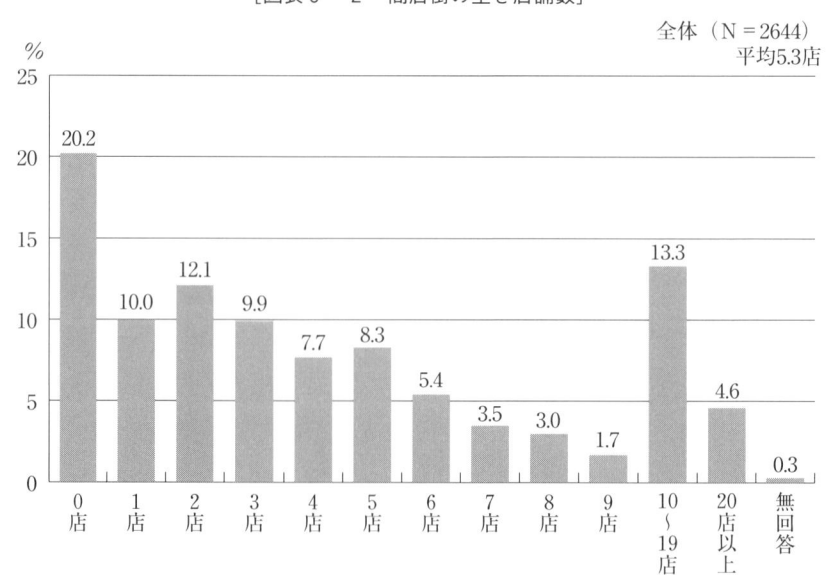

[図表9-2 商店街の空き店舗数]

全体（N＝2644）
平均5.3店

空き店舗数	割合(%)
0店	20.2
1店	10.0
2店	12.1
3店	9.9
4店	7.7
5店	8.3
6店	5.4
7店	3.5
8店	3.0
9店	1.7
10〜19店	13.3
20店以上	4.6
無回答	0.3

（出所）　全国商店街振興組合連合会『平成18年度商店街実態調査』中小企業庁

店街に空き店舗が存在していることになる。商店街の空き店舗数で最も多いのが「10〜19店」13.3％と，かなり多くの空き店舗が目立つ商店街があることが

わかる。さらに空き店舗数が「20店以上」とする商店街も4.6％存在している。この調査では空き店舗率は8.98％，平均空き店舗数は5.3店舗と前回の2003年調査以上に厳しい状況となっている。

　商店街の店をなぜ閉めて廃業したのかの理由が図表9－3である。最も多いのが「商店主の高齢化，後継者の不在」60.6％である。次いで「他の地域への移転」20.2％，「同業種との競合」17.4％，「商店街に活気がない」13.6％となっている。全国で高齢化が進んでいることは周知の事実であるが，実は商店街の経営者こそ高齢化が進んでいることが知られていない。多くの子弟が跡を継ぐことなくサラリーマン化していく中で廃業が進んでいる実態がわかる。

　ところで商店街といえば生鮮食料品を元気なかけ声をかけながら販売しているイメージがあるが，消費者は最寄り品をどこで買っているのだろうか。2005年に内閣府が行った「小売店舗等に関する世論調査」（図表9－4）では，「家に近い大型店」49.0％，「家に近い商店街・中小小売店」22.7％，「家から離れ

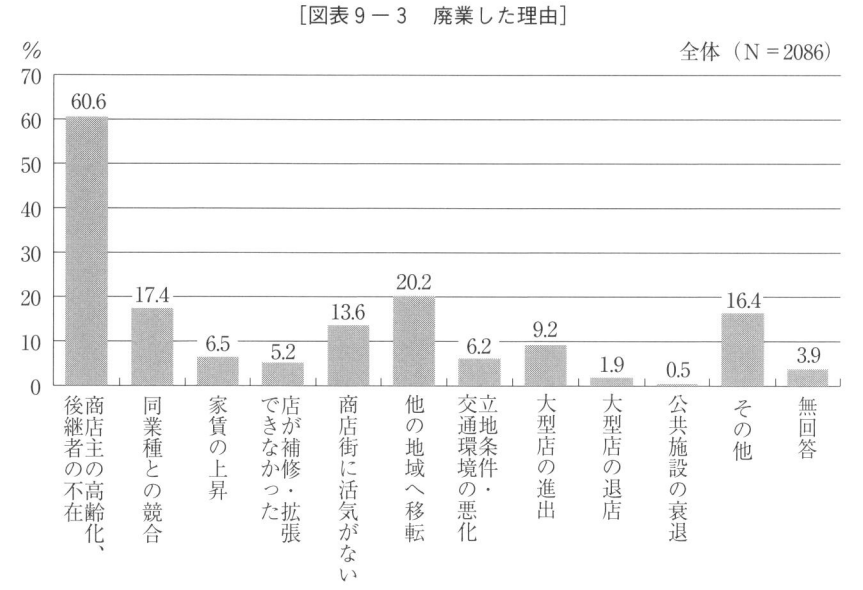

[図表9－3　廃業した理由]

全体（N＝2086）

理由	％
商店主の高齢化，後継者の不在	60.6
同業種との競合	17.4
家賃の上昇	6.5
店が補修・拡張できなかった	5.2
商店街に活気がない	13.6
他の地域へ移転	20.2
立地条件・交通環境の悪化	6.2
大型店の進出	9.2
大型店の退店	1.9
公共施設の衰退	0.5
その他	16.4
無回答	3.9

（出所）　全国商店街振興組合連合会『平成18年度商店街実態調査』中小企業庁

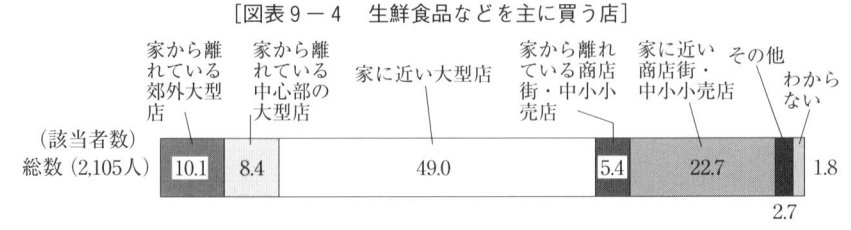

[図表9－4　生鮮食品などを主に買う店]

家から離れている郊外大型店	家から離れている中心部の大型店	家に近い大型店	家から離れている商店街・中小小売店	家に近い商店街・中小小売店	その他	わからない
10.1	8.4	49.0	5.4	22.7	2.7	1.8

（該当者数）総数（2,105人）

（出所）　内閣府［2005］「小売店舗等に関する世論調査」

ている郊外大型店」10.1％，「家から離れている中心部の大型店」8.4％，「家から離れている商店街・中小小売店」5.4％となっている。7割近くが大型店とする回答は商店街や中小小売店にはショックに違いないが，これが現実であることを認めることが大事である。

一方，同調査では新たな大型店出店の必要性についても聞いている。「必要」とする回答は40.4％であるが，「不要だと思う」とする回答は50.6％と必要を上回っている。すでに消費者はこの時点でも大型店は多すぎると考えはじめていることが分かる。あとはどうやって消費者である地域住民に商店街に足を向けてもらうかが問題である。

(2)　商業統計から見る小売業

商店街を構成する主要な業種である小売業の動向を経済産業省「商業統計」（図表9－5）から見ると，戦後一貫して増加してきた小売業事業所数は1982年の172万1,465をピークとして減少に転じている。91年には160万を割り込み，94年に150万弱となり，2002年には130万，2007年113万7千事業所まで減少してきている。1982年のピークから58万3,606事業所が減少し，減少率は34％と，25年間で1/3の小売事業所が消滅したことになる。

事業所の経営形態別に法人と個人の割合をみると82年まではおよそ法人1：個人3であったが，徐々に法人の割合が高くなっていく。94年に個人事業所数が100万を割り込み，その後も調査ごとに急激に減少していく。法人事業所は99年の60万7,401をピークとして減少に転じている。2007年には法人56万：個

[図表9－5　小売業の事業所数・従業者数・年間商品販売額・売場面積の推移]

年 (西暦)	事業所数			従業者 (人)	年間商品販売額 (百万円)	売場面積 (㎡)
		法人	個人			
1974	1,548,184	293,923	1,254,261	5,303,378	40,299,895	67,405,931
1976	1,614,067	332,238	1,281,829	5,579,800	56,029,077	74,973,890
1979	1,673,667	380,973	1,292,694	5,960,432	73,564,400	85,736,815
1982	1,721,465	435,822	1,285,643	6,369,426	93,971,191	95,430,071
1985	1,628,644	449,309	1,179,335	6,328,614	101,718,812	94,506,983
1988	1,619,752	503,728	1,116,024	6,851,335	114,839,927	102,050,766
1991	1,591,223	564,642	1,026,581	6,936,526	140,638,104	109,901,497
1994	1,499,948	581,207	918,741	7,384,177	143,325,065	121,623,712
1997	1,419,696	586,627	833,069	7,350,712	147,743,116	128,083,639
1999	1,406,884	607,401	799,483	8,028,558	143,832,551	133,869,296
2002	1,300,057	583,899	716,158	7,972,805	135,109,295	140,619,288
2004	1,238,049	578,426	659,623	7,762,301	133,278,631	144,128,517
2007	1,137,859	565,969	571,890	7,579,363	134,705,448	149,664,906

(出所)　経済産業省『商業統計表』より作成

人57万とほぼ拮抗するほどにまでになっている。

　従業者数は1970年代は500万人台から80年台に600万人台，90年台前半は700万人台，90年代後半には800万人台を記録するほどまで増える。しかし，2002年以降は調査時20万人前後の微減となり，2007年には757万9,363人となっている。年間商品販売額も97年の143兆3千億円をピークに減少しはじめ，2002年からは133～135兆円で推移している。

　しかし，売場面積は一貫して増加の一途をたどっている。事業所数がピークであった1982年9,543万㎡であったものが，2007年には1億4,966万㎡へと1.6倍の伸びとなっている。これは中心市街地にある商店街を構成していた小零細な小売商店が減少し，都市部の大型店や郊外型のショッピングセンターが増えたために引き起こした現象である。しかし，それも大型店の販売額の増加には結びつかないことも明らかになっている。近年では無店舗販売やテレビやインターネットなどを利用した通信販売などで購入する消費者が増えていることも影響している。

　図表9－6は従業者規模別の事業所数の推移を示している。街中の豆腐屋さ

んのように夫婦2人で営業している従業者数1～2人規模の零細商店は1991年84万7,200から2007年50万3,800へと34万3,400減少している。また、3～4人規模でも41万6,900から25万2,700へと16万4,200減少している。2つの規模だけで50万7,600の減少となり、同期間での小売業全体の減少数45万3,300を超えるものとなっている。統計は新規出店数と撤退した店数の差ででているから、まちの商店街を構成している4人以下の小零細商店での減少が急激に進んでいることが分かる。構成比でも1～2人規模は53.2％から44.3％へ、3～4人規模でも26.2％から22.2％へと低下している。従業者規模9人以下の小零細層の崩壊現象が見ることができる。特に90年代以降の大規模小売店舗法が規制緩和

[図表9－6　従業者規模別小売業の事業所数]

従業者規模	事業所数（千店）						
	1991	1994	1997	1999	2002	2004	2007
1～2人	847.2 (53.2)	764.8 (51.0)	709.0 (49.9)	685.0 (48.7)	603.4 (46.4)	568.8 (45.9)	503.8 (44.3)
3～4人	416.9 (26.2)	370.9 (24.7)	350.3 (24.7)	317.2 (22.5)	297.6 (22.9)	284.1 (22.9)	252.7 (22.2)
5～9人	214.0 (13.4)	222.5 (14.8)	212.4 (15.0)	226.8 (16.1)	218.7 (16.8)	207.7 (16.8)	201.8 (17.7)
10～19人	71.9 (4.5)	89.6 (6.0)	93.5 (6.6)	111.9 (8.0)	114.8 (8.8)	112.4 (9.1)	114.4 (10.1)
20～49人	33.1 (2.1)	42.0 (2.8)	43.3 (3.0)	51.9 (3.7)	50.7 (3.9)	50.2 (4.1)	49.6 (4.4)
1～49人	1,583.1 (99.5)	1,489.9 (99.3)	1,408.5 (99.2)	1,392.8 (99.0)	1,285.1 (98.8)	1,223.1 (98.8)	1,122.3 (98.6)
50人以上	8.1 (0.5)	10.1 (0.7)	11.2 (0.8)	14.1 (1.0)	14.9 (1.1)	14.9 (1.2)	15.5 (1.4)
合計	1,591.2	1,499.9	1,419.7	1,406.9	1,300.1	1,238.0	1,137.9

資料：経済産業省「商業統計表」
(注) 1. 1991年の数値については1984年1月改訂の、1994～1999年の数値については1993年5月改訂の、2002～2004年の数値については2002年3月改訂の産業分類により集計されている。
　　 2. 1999年調査は、総務省「事業所・企業統計調査」との同時調査（調査票は両調査共通の簡易な様式）で実施し、既設の対象事業所の捕そくを行っていることから、それ以前の数値との連続性はない。
　　 3. 「事業所数」について、1999年以前では「商店数」と表記されているが、内容に変更はない。
(出所)　経済産業省「中小企業白書2009年版」p.384

Ⅲ．西新道錦会商店街の概要

　西新道錦会は，京都市西部の繁華街四条大宮から四条通りを西に約1キロほど，京都駅から北西に約4Kmの中京区の南西部に位置している。ここは幕末に活躍した「新選組」の屯所のあった壬生地域である。

　また，京友禅（板場型染め）の中心的産地でもあり，職住混在の職人の町でもある。しかし，オイルショック以降，急速に和装産業が落ち込み，京都府の和装産業の出荷額は70年代を100とすると1/5程度の出荷額へと落ち込み，職人層を主な顧客としていた西新道錦会にとっても厳しい状況となっている。

　商店街の商圏は西新道を中心に周囲の路地に展開する店舗を含む6角形の商店街の半径1.2Km圏内に1万2千世帯4万人である。

　商店街の構成は122店で，組合費は1組合員月額12,800円である。組合費は一律であり，組合の財産運営，事務局の維持から考え出された金額で長い間変わっていない。

　組合組織は理事長の下に5人の副理事長がおり，彼らが4つの常設委員会（売出事業委員会，文化厚生・教育情報委員会，総務・組合管理委員会，経済管理委員会）とプロジェクト型委員会（カード事業推進委員会，ファックスネット事業委員会など）の委員長を務める。理事は28人，他に委員会の役員を加えて総勢は50人程度で運営されている。これらの委員会が年間におよそ40以上の商店街事業を計画し実施する母体となる。

　委員会では毎年，継続する事業と新規事業を2つ実施している。この新規事業は単なる思い付きや補助金だのみの単年度事業ではなく，2年から5年かけて委員会で検討を加え，組合員への説明会，討議といった組合員とのキャッチボールを経て初めて合意形成がなされる。組合員からの提案があれば積極的に可能性の追求し，組合員の4人に1人が集金や宣伝の原稿集めなど，何らかの商店街事業に関わった仕事を分担し，あらゆる意見が理事会・三役会議に反映

されている工夫がなされている。

　さらに商店街役員は24時間地域住民として自治会，老人会，PTAなど地域社会組織で役員や世話役などをすることで地域住民の意見を聞くことができる。地域住民の意見を取り入れた組合事業を可能にすることも可能にしている。

　これらの組合事業は組合員の売上増加につながるかどうかではなく，地域住民が商店街を信頼して足を運んでくれるかどうかを第1に考えられる。そのため組合事業は一斉全員参加型ではなく，安藤理事長[2]の言を借りると「総論賛成，各論は選択自由方式」「どれかの指にとまれ方式」という，自分の店が参加できる事業ごとに，個店が選択して参加することができることを保障している。

　また，事業継続が顧客の信頼を高めるとの信念から，補助金がきれると事業も終了ということに陥らないように，個別事業はすべて独立採算制で実施されている。単年度の補助金などは事業立ち上げ時のイニシャルコストに当てている。

　商店街の組織には本会以外にも，業者婦人のための「婦人部」，2世を含め40歳代までの「青年部」，そしてリタイアした先代の「シルバー部会」などの組織も活発な活動を続けるように年間予算を組んでいる。安藤理事長も青年部長から本会理事長への抜擢だったそうだ。

Ⅳ．西新道錦会の事業内容

　ここでは西新道錦会の実施している40以上の組合事業から主要な2つの事業を紹介しておこう。世間に西新道錦会の名前を知らしめたICカード「エプロンカード」は，すでに北海道，長野県，神奈川県の10商店街でも導入されている。

(1) エプロンカード事業

　1988年から西新道錦会ではプリペイドカード事業の検討に入り，大手の電機

メーカーに協力を要請したが，当時は商店街独自のカード導入については，どのメーカーも門前払いであった。90年に中小企業庁「中小小売カード化推進事業」募集に応募し，西新道錦会が認定を受けることができた。大手電機メーカー沖電気の協力を得て，商店街カードの実現が現実味を帯びてきた。そして92年4月に7つの機能を持ったエプロンカードの使用がはじまった。その7つの機能とは，

① プリペイド機能は前払金額に4％のプレミアムをつける。（1万円入金で1万400円使える）
② ポイント機能は現金支払いの時，100円について2ポイントつく。1ポイント1円で使える。組合員からは1.25円徴収し，差額をカード運営費とする。
③ 掛売り機能としてカードに残額がなくとも買い物ができる。
④ クレジット機能としてVISA，日本信販と提携している。
⑤ 地元金融機関のキャッシュカード機能もあり，プリペイドカードに口座からの入金ができる。
⑥ 家計簿機能は加盟店での買い物データを打ち出してもらえる。
⑦ ダイレクトメールでの情報提供機能

である。

　1999年11月には新システムを導入しており，電子マネー実験を行っている。同時に従来のICカードを大容量16KBへと切り替えている。このカードはアプリケーション追加削除自由という大日本印刷の「スタンダード9」であり，ホストコンピューターは組合事務所にあるサーバーとクライアントパソコン4台で構成されている。ホストと加盟店の端末機とは夜間バッチ処理によるデーター交信で行っている。日次・月次処理を行い，加盟店に集計データが送信される。データは金融機関にも送信され，毎月10日，20日，30日の3回，金融機関から加盟店の口座に代金が振り込まれる仕組みになっている。加盟店にとっては資金運用が計画的にできるようになったとの声もある。
　加盟店は設置型端末機と携帯端末機を使って，端末機が消費者に近づくこと

で，日々の買い物がカードで決済できることから高齢者にも受け入れられている。

　カード加盟店には95年から地域のスポーツクラブが加わり昼間半額割引利用が可能である。また，離れた丹後の海水浴場の海の家でもエプロンカードは利用もできる。

(2) ファックス・ネット事業

　NHKでも商店街復活の決め手として紹介されたファックス・ネット事業であるが，西新道錦会ではファックス・ネット事業で地域の700世帯を組織している。ファックスは月2万円のエプロンカード利用があれば無料で借りられるが，買取，レンタルなど多様な方法から利用者が選ぶことができる。主なサービスは週1回に抑えられている組合員の商品情報の提供，顧客からのファックスによる注文受けは，主に独居高齢者や共働き家庭などに好評である。

　ここでも独立採算制が図られ，組合員は事務局に流したい情報を持ち込み，1件当たり20円の手数料を支払う。各世帯に流された情報にたいして注文が事務局に入る。事務局が注文を整理して，各店舗に発注する。この時，20円と買い物金額の5％がファックス・ネット事業の運営資金となっている。配達は商店の奥さんや地域の主婦のパートやボランティアで対応している。

　その他に近隣の医院，病院の予約，少年野球やママさんバレーなど地域情報，行政情報の取りこんだ「エプロン情報ボックス」サービスの提供等を行なっている。エプロン情報ボックスはエプロンカード用のホストコンピューターが昼間はあいているところに目をつけたものである。ファックス・ネットは地域社会生活の利便性，地域コミュニケーションネットワークをより緊密にするために設けられたものであり，ファックス注文・宅配での儲けを目的としていない。あくまでも顧客である地域住民と商店街との精神的距離を近づけることが目的である。

Ⅴ. 西新道錦会のはたす地域社会への役割とは

(1) 高度情報化社会と超高齢社会への武器「エプロンカード」＝利便性

　安藤理事長の提唱する「21世紀に生き残る商店街づくり」は「高度情報化社会」と「超高齢社会」への対応がキーワードとなっている。

　商店街がこの２つの大変化に対応することで，はじめて地域住民に信頼される商店街となることができ，また自治体への提案型要求を実現させているのである。

　全国の商店街に先んじて1992年に導入されたICカード「エプロンカード」，97年からの生活情報ネットワークとしての「ファクス・ネット」など情報化戦略の先端を行く諸事業が，カラー舗装のハード事業で相談に行った京都市担当課長がソフト事業を提案してくれたことがきっかけとなり，高度情報化社会への対応の武器としてICカードを手に入れ，入金に伴う４％という高いプレミアムはじめとする「７色の機能」を付けて地域消費者の「囲い込み」に成功している。

　また，ICカードは超高齢社会への対応し，店頭での細かい小銭の出し入れをせずに喜んでいるのは，ほかならぬ高齢者なのである。さらに，ICカードのシステムを利用したファックス・ネットによる宅配サービスも足腰が弱っている高齢者にとっての福音ともいえる便利さを提供していることはNHKの番組で全国に紹介され，他の商店街でも取り入れていることからも明らかである。

　ここに西新道錦会振興組合の第１の秘密として地域住民・消費者への「利便性」提供がある。「利便性」とは顧客が求めている一時的なニーズではなく，地域に存在している長期的かつ構造的ニーズをつかむために，毎日繰り返される顧客との接触に目的をもち意識的に，相互理解を求める接触を通じて，個々の顧客の生活行動などまでを把握して，商品・サービスを提供する努力をする事をいう。

　スーパーの持つ利便性に対抗する武器として西新道錦会では地域の顧客の囲い込み策として選んだのがICカードであった。西新道錦会の成功を見てIC

カードを導入した商店街は他地域にも存在しているが，他の商店街と西新道錦会との違いは商店街事業の種類の豊富さにある。つまり，ICカードの持つ機能だけに安住するのではなく，顧客への利便性の提供の一つがICカードの導入であることを見落としてはならない。現在，年間43の商店街事業を行っている西新道錦会振興組合だからこそ，ICカードによる消費者への利便性提供が生きているのである。高齢者給食サービス事業による昼食会の開催や地域情報を提供するファックスネットも，地域の顧客への利便性追求から生まれてきているのである。

(2) 利便性を生み出す「商店街・町内民主主義」の保障＝社会性

　商店街活動は，理事会における4つの常設委員会およびプロジェクトごとの専門委員会が，おのおの年間8つのイベント(現在は43事業)を計画・実行し，その決定権はその委員長（副理事長）に委譲され，事業は単年度での独立採算制で運営されている。

　1つの委員会にはおよそ10名の組合員が参加しており，議論と意思決定への参画を保証されている。専門委員会，理事会での徹底した議論だけでなく，組合員への説明と意見の吸い上げといった，商店街事業に関する「仮説」と「検証」が徹底されていることは，1つの新規事業に2年〜5年の議論を重ねて始めて事業化していることからも明らかである。

　また，商店街内部には商店主による理事会の他にも，40歳台までの後継者を中心とした青年部会，業者婦人のための婦人部会，仙台を中心として65歳以上のシルバー部会といった組織が存在し，個別店舗の経営者だけでない家族にも，商店街活動への参加を保証している。

　青年部，婦人部，シルバー部会は単なる理事会の下請けではなく，1つの組織として年間50万円ずつの予算をつけ，青年部，婦人部の活性化やコミュニケーションを図る事業を行う。そこでの学習，研究は商工会議所，団体中央会，行政からの補助金をうけて実施している。

　全国の商店街では，経営者の多くが店舗と離れた地域に住居を構えているこ

とが多くなっているが，西新道錦会の経営者と家族は職住一致か同じ町内に居住し，地域の様々な町内活動にも参加することで地域住民である顧客との接点を商売以外にも確保することにより，地域住民の要望を肌で感じながら住み続けられるまちづくりを目指した利便性の高い商店街活動を実施できるのである。

　ここに西新道錦会の第2の秘密である「社会性」をみることができる。商店街の中小小売業・サービス業・飲食店は地域に集積して存在して，日々に顧客との対面販売が維持されている。これが地域コミュニティー＝地域社会の崩壊を食い止めている力ともなっている。

　また，商店街が活きているまちでは日常的交流に始まり，自然のうちにイベントを担う事が出来る能力を持った人々の社会組織が展開することになる。大人子供を問わず，地域の人間の健全な成長や生活には24時間住民としての中小小売業者は必要な存在であり，大型店にその代役は期待出来ない。

　地域住民が今ある「まち」に住み続けたいと思い，商店街経営者はいま買い物にきてくれている顧客が住みつづけられるまちを維持しようとすることから，商店街が積極的にまちづくりを提案していくことができる。そこでの議論を保証する「商店街・町内民主主義」を保障することが重要になってくる。

(3) 仲間づくりと新規事業開拓＝創造性

　京都市街地の地図にエプロンカード加盟店をプロットしてみると，西新道という南北にのびるストリート1本だけでなく，東の中新道，東新道に止まらずより東側の山陰線周辺にも広がりを見せており，「大壬生（だいみぶ）商業地域」の広域商店街として活動していることがわかる。

　これを可能にしているのは，高度情報化社会への対応策として導入したICカード事業としてのエプロンカードに他ならない。商店街の物販，飲食，サービス業者だけでなく，外部の小売店，近隣のフィットネス・クラブ，日本海に面した海の家といった新しい仲間をも引き込むことで，地域の顧客に一層の利便性を提供できる組織となりつつある。

また，1999年11月からの新システムの導入は，ICカードの情報量を飛躍的に拡大することにより，現行の7色の機能に一層の機能を付加することを可能にしている。地域のケーブル・テレビを利用して，エプロンカードによる電子決済を可能にするシステムをも導入している。それは地域のケーブルテレビを介しての商品供給システム構築であり，ケーブル・テレビのネットワークの広がりとともに，より広範囲の顧客にも商店街情報だけでなく，生活支援情報，地域情報を双方向でやり取りすることが可能となっている。

　安藤理事長は，この新システムと異業種交流による仲間づくりにより，ファックス・ネットを通じた宅配サービスをはじめとして生活支援情報を一層充実させ，さらに新規事業開拓・新商品開発が活発になると踏んでいる。

　ここから西新道錦会の第3の秘密である「創造性」が見えてくる。それぞれの地域生活に密着した地域商店で生産・販売されているものに人気があることは日々の生活の中で実感されている。たとえば，「かどの八百屋は京野菜を取り扱っている。」，「この店のフランスパンは一日何本しか創らないがとてもおいしい。」，「あの肉屋のコロッケはすぐに売り切れる」，「そこのラーメン屋はいつも行列ができている」など，ほとんどが中小小売店・サービス業・飲食店であり，彼らは販売だけでなく，一定程度生産を担いながら地域住民を喜ばせる創造性を持っているといえる。

　個店レベルでの創造性だけでも大きなものがあるうえに，商店街となれば個店の集合体として，より以上の知恵とアイデアが生み出されるはずである。43にもおよぶ商店街事業への創造性の発揮が，内部の個店のバックヤードとして集客力を生み出し，個店の経営にも良い影響を与えることになる。これが商店街としての創造性である。

(4) 組合員への「負担の原則」＝経済性

　西新道錦会では商店街をバックヤードとした個店レベルの営業活動を保証するために組合員の「負担の原則」を明確にしている。事業の原資は組合費1ヵ月12,800円であり，事業によって個店の売り上げが確保できていることを意識

させることになる。ICカードも加盟店からは5％の手数料を取っている。顧客への還元率4％と加盟店からの手数料率5％の差額の1％をプレミアムの拡大などサービスや販売促進に回しているという。現在，ICカードには年間3億円の入金があるので，販促費として使えるのは年間300万円である。ファクス・ネットを販売促進に利用することにしたのは，通常の折り込みチラシがB3サイズで1枚約20円なのに対し，NTT，KDDIなど料金は異なるものの電話回線を使用した方が半分以下で済み，コストが安いからという。

このように西新道錦会での43事業はそれぞれが独立採算制をとり，単年度決済を行う。決算の結果どれだけの利益が上がったか，どれだけの商店街組合員の売上に貢献したか，顧客の満足につながったか（アンケートを実施）などが，次年度以降継続されるかどうかの分かれ目となる。

このように西新道錦会の商店街事業は「経済性」が重視されている。この経済性が西新道錦会の第4の秘密である。

地域商店街の中小小売店・サービス業・飲食店での購買行動では，資金が他の地域に逃げていかない。商店街の中小小売店などは地域の卸問屋から仕入れ，地域の最終消費者や同業者（小売店，飲食店）に販売され，地域の信用金庫・信用組合などの地域金融機関に預金され，それが地域の他の中小商工業者に貸し出されていく。

西新道錦会のような活気ある商店街は，年間に様々なイベントを開催するが，地域の顧客からの売上金は，その顧客に還元するためのものとなっている。地域内での資金循環があればあるほど，その地域は一層豊かなものとなっていく。

(5) 自治体への提案と連携＝公共性

西新道錦会では「商店街民主主義」の中で，自分たちができること，できないことを明確にしている。そして，できないことには自治体に具体的な要望を提案し，政策に取り入れさせている。

介護保険制度実施前から商店街に「訪問看護センター」「ホームヘルパー基地」を設置する構想など，地元自治体に対して地域住民への福祉活動として商

店街が何ができるかを提案しつづけている。これらの提案型要求に対して，自治体側で商工行政，福祉行政が縦割りのため，十分に対応し切れていないのは皮肉としか言いようがない。

でも行政の立ち後れを嘆くのではなく，西新道錦会では地域ボランティアと共同しての高齢者向け弁当づくりと会食・配達などをいち早く実践し，実際の活動を開始することで行政の尻をたたくことも忘れていない。介護保険制度のもとでも，制度の外におかれている地域住民へのサービスを商店街事業としてボランティアと協力しながら実践している。

安藤理事長は西新道錦会のスローガンとして「21世紀に生き残ろう」を提唱し，空き店舗を作らないことを自らに課してきている。どうしても空き店舗がでるときは商店街が買い取ったり，新規開業する人や店舗を借りたい人に紹介することでシャッターをおろさせない方策をとっている。

これらの活動は西新道錦会が持っている利便性，社会性，創造性，経済性の成果として初めて可能となる「公共性」の発現形態といえる。これからの商店街が地域住民・消費者に対して購買機会を提供する役割だけでなく，地域での生き方を提供できる，生き続けていくことを可能にする様々な要求に応えることのできる公共性のある存在となることが必要なのである。その公共性の高い事業を実行している西新道錦会を地域住民が高く評価するのは当然といえよう。

Ⅵ. おわりに

京都の西新道錦会を事例にして，近隣型商店街の21世紀生き残り戦略を述べてきた。利便性，社会性，創造性，経済性，公共性と5つの機能が地域の商店街にはあり，それを武器に地域住民とともに地域で共生し，住民と協働していくことが商店街の役割であり，地域社会の維持・発展につながることになる。

「買物難民」の存在が帯広畜産大学教授杉田聡氏[3]から提起されている。大型店による商店街の衰退など近隣で買物が出来ない高齢者が急増しているとす

る指摘は切実な問題であり，この現象は地方から都市部に広がりつつある。

　また，全国の大学が商店街と協働してのまちづくりを模索し始めている。西新道錦会では地元の京都産業大学，立命館大学などとも連携し，研究者・学生の意見を聞きながら21世紀の生き残りを検討しつつある。大学を始め高校（職業系を含む）や中学などでも商店街の持つ地域の「教育力」を学生・生徒の学習教材としながら，商店街と一緒になってまちづくりに取り組む事例が増えてきている。教育機関と商店街との連携が商店街の21世紀生き残り戦略の１つとして重視される時代となっている。

　さらに，2009年７月８日「地域商店街活性化法」（商店街の活性化のための地域住民の需要に応じた事業活動の促進に関する法律）が国会で可決され，８月１日には施行されている。同年10月には全国19カ所の商店街で第一次認定がなされている。2009年の補助金42億円，最大補助率2/3と破格の待遇である。そのため同年８月30日（日）の衆議院総選挙をにらんだ自民党による「商店街絡め取り」作戦といわれている。しかし，それを先取りする形で多くの商店街活動を行っていたのが西新道錦会商店街であったことは読者にはすでにご理解いただけたと確信している。本当の地域商店街の役割を果たている商店街こそが21世紀を生き残る存在であり，手厚い政策対象となるべきであることを再確認して本論をまとめることにする。

【注】

⑴　一般に小売店や飲食店サービス業などが集積している地域や通りを「商店街」というが，その形態は法律に基づく組合として①商店街振興組合と②事業協同組合がある。また，「商店会」と表記されることが多い③任意団体の３つがある。全国商店街振興組合連合会調べによると，商店街振興組合2,434組合，事業協同組合1,073組合，任意団体9,815の合計13,322の「商店街」があるとされている。

⑵　大変残念なことだが，理事長であった安藤氏は2009年５月急逝された。後継の理事長には畑宏治氏が就任し，安藤氏の意志を受け継ぎ商店街活動に邁進されている。安藤氏のご冥福をお祈りすると同時に，今後の西新道錦会商店街の発展に期待したい。

(3) 杉田聡著『買物難民』大月書店2008年を参照されたい。

【参考文献】

八幡一秀ほか［1999］『21世紀に向かってまいどおおきに——西新道錦会商店街の挑戦』自治体研究社

小川雅人ほか［2008］『地域商業革新の時代』創風社

杉田聡［2008］『買物難民』大月書店

（八幡　一秀）

第10章 地域における中小建設業

I．はじめに

　リーマン・ショックがもたらした日本経済の急速な不況局面に対して，これまでの金融と外需依存の経済発展から内需型経済への移行が各方面で議論されている。自民・公明政権に代わる民主党中心の政権では従来型の財政投入による公共事業の大盤振る舞いではなく，痛めつけられた国民の家計を暖め，疲弊した地域経済を振興させることが期待されている。建設業界からは公共事業の拡大を求める声が強いが，内需拡大に向けて公共事業はどうあるべきか，また建設産業を地域産業としてどう位置づけ，地域経済の振興にどう役立たせていくのか，地域における中小建設業の振興のためには何が必要か，など以下に小論を述べてみたい。

II．建設産業とはどんな産業なのか

　建設産業といった場合の世間一般のイメージは決して良くない。その原因はさまざまあるが，業界内では政・官との癒着や談合にその原因を求めている。確かに建設産業に対する国民の不信は大きい。しかし，この場合は比較的大手ゼネコンに向けられた悪感情だろう。より一般的には賃金が安く，働く環境が悪く，仕事はきつく，落ちこぼれ者が従事する産業というイメージがあるのではないだろうか。

　最近の建設業団体の調査によると，建築や土木技術を勉強した高校生や大学生が就職先を建設業界に求めないで，公務員や不動産，金融関係に求める者が多いようだ。その最大の理由が建設業界の低賃金，長時間労働という労働条件なのだ。欧米の先進国でも建設産業の人気は良くないが，賃金が低いことが不

人気の一番の原因となっているのは日本だけのようだ。

　では建設就業者の労働時間や賃金はどんな実態なのか。2006年の年間総労働時間をみると，全産業平均（生産労働者のみ）が1,842時間に対して，建設就業者は2,088時間と年間246時間も長い。にもかかわらず年間賃金総額では全産業平均（同上）556万円に対し，建設就業者は416万円と140万円も少ない。（図表10－1参照）

　そのような建設産業の就業者はどれほどいるのか。2010年11月現在約488万人（総務省労働力調査）となっている。日本の就業者総数（6,252万人）の7.8％ということになる。主要産業別にみると，卸小売業(1,055万人)，製造業(1,049万人)，医療・福祉（665万人）に次いで4番目に就業者の多い産業である。就業者数から見る限り建設産業は日本の主要産業なのだ。一方，建設就業者を年齢別に推移を見てみると，10歳代～20歳代がどんどん減少し，50歳代以上の建設就業者が4割以上を占めている。近い将来，建設就業者の半数近くが年金世代となる可能性がある（図表10－2参照）。このままでは産業の持続的発展どころか，技術・技能の継承もなく働き手のいない産業として，産業そのものが内部から瓦解する可能性すらある。

　次に建設業の産業構造についてみてみたい。建設業は非常に裾野の広い産業だ。2010年3月末現在の全国の建設業許可業者数は513,196業者となっている。これを資本金階層別にみてみると，個人及び資本金額が3億円未満の中小企業は510,217業者となっており，建設業許可業者数全体の99.4％を占めている。このうち，資本金5,000万円未満の主に地域に根ざす中小建設業者数は496,012業者と全体の96.7％を占めている。一方，資本金100億円以上のいわゆる大手の建設・設備業者は384業者で全体のわずか0.1％を占めるに過ぎない。建設業の業者階層で見る限り，建設産業はほんの一部の大手業者を頂点にした非常に裾野の広い産業である。しかもその圧倒的多数は地域に根ざす中小零細業者である。その面では建設産業はそもそも地域産業であるといえる。

　建設産業のもう一つの構造的特徴はその生産システムが重層下請構造によって成り立っていることである。

第10章　地域における中小建設業　171

[図表10－1　建設就業者の労働時間と賃金の推移]

1．年間総労働時間の推移
（時間）

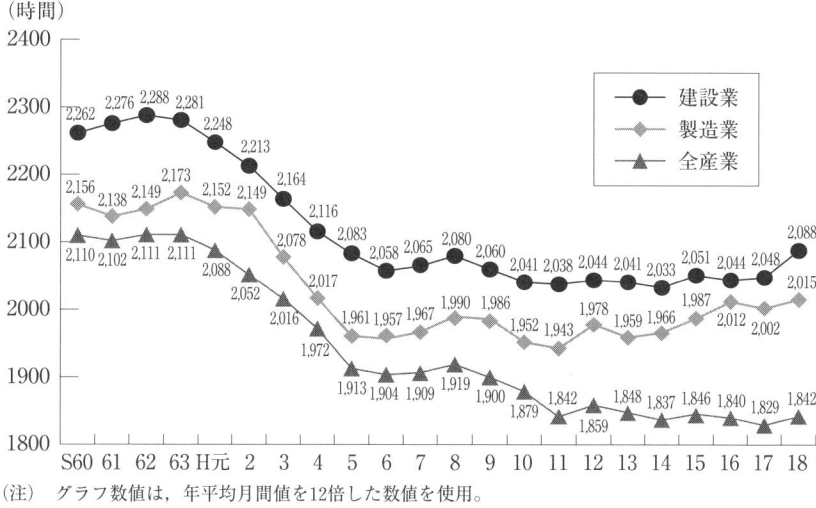

建設業：2,262, 2,276, 2,288, 2,281, 2,248, 2,213, 2,164, 2,116, 2,083, 2,058, 2,065, 2,080, 2,060, 2,041, 2,038, 2,044, 2,041, 2,033, 2,051, 2,044, 2,048, 2,088

製造業：2,156, 2,138, 2,149, 2,173, 2,152, 2,149, 2,078, 2,017, 1,961, 1,957, 1,967, 1,990, 1,986, 1,952, 1,943, 1,978, 1,959, 1,966, 1,987, 2,012, 2,002, 2,015

全産業：2,110, 2,102, 2,111, 2,111, 2,088, 2,052, 2,016, 1,972, 1,913, 1,904, 1,909, 1,919, 1,900, 1,879, 1,859, 1,848, 1,837, 1,842, 1,846, 1,840, 1,829, 1,842

（S60, 61, 62, 63, H元, 2, 3, 4, 5, 6, 7, 8, 9, 10, 11, 12, 13, 14, 15, 16, 17, 18）

（注）　グラフ数値は，年平均月間値を12倍した数値を使用。
（出所）　毎月勤労統計調査（事業規模30人以上の調査）（厚生労働省）

2．生産労働者の年間賃金総支給額の推移
（単位：千円）

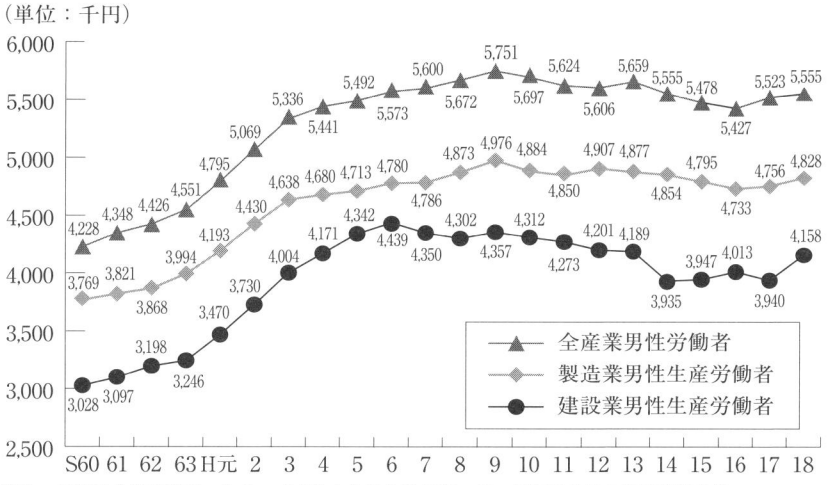

全産業男性労働者：4,228, 4,348, 4,426, 4,551, 4,795, 5,069, 5,336, 5,441, 5,492, 5,573, 5,600, 5,672, 5,751, 5,697, 5,624, 5,606, 5,659, 5,555, 5,478, 5,427, 5,523, 5,555

製造業男性生産労働者：3,769, 3,821, 3,868, 3,994, 4,193, 4,430, 4,638, 4,680, 4,713, 4,780, 4,786, 4,873, 4,976, 4,884, 4,850, 4,907, 4,877, 4,854, 4,795, 4,733, 4,756, 4,828

建設業男性生産労働者：3,028, 3,097, 3,198, 3,246, 3,470, 3,730, 4,004, 4,171, 4,342, 4,439, 4,350, 4,302, 4,357, 4,312, 4,273, 4,201, 4,189, 3,935, 3,947, 4,013, 3,940, 4,158

（注）　年間賃金総支給額＝きまって支給する現金給与額×12＋年間賞与その他特別給与額
　　　きまって支給する現金給与額＝調査基準月に支給された現金給与額（所得税，社会保険料等を控除する前の額）で，基本給，職務手当，精皆手当，通勤手当，家族手当，超過勤務手当を含む。
（出所）　賃金構造基本統計調査（10人以上の常用労働者を雇用する事業所（厚生労働省）

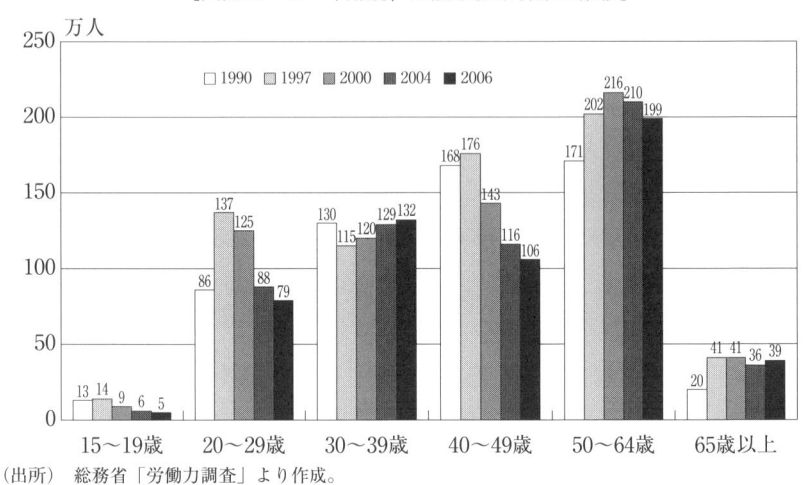

[図表10−2　年齢別，建設業就業者数の推移]

年齢	1990	1997	2000	2004	2006
15〜19歳		13	14	9	6	5
20〜29歳	86	137	125	88	79
30〜39歳	130	115	120	129	132
40〜49歳	168	176	143	116	106
50〜64歳	171	202	216	210	199
65歳以上	20	41	41	36	39

(出所)　総務省「労働力調査」より作成。

[図表10−3　資本金別建設業許可業者数（2010年3月現在）]

【資本金階層別の許可業者数，構成比，累積構成比】

●資本金階層の別	許可業者数	構成比	累積構成比
①個人	107,920	21.0%	21.0%
②資本金の額が200万円未満の法人	4,624	0.9%	21.9%
③資本金の額が200万円以上300万円未満の法人	1,127	0.2%	22.1%
④資本金の額が300万円以上500万円未満の法人	123,051	24.0%	46.1%
⑤資本金の額が500万円以上1,000万円未満の法人	66,657	13.0%	59.1%
⑥資本金の額が1,000万円以上2,000万円未満の法人	129,032	25.1%	84.2%
⑦資本金の額が2,000万円以上5,000万円未満の法人	63,601	12.4%	96.6%
⑧資本金の額が5,000万円以上1億円未満の法人	11,296	2.2%	98.8%
⑨資本金の額が1億円以上3億円未満の法人	2,909	0.6%	99.4%
⑩資本金の額が3億円以上10億円未満の法人	1,509	0.3%	99.7%
⑪資本金の額が10億円以上100億円未満の法人	1,086	0.2%	99.9%
⑫資本金の額が100億円以上の法人	384	0.1%	100.0%

(出所)　国土交通省「建設業許可業者数調査の結果について」

　2008年度の建設業の外注費比率（外注費／国内完工高）をみると，平均外注費率は44.7％となっている。つまり，全体完成工事高のうち，約45％は工事を

[図表10－4　外注費比率]

(単位：％)

業種	個人	法人								合計	増減	H17年度
		500万円未満	500万円以上1000万円未満	1000万円以上3000万円未満	3000万円以上5000万円未満	5000万円以上1億円未満	1億円以上3億円未満	3億円以上10億円未満	10億円以上			
一般土木建築	19.7	30.6	20.0	46.0	49.5	53.3	49.6	69.0	59.4	56.2	19.6	36.6
土木	17.7	29.8	23.6	31.7	36.2	42.1	35.9	42.8	32.9	33.6	10.6	23.0
建築	26.9	45.8	40.4	56.6	53.4	55.5	52.9	57.1	64.4	59.1	16.0	43.1
木造建築	20.5	28.8	31.8	38.7	51.2	39.5	20.1	54.8		36.1	1.3	34.8
職別	27.5	31.3	25.2	35.0	41.9	42.6	48.0	22.0	25.4	34.7	5.6	29.1
設備	21.4	24.0	22.9	34.2	39.2	45.9	41.5	34.6	24.9	32.1	6.6	25.5
合計	23.1	32.5	27.9	39.9	43.8	48.7	46.0	49.5	53.4	44.7	14.1	30.6
増減	▲3.9	5.5	0.4	5.6	6.8	7.0	2.3	6.3	7.2	14.1		
H17年度	27.0	27.0	27.5	33.7	37.0	41.7	43.7	43.2	46.2	30.6		

(注)1. 外注費比率＝外注費／国内総完工高
　　2. 外注費とは，建設業法に基づいて毎年提出している「外注費」のこと
　　3. 未記入・無効回答企業を除く
(出所)　国土交通省「2008年度建設業構造基本調査」より

下請業者に依存している。特に資本金階層別に見ると，資本金10億円以上の業者では完工高の53.4％が外注費となっており，資本金階層が高くなるほど下請依存度が高くなっている（図表10－4参照）。また，業者の元請・下請状況をみた企業の階層分布では，一年間まったく下請で工事をしたことのない企業の比率は17.5％となっている。下請を経験した比率が50％未満の企業は30.7％，下請を経験した比率が50％以上100％未満の比率は51.9％となっている。特に資本金1000万円未満の小零細業者では過半数以上の企業がほとんどの工事を下請として携わっている。しかも下請次数は一次下請だけでなく，二次下請，三次下請と重層化している（図表10－5参照）。

Ⅲ．「構造改革」下の公共事業と建設産業の関係

　次に，今日の建設産業，特に地域に根ざす中小建設業者が「構造改革」路線のもとでどのように痛めつけられてきたのかをみてみたい。
　最初に，小泉内閣が登場する直前の2001年3月時点と2008年3月時点の8年

[図表10－5　下請比率，下請次数別の企業分布状況]

(単位：社，％)

業種	下請比率	下請次数	個人	法人 500万円未満	500万円以上 1000万円未満	1000万円以上 3000万円未満	3000万円以上 5000万円未満	5000万円以上 1億円未満	1億円以上 3億円未満	3億円以上 10億円未満	10億円以上	合計
合計	0％		9,847 (29.7)	4,921 (12.2)	4,332 (19.9)	10,755 (15.2)	1,580 (12.7)	515 (12.9)	94 (13.7)	25 (13.9)	11 (5.1)	32,080 (17.5)
	0％超50％未満		7,760 (23.4)	7,671 (19.0)	4,846 (22.2)	26,841 (37.9)	6,513 (52.3)	2,025 (50.6)	359 (52.2)	114 (62.8)	175 (83.7)	56,304 (30.7)
	50％以上 100％以下		15,581 (46.9)	27,767 (68.8)	12,636 (57.9)	33,205 (46.9)	4,358 (35.0)	1,465 (36.6)	234 (34.1)	42 (23.3)	23 (11.2)	95,314 (51.9)
		一次下請	10,320 (31.1)	17,922 (44.4)	8,556 (39.2)	25,123 (35.5)	3,583 (28.8)	1,249 (31.2)	201 (29.3)	39 (21.4)	23 (11.2)	67,017 (36.5)
		二次下請	3,204 (9.7)	7,210 (17.9)	2,933 (13.4)	6,606 (9.3)	669 (5.4)	189 (4.7)	32 (4.7)	2 (1.3)		20,845 (11.3)
		三次以下下請	1,328 (4.0)	1,922 (4.8)	961 (4.4)	989 (1.4)	64 (0.5)	14 (0.4)				5,278 (2.9)
			33,189 (100.0)	40,358 (100.0)	21,816 (100.0)	70,801 (100.0)	12,451 (100.0)	4,006 (100.0)	687 (100)	181 (100.0)	209 (100.0)	183,698 (100.0)
		一次下請	17,251 (52.0)	24,588 (60.9)	12,882 (59.0)	49,394 (69.8)	9,547 (76.7)	3,131 (78.2)	549 (79.9)	151 (83.5)	188 (89.8)	117,680 (64.1)
		二次下請	3,645 (11.0)	7,618 (18.9)	3,330 (15.3)	8,273 (11.7)	981 (7.9)	305 (7.6)	38 (5.5)	2 (1.3)	8 (3.8)	24,199 (13.2)
		三次以下下請	1,401 (4.2)	1,954 (4.8)	1,008 (4.6)	1,078 (1.5)	117 (0.9)	17 (0.4)				5,575 (3.0)

(注) 1. 各欄の小計は，下請0％を加えた総数である
　　 2. （　）の数値は各合計を100とした場合の構成比
　　 3. 未記入・無効回答企業を除く
(出所)　国土交通省「2008年度建設業構造基本調査」

間の公共事業と建設産業の変化の概要をみてみる。結論からいえば，小泉「構造改革」による公共事業削減政策は，基礎的自治体などが行う地方の公共事業に焦点を合わせ，重点的に削減してきた。その結果，地域に密着した中小建設業を破綻（はたん）に導き，建設就業者の雇用と就労を奪い，地域循環型経済を破壊し地域経済の疲弊へと導いた。

　図表10－6は，建設業者の資本金別の許可業者数と公共工事受注金額の2001年から8年間の推移である。まず建設業者数を見ると，2001年に約59万社あったのが8年後の2008年には約51万社と8万社弱が倒産または廃業で減少している。そのなかでも，大きく減少しているのは，個人事業主で約4万社，そして資本金1,000万円～5,000万円の地域に根ざす建設業者で約3万社が減少してい

[図表10-6　建設業者の資本金別の許可業者数と公共工事受注金額の推移]

(単位：業者，百万円)

		合計	個人	5百万円未満	5百万～1千万円未満	1～5千万円未満	5千万～1億円未満	1～10億円未満	10～50億円未満	50億円以上
業者数 資本金別許可	2001年3月	585,959	148,090	130,750	63,940	226,348	10,385	4,802	1,156	488
	2008年3月	507,528	106,064	124,774	63,084	196,261	11,192	4,592	1,137	422
	2008-2001	-78,431	-42,026	-5,976	-856	-30,087	807	-210	-19	-66
	増加率	-13.39	-28.38	-4.57	-1.34	-13.29	7.77	-4.37	-1.64	-13.52
受注金額 資本金別公共工事	2000年度	18,410,515	140,417	139,567	287,367	6,659,740	1,748,403	1,693,402	1,284,506	6,457,113
	構成率	100	0.76	0.76	1.56	36.17	9.50	9.20	6.98	35.07
	2007年度	9,432,902	1,578	13,943	52,883	3,312,430	1,174,963	1,090,287	833,132	2,953,687
	構成率	100	0.02	0.15	0.56	35.12	12.46	11.56	8.83	31.31
	07-00年度	-8,977,613	-138,839	-125,624	-234,484	-3,347,310	-573,440	-603,115	-451,374	-3,503,426
	増加率	-48.76	-98.88	-90.01	-81.60	-50.26	-32.80	-35.62	-35.14	-54.26
あたり資本金別一業者	2001年3月	31.42	0.95	1.07	4.49	29.42	168.36	352.65	1,111.16	13,231.79
	2008年3月	18.59	0.01	0.11	0.84	16.88	104.98	237.43	732.75	6,999.26
	2008-2001	-12.83	-0.93	-0.96	-3.66	-12.54	-63.38	-115.21	-378.42	-6,232.53
	増加率	-40.85	-98.43	-89.53	-81.35	-42.64	-37.64	-32.67	-34.06	-47.10

(出所)　国土交通省「建設業許可業者調査・資本金回想別業者数及び構成比の推移」，2000年，2007年「建設工事受注動態統計調査報告」より。但し，受注金額は1件500万円以上を対象。

る。

　これを公共工事との関係で見てみると，資本金1,000万円～5,000万円の業者が受注した公共工事は2000年度には約6兆6,000億円あったのが，2007年度には3兆3,000億円とほぼ半分に減少している。一業者あたりにすると，2000年度には年間約2,900万円受注していたのが，2007年度には約1,700万円程度になっている。

　この階層の多くの業者は，地方において地域住民の安全や福祉に寄与する公共工事を元請受注している業者であるが，公共工事の減少とともに，熾烈な低価格受注競争をくりひろげ，経営悪化に拍車をかけた。

　また個人事業主をみると，公共工事受注額は2000年度の1,404億円から2007年度には15億円と，1件500万円以上の公共工事の元請受注がほぼ皆無になる

[図表10－7　公共工事の発注機関別推移]

単位：百万円

	2001年3月 A	2008年3月 B	2001－2008 C＝A－B	減少率(％) C／A×100
国の機関	5,736,321	3,738,139	1,998,182	34.8
国	3,086,611	2,117,475	969,136	31.4
公団・独立行政法人	1,589,157	662,191	926,966	58.3
政府関連企業等	1,060,554	958,474	102,080	9.6
地方の機関	12,674,194	5,694,763	6,979,431	55.1
都道府県	5,465,555	2,549,122	2,916,433	53.4
市区町村	5,457,629	2,422,755	3,034,874	55.6
地方公営企業	910,732	533,391	377,341	41.4
その他	840,278	189,494	650,784	77.4
合計	18,410,515	9,432,902	8,977,613	48.8

（出所）　国土交通省　2000版、2007年版「建設工事受注動態統計調査報告」から

までに落ち込んだ。

　地方自治体への「三位一体改革」などによる財政の縮小にともなう公共事業の削減は，この階層の建設業の仕事を奪ってしまった。

　さらに，公共工事の発注機関との関係で2000年度から8年間の推移をみたのが図表10－7である。全体としては2000年度の公共工事受注総額が約18兆4,000億円であったのが，2007年度では9兆4,000億円と約9兆円減少しほぼ半減している。これを国の機関と地方の機関で区分すると，前者では約2兆円の減少，後者では約7兆円の減少と，地方の機関の方が国の機関より3.5倍も多く減少している。特に，住民の福祉や安全に最も近い市区町村発注の公共工事が，もっとも多く削減されている。

　建設投資の縮小と地域建設業者の淘汰は，当然のこととして建設就業者の減少をもたらしている。建設就業者は2001年3月には636万人であったものが，2008年3月には542万人と94万人も減少している（図表10－8参照）。

　1990年代の不況時には，建設業は雇用の受け皿の役割を果たしていたが，小泉「構造改革」は建設業を就業者排出産業へと転換させてしまった。それだけ

[図表10－8　雇用形態別建設就労者の推移]

単位：万人

	総数	自営業主	家族従事者	常雇	臨時	日雇
2001年3月	636	88	23	471	27	27
2008年3月	542	84	18	402	21	17
2008－2001	－94	－4	－5	－69	－6	－10

（出所）　総務省統計局「労働力調査」より

でなく，建設業にとどまっている就業者の多くを雇用関係のある「常雇」労働者から請負で仕事をする「一人自営業主」へと転換させた。図表10－8をみると「常雇」は69万人減少しているが，「自営業主」は4万人しか減少していない。減少した「常雇」労働者は他産業に転出したか，または失業者となっていると同時に，建設業内部で流動化した「一人自営業主」として半失業状態に置かれている。

　以上のように，地域建設業者および建設就業者は，小泉「構造改革」以降，"真綿で首を絞められる"ように，痛めつけられてきた。そして，アメリカ発金融危機は，このような地域建設産業の状況に追い討ちをかけるように迫ってきた。

　地域建設産業は不動産業と連鎖した経営悪化だけでなく，地域経済全体の落ち込みを直接受け，仕事と就労に大きな困難が生じている。

　いまこそ，アメリカ依存の金融投資資本中心，輸出産業中心型経済構造ではなく，地域から国内経済を再生する新たな地域内循環型経済による成長モデルが求められている。そのなかで，地域建設業の振興は，雇用吸収力，経済波及効果からみても柱の一つになることは間違いない。

Ⅳ．新たな地域内循環型経済における地域建設産業の位置づけ

　次に地域から国内経済を再生する地域内循環型経済を発展させる上で地域建設産業をどのように位置づけるかについて考えてみたい。

　まず地域内に投資する主体は誰かについて考えてみると，基本的には地域に

根ざす民間企業であろう。その中でも直接生産物を生産する企業が重要である。何故なら，地域において生産される商品がなければ，販売や流通が成り立たない。仮に成り立つとすれば，それは地域外の生産物を販売することになり，流通過程において資金が地域外に流出されてしまうことになる。

このような直接生産物を生産する産業の代表は製造業である。同時に「ものづくり」という点では地域に根ざす建設業も地域内循環型経済の主要な担い手といえる。建設の活動はそもそも地域の土地の上または下に固着した建設物を生産するため，地域の産業や住民生活，自然環境に長期にわたって大きな影響を与える。その意味では建設業は本来的に地域産業ということができる。

地域建設産業の地域性について生産システム上の特性から根拠づけてみると，以下のようになる。

① 地域の自然，歴史，文化等に関する自然を熟知し，社会的，歴史的知識とそれらの特性を総合的に踏まえた経験を引き継ぎながら，建設物生産を組織的にまとめ上げる産業である。
② 生産システムの上からは，地域建設産業は何よりも各種の専門工事業種およびそれらを担う専門職業能力を持つ技能者・技術者が分業体制を取りながら，地域社会の中に集積し，集積による低い生産コストで事業実施を可能にする。そこには断続的に発生する工事に対応して，協業体制を柔軟に構築できる特殊な生産体制を提供する。
③ そこでの中小建設業者，労働者は，工事の態様・規模にかかわる生産システムを構築・支援するとともに，具体的に①と②とを結合する個別生産の方式を取ることに適応できる。
④ 建設産業のこうした発展経緯とその到達能力から，地域における自然環境に適した住宅など住みよい社会環境をつくり，自然災害を防止する防災システムを担い得る。

以上のような生産システム上の理由により，建設産業はそもそも地域産業となりうるのである。

このような地域に根ざす建設産業が地域の建設事業を担うことにより，地域の労働者の雇用を促進し，その支払い賃金は生活費として地域の商店などで消費される。また工事のための建設資材は地域の建材店や金物店で購入され，さらに建材店等は木材業者や卸売り業者から材料を購入することになる。

　このようにして，地域内を循環させる内需型経済づくりこそが，日本経済を足元から再構築し新たな経済発展の道をつくることになる。

Ⅴ．地域建設産業の持続的発展に向けた政策的課題

　2009年8月の総選挙では新自由主義的「構造改革」を進め，地域経済・社会を破壊に導き国民生活に多大な負担を強いてきた自民・公明政権が，国民の転換への選挙行動により崩壊した。しかし，新たに成立した民主党中心政権は選挙公約を次々と反故にしている。それにもかかわらず，国民の強い意志と力により痛めつけられた地域経済を再生し，地域から国民生活を立て直し，持続的に発展させる大きな可能性をつくりつつある。

　以下では，地域内循環型経済の立場から地域建設産業を持続的に発展させるための具体的な政策的課題を述べてみたい。

(1)　地方自治体が積極的な地域建設産業振興策を

　自民・公明政権に代わる民主党を中心とする政権は地域建設産業をどのように振興させるかについては不透明な状況にある。そこで次のような地域建設産業振興策を提案する。

1．建設産業振興を地方自治体の産業行政に位置づける

　各地方自治体では，農林水産業，製造業，観光業をはじめとする各種サービス業などには，自治体の工夫で振興政策を打ち出している。しかし，建設産業に対する振興政策として明確に位置づけている政策はほとんどない。これは，国土交通省の建設産業政策の視点が建設業法に基づくことを基本にしており，

国土交通省が業法に基づき中央集権的管理をしてきたからである。このような視点をあらため，建設産業が地域産業であるという立場から，地方自治体が国の基本政策・基準に基づき，地方自治体が地域建設産業振興のための組織を産業行政に位置づけ，建設業振興を基本とする政策確立を実現する必要がある。

2．国は地方自治体の建設産業行政に対する支援を

　地方自治体が建設産業振興政策を打ち出しても，地方自治体に財政的負担力の限界が生じている中で，無条件では実行できない場合がある。

　現状の地方自治体の最大の問題は建設産業政策，建設規制行政に見合う企画・運営スタッフの蓄積不足にある。その補完は，地域における専門家・技術者集団に蓄積された人的資源を地域自治に基づいて組織化し，地域における大学・試験研究機関等の協力を得て，政策の企画・立案，実行，実施方法を進める体系を整えなければならない。その際，国の建設産業政策は，広域的に政策スタッフを確保し，地域建設産業政策立案に向け，多くの地域資源を集中できる体制づくりを支援する必要がある。

3．地域における建設産業政策づくりは地方自治体で行い，国はナショナル・ミニマムの確立を

　国が国民の生活を守るという憲法における義務がある以上，国土全体のナショナル・ミニマムの設定と実行は国の義務である。その上に立ち地方自治体は地域における住民居住，地域環境整備の政策をつくることになる。このように国のナショナル・ミニマムの明確な設定と地方自治体との国土建設における調和こそが地域建設産業の自立的発展に道を開くことになる。

(2)　地域経済再生の立場からこれまでの公共事業政策の大胆な転換を

　これまで国は公共事業を高速道路建設など大規模事業に投資を集中するとともに，国際競争力強化の立場から港湾や空港，そして都市部への「選択と集中」投資を行ってきた。しかし，今後はこのような大型公共事業の新設中心から，

過去に建設した社会資本の維持補修や地域に密着した福祉・文教・環境・防災などの生活密着型事業に大きく転換させる必要がある。

　民主党中心政権ではダム建設や高速道路建設など不要不急の大型公共事業の一定の見直しに取り組み始めている。また，公共事業予算の大幅削減が実行されている。

　しかし，地域に密着した公共事業の内容については，当面の経済対策上から財政措置をされている程度で，明確な方向が打ち出されていない。そこで不要不急の大型公共事業を削減するとともに地域密着型公共事業を大幅に拡大する以下のような政策を提案する。

１．防災，福祉・教育，環境，維持補修などの視点から総合的に整備を

　公共事業を，防災，福祉・教育，環境，維持補修というキーワードに基づき，それぞれの地域の要求に応じてこれらを組合せ総合的に整備する。特に既存公共施設の維持補修・改修のための施策と他のキーワードを組み合わせることを重視する。以下にいくつかの具体的事例を紹介する。

　①　小中学校の校舎や福祉施設などの耐震改修の早期の実施

　旧耐震基準の公立小中学校の全国の耐震化率は62.3％（08年4月）に留まっている。災害時には，地域住民の応急避難場所となるにもかかわらず，改修工事は遅々としてすすんでいない。

　国の経済危機対策において耐震改修工事の前倒し実施などが打ち出されているが，公共福祉施設なども含め早急に実施する必要がある。その際，鉄骨組み改修では地元の中小零細業者は施工困難であるが，地元産の木材を使用する工法にすれば，環境重視型かつ地元中小零細業者の仕事としての施工が可能となる。また耐震改修は，老朽化補修とも関連しており，天井材や照明器具の落下，ガラスの飛散防止のための改修，教室不足への対応や体育施設，学校急速施設の整備等を含め，総合的に補修・改修することが必要である。

[図表10-9　道路延長，道路橋梁数（高速道路を除く）]

道路区分	延長（km）	橋梁数 全体	橋梁数 15m以上
一般国道（指定区間）	22,000	19,995	10,794
一般国道（指定区間外）	31,000	29,946	12,778
都道府県道	129,000	100,273	32,516
市町村道	1,002,000	519,101	85,733
合計	1,184,000	669,315	141,821

（出所）　国土交通省「道路統計年報2006年版」

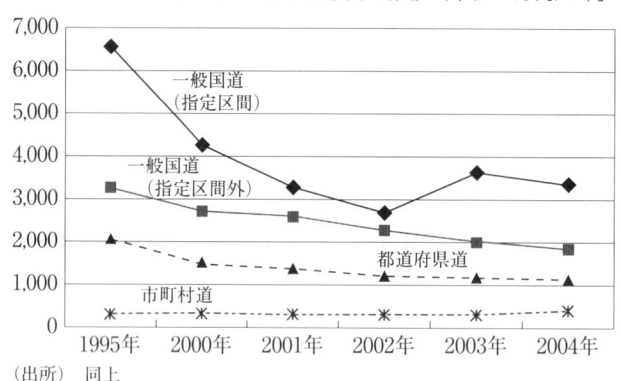

[図表10-10　延長当りの橋梁補修費の推移（単位：万円/km）]

（出所）　同上

② 市区町村の道路橋梁の点検と補修を早急に

全国の道路橋梁は約67万橋存在する。このうち市町村管理の橋梁は約52万橋となっている（図表10-9参照）。本来，橋梁のストックは年月が経過し老朽化するほど，利用者の安全を確保する維持費は増加せねばならない。しかし，橋梁補修費は2000年以降，全体的に減額されつづけている。（図表10-10）

また，道路橋梁の定期点検は市町村では約83％が未実施という状況である。その理由として，技術力不足，財政的問題，技術者の人材不足があげられている。利用者は"だれかが管理してくれている"と安心して橋を渡っているが，現実は非常に危険な状況にある。

市町村への財政措置を急ぐとともに，失業中の建設技術・技能者の自治体への直接雇用による点検体制の整備など，新設から維持補修への大胆な発想転換が必要である。

③　地域の土砂災害危険箇所の緊急補修の実施を

全国の急傾斜地崩壊危険箇所や土石流危険箇所は調査するごとに増加する傾向にある。2003年に国土交通省が発表した調査結果では急傾斜地崩壊危険箇所は全国で約33万箇所ある。このうち人家5戸以上含まれる箇所は約11万4,000箇所存在する。10年前の調査では約8万7,000箇所だったため，この間，開発事業などの結果，約3万箇所も増加したことになる。さらに土石流危険渓流は03年調査結果では，全国で約18万4,000箇所となっている。このうち人家5人以上含まれる渓流は約9万箇所で，こちらも10年前の調査より約1万箇所増加している。宅地造成や山林伐採などの大規模な乱開発行為が結果的に危険箇所を増やしてきた。

今こそ，根本的に発想を転換し，住民の安全な生活を確保する立場から，自然を保全するとともに，危険箇所への予算配分を積極的に行い，当面，地域の仕事おこしの緊急対策の立場から重点的に実施することを提案する。

④　地域の建設業と林業の連携で間伐による森林整備を

地球温暖化対策の観点からも，森林整備が求められているが，林業に必要な林道・作業道（森林路網）建設業と連携して整備するのが望ましい。すでに国交省と林野庁ではその費用を全額国費で負担する方針を打ち出している。長野県では路網整備により搬出された間伐材を使用した，林道の法面整備や木橋づくり，伐採時に発生した木材や根株を現地でチップ化し，林道の舗装などに使用している。

2．地域中小建設業者数に見合った公共工事入札・契約制度の改善を

①　条件付一般競争入札の広範な導入

入札制度は大企業への受注の集中や不良・不適格業者の参入を回避し，企業間の公正な市場機会の均等を図ることを基本とする必要がある。そこで中小建設業者が建設業者数全体の99％を占めるという状況の下で，地域に根ざす中小建設業者が均等に受注機会を得るため，条件付一般競争入札の広範な導入を提案する。

　その条件とは，企業規模，技術力，工事実績，経営状態などで業者をランク区分し，ランク別に登録することによりランク別市場条件を明確にすることである。そして中小業者分野への大手業者の参入を防止し，ランク内における業者間の公正な競争を行うべきである。また工事実績には下請施工実績も評価対象に入れ，下請受注を主としている業者にも元請受注の機会を確保すべきである。ランク付けの根拠については客観性と公正性を堅持し，その基準内容を事前に開示する必要がある。

　特に業者数が多いB～Dランク区分に工事が厚く配分されるように小規模工事の大量発注のためのさまざまな工夫を行う必要がある。

② 条件付一般競争入札制度に加え，多様な評価基準による総合評価型入札の実施

　条件付一般競争入札の導入により，中小業者分野への大手業者の参入を防止するとともに，過度な価格競争を排除し，施工過程の品質確保を含めた構造物の品質・耐久性確保のため，価格だけでなく，品質確保に必要ないくつかの提案を入札方式に組み入れた総合評価型政策入札を提案する。具体的には，地域要件，労働安全・公正労働基準，環境への配慮，福祉や男女共同参画への配慮，法令遵守などを含めた提案と評価による落札者決定方式を採用する。入札審査は，公共機関が公開された等級区分や審査基準に基づき，提案項目の点数評価と価格との加算方式により厳正に行う。尚，提案された技術や政策が施工時において確実に実行されているか，関係者と行政機関による現場立ち入り調査を実施する。

③　大型公共工事はできる限り工種ごとの分離発注を

　大型公共工事は大企業への一式発注方式を見直し，設計・コンサルタント業者の地位を高めCM（コンサルタント・マネジメント）方式の普及促進を図りながら，出来る限り工種ごとの分離発注を増やす措置を提案する。現状では公共工事発注者は多くの場合，管理の手間を省けるメリットから，さまざまな工種で構成される工事全体を元請業者に一式発注する方式をとっている。しかし，元請業者は自ら工事を施工するのではなく，工種ごとに専門業者に受注価格以下で下請発注し利益を得ている。そのため専門下請業者は当初の発注金額より安い下請契約金額で受注し工事を施工する。この不合理を無くすために発注者は，専門工事業者が施工可能な工事は直接専門工事業者に分離発注する契約・施工方法に切り替える必要がある。

④　小規模小額工事の地域中小建設業者への優先発注制度の改善・促進を

　100万円未満工事あるいは50万円未満工事など小規模小額工事については「小規模工事契約希望者登録制度」のような地域小零細業者やそれらの協同組合など，普段，公共工事の入札に参加できない業者に随意契約で優先発注する制度をつくっている自治体がある。しかし，一件あたりの工事額が小規模であり，発注件数も少ないこともあって，必ずしも中小業者を潤すには至っていない場合も少なくない。そこで，制度を活用したい中小業者の意見をよく聞き，発注金額や手続きの簡素化など魅力ある制度に改善する必要がある。特に発注金額に関しては，鳥取県のように一件の発注金額を上限250万円程度までに引き上げる措置も必要である。

　基本的に小規模・小額公共工事は住民の生活や安全に直結する身近な事業が多く，地産・地消など地域経済振興やまちづくりにも大いに貢献することを鑑み，地方自治体では改善の努力を精力的に行うことが求められる。

⑤　共同企業体（JV）による地域建設業者の受注の確保を

　大型公共工事等は，施工力が弱い地域中小業者等が単独受注できないケース

が多い。そのため，地方自治体では分離発注とともに共同企業体（JV）を組織し，地域中小業者が工事に参加できる方式がとられている。JVの組合せの多くは地域外大手業者と地元中小業者というパターンになっているが，可能な限り地元中小業者同士の組み合わせを追求する必要がある。また，発注者側では共同企業体の事業運営においてJV構成業者が対等・平等に事業参画できるよう適切な指導が望まれる。

⑥　最低制限価格制度の広範な導入を

これまで公共工事における低価格競争を促進する立場から一定規模以上の工事には国，地方自治体ともに最低制限価格制度ではなく低入札価格調査制度を促進してきた。しかし，品質に影響を与えるほど，低価格入札かどうかを証明することが困難という欠陥から，極端な低価格受注に対しても歯止めをかけることができないという弱点を露呈してきた。そこで，国及び地方自治体は低価格入札の歯止めとして，最低制限価格制度の広範な導入を図ることを提案する。また最低制限価格が受注業者の適正原価以下になることを防止するため，発注者に受注業者の完成工事原価の実績を調査するしくみをつくらせ，最低制限価格が実際工事原価を上回るよう改善を行う。

3．「公契約条例（法）」の制定により公共工事の低価格競争の防止を

公契約条例（法）の制定は，国又は地方自治体が発注する業務に従事する労働者に対し，当該地域の相場となっている賃金水準または労働条件を保障しようとするものである。

公契約条例(法)は公共工事の公正な競争を行う上で前提となるものであり，低価格競争防止の新しい手段となるものである。

すなわち，公契約条例（法）が制定されるならば，発注者と受注者との契約レベルで，施工に携わる労働者の賃金・労働条件が，地域や他産業の労働者の水準などに規定された水準以下にならないように規制される。その結果，受注競争は施工に携わる労働者の賃金・労働条件にしわ寄せされることを前提とし

ない，一定の労働条件を基準とした競争が行われることとなる。このような公正な競争を確保するため，以下のような提案を行う。

① 日本政府はILO94号条約（公契約条約）の批准を直ちに行う。
② 国は国会に公契約法の提案を行い，また地方自治体は議会に公契約条例の提案を行う。
③ その際，国・地方自治体は条例（法）に直接関係する地域建設業者や建設労働組合との共同した具体案づくりを行う。
④ 条例（法）には，現場において法（条例）の実施状況を行政機関と労働団体が共同して調査することを明示する。

Ⅵ. おわりに

今，民主党中心の政権に対する国民の幻滅，批判が広がっている。その内容は，これまでの多国籍企業の市場と利益拡大のための政治を自公政権時と同様に，あるいはそれ以上に推し進めようとしているからである。その一方で疲弊する地域経済に対して地域循環型内需拡大経済への転換政策が極めて不鮮明である。「コンクリートから人へ」というスローガンでスタートしたが，空港や港湾などグローバル競争に勝ち抜くという名目の大型プロジェクトが次々と打ち出され，地域密着型公共事業に対する具体的政策は地方自治体まかせである。建設産業政策においては大手ゼネコンの海外展開への政策を打ち出しても，地域中小建設業への振興対策は見当たらない。

しかし，民主党中心政権はこれまで長く続いた国民や中小業者・労働者いじめの「構造改革」政治を変えてほしいという願いを託されて成立した政権である。

その政権にその願いを実現させるため，「構造改革」路線で痛めつけられた地域中小建設業を再生し，持続的発展に向けた積極的な政策を提案する，国民・中小業者・労働者の広範な共同運動を構築していかねばならない。

【参考文献】

建設政策研究所［2008］「談合・ダンピングを排除し，公正で魅力ある建設産業をめざして」

「議会と自治体　第132号」［2009］のうち拙著「金融危機下の中小建設業」

岡田知弘［2005］『地域づくりの経済学入門』自治体研究社

（辻村　定次）

第Ⅲ部

中小企業政策の新たな展開

第11章 中小企業基本法改正後の中小企業政策

I．はじめに

　2009年総選挙の結果により，自由民主党を中心とした連立政権から，民主党を中心とした連立政権へ交代した。民主党は総選挙で「次世代の人材育成」「公正な市場環境整備」「中小企業金融の円滑化」等を内容とする「日本国中小企業憲章」をマニフェストに掲げていた。かかる政権交代を受け，中小企業庁では公約実現を図るべく，学識者を委員[1]とする「中小企業憲章に関する研究会」を2010年2月より開催，議論を積み重ね，同年6月に中小企業憲章が閣議決定された。

　中小企業憲章は法律とは異なって，中小企業や起業家精神等の重要性を社会に対して宣言するものであり，日本国民の中小企業に対する認識を高めることを狙いとしている[2]。

　このように国民の中小企業に対する意識を高めようとする気運が，生まれてきた背景には，1999年の中小企業基本法改正以降の中小企業政策が，国民にとって賛否両論を持つ性格であったことが1つの要因であると考えることができる。

　周知のとおり，1999年の改正は，1963年の制定以来の抜本的な改正であり，政策理念，政策目的，政策対象の大転換であった。まず，政策理念については「格差の是正」から「多様で活力ある独立した中小企業者の育成・支援」へ転換し，「中小企業の多様性の増大」「『格差』の質的変化」を根拠として「結果としての格差の存在は是認」するという考え方になった。

　また，政策目的については「生産性の向上（中小企業構造の高度化）」「取引条件の向上（事業活動の不利の補正）」から「経営基盤の強化」「創業・経営革新に向けての自助努力支援」「セイフティネット」へ転換した。市場における

取引ルールを確立することが欠落し,「意欲」のある企業に対する支援が目的とされ,競争に敗れた企業にはセイフティネットを用意するという方向性になった。

さらに,政策対象を画する視点については「企業間格差の底辺構造に位置すること(事業活動の結果として存在する事後的な格差に着目)」「格差の是正能力の有無」から「成長・発展を図る上で必要となる経営資源へのアクセスの困難性の有無(市場において営業活動を展開するに際してのイコールフィッテング確保の必要性に着目)」へ転換した。すなわち,旧基本法では「格差及びその是正能力の有無は企業規模によって変化」するといった見方から新基本法では「経営資源へのアクセスの困難性は企業規模によって変化」するといった視点になったのである(中小企業庁編［2000］,p.23参照)。

他方,この改正は広く一般には,二重構造論的中小企業観の否定と中小企業政策の中心にベンチャー企業支援を位置づけることが今後の方向性であると理解されており,極端にいえば,ベンチャー企業＝○,中小企業＝×といった短絡的な理解を国民に広げた。実際,ベンチャー企業研究者は中小企業とベンチャー企業の比較表を作成し,通俗的理解を普及させている(松田［2005］,pp.26-27参照)。

現在,こうした改正からおおよそ10年を経過しており,当初,予想されたことばかりでなく,さまざまな変化が中小企業政策を実施する組織や過程で生じ,さらには,そうした変化のより戻しも始まりつつある。本章ではかかる現状を踏まえた上で,1999年に中小企業基本法が改正された背景,その後の中小企業政策の実態を示した上で今後の課題について考察する。

Ⅱ. 中小企業基本法改正の背景と過程

(1) 中小企業基本法改正の背景

1999年の中小企業基本法改正は,1963年の制定以来の大がかりなものであった。中小企業庁によると,今回の改正根拠には「高度成長期の経済拡大におい

て……『格差是正』を政策目標とする中小企業政策は効果的であったが，経済が成熟化し安定成長を遂げるようになると次第にその目的及び政策手段が陳腐化し，施策の意義が次第に低下する」(中小企業庁編［2000］, p.4) との認識があり，格差是正を政策理念とする旧中小企業基本法は，時代に適合していないとしている。

また，旧中小企業基本法は時代に適合していないという考え方に加えて，現実の中小企業政策実施の現場では，バブル崩壊以降，閉塞した経済状況を打開するために実施された産業政策の重点が，ベンチャー支援にシフトするなか，中小企業政策を実施する個別の根拠法や各種事業が二重構造の解消，格差是正ではなく，中小企業上層部支援，創業支援を目的とするものが多数行われるようになる。そのため，そうした政策のいくつかは，旧基本法との整合性がなくなり，個別の中小企業政策の実態に対して理念法である基本法を修正しようとする力学が働いたのである。

実際，1995年制定の中小企業創造活動促進法や1998年制定の新事業創出促進法は，旧基本法の理念と整合性が確保されているとはいえない。たとえば，中小企業創造活動促進法は，1994年12月の中小企業近代化審議会答申「創造的中小企業振興策の在り方について」に基づき，立法化されたものである。この答申を作成した中小企業近代化審議会は，「創造的中小企業振興対策の在り方いかん」との通商産業大臣からの諮問を受けての開催であり，そこでは「総体としての中小企業と大企業との格差に注目するのではなく，創造的中小企業の積極的意義・役割に着目して，在るべき対策の全体像についての議論」(中小企業庁監修［1995］, p.327) がなされた。こうした議論を経て，中小企業創造活動促進法は制定され，中小企業政策の最重要課題の1つとしてベンチャー支援が位置づけられたのである。

いずれにせよ，当時の中小企業庁は，実態，法制の両面で中小企業基本法は現実に適合していない，整合性が保たれていないという認識であり，そうした認識を根拠として改正作業が進められたのである。

(2) 中小企業基本法改正の過程

　基本法の改正過程に関して，一般に公になっているのは，1998年7月に中小企業庁長官の私的懇談会として，開催された「中小企業政策研究会」からである。当研究会は，清成忠男法政大学総長を座長とし，学者6名，マスコミ1名，中小企業者3名，中小企業支援機関等8名，合計18名の委員[3]から構成され，中小企業政策に関わる課題ごとに12回の研究会を実施し，1999年5月に「中小企業政策研究会最終報告」をとりまとめた[4]。

　その後，1999年6月には内閣総理大臣から「我が国の経済及び中小企業を取り巻く環境変化を踏まえ，21世紀に向けた新たな中小企業政策の在り方について貴審議会の意見を求める」との諮問を受け，中小企業政策審議会[5]が開催され，8月に中間答申がまとめられた。中間答申については，インターネット上でのパブリックコメントの聴取を行うと同時に全国4ヶ所で各方面からの意見を広く聴取するため，地方公聴会が実施された。こうした意見聴取を踏まえた上で，9月に中小企業政策審議会答申「21世紀に向けた新たな中小企業政策の在り方」がまとめられ，答申を受けての立法作業が行われた。

　そして，10月には「中小企業基本法等の一部を改正する法律案」が閣議決定され，11月に衆参両院で審議・採決され，12月に公布された（中小企業庁編［2000］，pp.24-25）。

　このように，フォーマルには改正過程は1998年7月から1999年12月の1年半という短い時間で集中的に行ったとされているが，中小企業観を大転換する改正であるので，中小企業庁はかなり以前から周到に準備作業を行っていた。

　実際，「中小企業政策研究会」が始まる以前において，非公式であるが「中小企業問題研究会」（1996年），「中小企業政策理念研究会」（1997年）といった課長レベルのワーキンググループ的なものあり，現状把握，問題点の摘出等が行われていた[6]。

　それ以外にも中小企業庁調査課では，『中小企業白書』の執筆に際し，政策理念の見直しに資することを念頭に置き，各国の中小企業政策がどのような考え方で実施されているかを調査した。

たとえば，『中小企業白書（平成10年版）』では，アメリカ，EU，イギリス，ドイツ，フランス，イタリアと我が国の中小企業政策が比較検討され，各国の中小企業政策実施にあたっての考え方は，「中小企業の支援は自助努力を助けるという観点から実施されるべきとの考えもほぼ共通している」（中小企業庁［1998］，p.292）との指摘を行い，格差是正の視点は各国の政策の共通性ではないと述べている。

また，『中小企業白書（平成11年版）』では，大企業と中小企業の売上高経常利益率等の規模間格差の有無を検証するために，大蔵省「法人企業統計年報」および通商産業省「工業統計表」，「商業統計表」を再編加工した分析を行っている。

そこでの分析結果は「大企業に比べ中小企業の業績は平均的には低い傾向があるものの，中小企業における個別業績のばらつきは大きく，上位10％の企業に注目した場合，中小企業においても大企業と同等以上の業績を挙げている企業が少なからず存在することが確認できた」（中小企業庁［1999］，p.117）との記述があり，平均値でみれば格差はあるのだが，中小企業は多様であり，大企業以上の業績をあげているものも少なくないという理解に基づいて，格差を強調する二重構造論的中小企業観を否定している。

このように「中小企業政策研究会」がはじまる前にかなりの理論的サポートは進められており，すでに路線が引かれている中，公式的な見直し作業は行われたのである。

Ⅲ．中小企業基本法改正後に進む政策実施組織の変化

(1) 変化が顕在化しない改正当初

このような作業を経て，中小企業基本法の抜本的な改正があったのだが，改正直後は，その変化は顕在化しなく，現場においては何が大きく変わったのかが分からない状況がしばらく続いた。こうした中，筆者自身も中小企業基本法が改正されたのに現実においては変化の実態が掴めないことを根拠として，「現

状においては，大きな変化はまだみられていない」(和田耕治 [2000]，p.79)といった指摘を行ったが，これは現状においては誤りと言うしかない。

　こうした指摘となった理由としては，中小企業基本法は理念法で「○○をします」という宣言で，基本法が改正された段階においては，現実の中小企業政策の実施組織や実施方法についての変化はなく，また，政策実施の根拠となる法律に関しても，変化があったとしても，改正以前に認定された計画に関しては，計画が終了しておらず，実際の政策を実施する現場では，当初大きな変化が見えなかったからである。

　このように2000年以降，政策理念の大転換による実態面への影響・変化が見えない時期がしばらく続いたのであるが，時間が経つとともに，政策を実施するための根拠法の整備が進展する中，中小企業政策を実施する組織や方法が変化する。後述するが，2004年7月に中小企業総合事業団と地域整備公団が中小企業基盤整備機構として統合され，組織が全国展開された時期およびに中小企業政策を具体的に実施するための法律が整備され，2005年5月に中小企業新事業活動促進法が制定された時期から政策の大転換が本格化してくるのである。

(2) 地方公共団体との役割分担

　新中小企業基本法における政策転換において，理念の変化以上に大きな変化をもたらしたのは，中小企業政策を実施するにあたっての国と地方公共団体の役割分担が明確化され，中小企業政策を実施するルートが大きく変化したことがあげられる。

　たとえば，基本法改正にあたって1999年9月に出された中小企業政策審議会答申「21世紀に向けた新たな中小企業政策」の中では，次のように記されている。

　「これまでの中小企業政策においては，地方公共団体は『国の施策に準じて施策を講ずる』主体とされ，一部の施策では国が実施細則まで決定し，都道府県が画一的に実施する状況にある……今後は，地方分権の推進に伴う一般財源化や機関委託事務の自治事務化等の趣旨を踏まえ，地方公共団体は，地域活力

の源泉たる中小企業の振興を図るための施策を，地域の実情を踏まえ策定するべき対等の行政主体との認識の下に，適切な役割分担を図っていくべきである」と述べられている。また，「都道府県及び市町村は地域の特性と実情に応じ，地域中小企業の振興全体計画の策定，国の施策メニューの選択と地域特性に応じた独自の施策の追加，地域の支援体制の構築・整備等を相違工夫しながら進めていくべきである」という記述もある。

　これら指摘は昨今の地方分権推進の流れの中，地域における中小企業政策の実施は，いままでのように国の下請になるのではなく，各々の地方公共団体が独自の政策立案能力を持つことが要求されており，中小企業政策の実施組織と実施方法における大転換を示唆している。

　実際，こうした方向性は中小企業基本法に反映されており，第6条地方公共団体との責務で示されている。第6条は「地方公共団体は基本理念にのっとり，中小企業に関し，国との適切な役割分担を踏まえて，その地方公共団体の区域の自然的経済的社会的諸条件に応じた施策を策定し，及び実施する責務を有する」となっている。昨今，多くの地域で中小企業振興条例を制定しているのは，こうした政策潮流の一環である[7]。

(3) 3類型の支援センター

　こうした国と地方の役割分担は，多様な中小企業に対するきめ細やかな支援をワンストップで行うため1999年5月より実施された以下の3類型の支援センターにも反映されている。

①地域中小企業支援センター

　　市区町村レベルの身近な支援拠点として位置づけられ，これらは，地域の商工会議所，商工会等が単独あるいは共同で設置（全国61ヶ所，2009年6月時点）しており，創業者・経営向上を目指す中小企業者を支援対象としている。そこでは，助言・相談，セミナー等情報提供，施策の普及啓発が中心業務となっている。

②都道府県等中小企業支援センター

　都道府県等中小企業支援センターは，中小企業支援法に基づき指定された法人であり，都道府県が行う中小企業支援事業の実施体制の中核として位置づけられ，これらは全国約60ヶ所の都道府県および政令市に設けられている。そこでは独自の強みを発揮する中小企業を支援対象としており，情報提供，相談，取引に関する苦情処理，診断・助言，専門家派遣が中心業務となっている。

③中小企業・ベンチャー総合支援センター

　全国レベルの支援拠点として，中小企業・ベンチャー総合支援センターが全国9ヶ所，中小企業基盤整備機構の地方支部ごとに設置されている。この機関の使命は，全国のモデルとなる先進企業群の輩出，公的支援の新たな展開と支援モデルの創出・啓発にあり，支援対象は，ベンチャースピリットあふれ，株式公開を目指すベンチャー企業，全国・世界市場を求めて経営革新・第2創業を目指す企業をターゲットとしている。

　また，そこでの支援方法は，総合的なハンズオン支援（企業成長に合わせて，様々な経営課題の解決に向けて総合的に支援），プロジェクトマネジメント（プロジェクトマネージャーが，個別最適な支援を目指して，目標・支援プログラム設定などトータルにマネジメント），全国ベースのリソースマネジメント（支援に必要な全国ベースの専門家・OB人材，官民を超えた資金・販路の広域なネットワーク）としている。

　その支援内容は幅広く，資金調達の方法，公的支援制度の活用，新商品等のマーケティング，会社設立，新事業展開等に係る法律・特許，新商品，新生産方法の開発等に係る技術，ビジネスプランの作成等多岐に渡っている。

　すなわち，こうした棲み分けは，市区町村での支援は創業者と中小企業，都道府県での支援は地域の中堅企業，国は株式公開を目指すベンチャー企業，全国・世界市場を求め経営革新を図る企業を対象としており，地方公共団体は中

小企業支援を行い，国はベンチャー企業支援という構図になっており，国と地方公共団体は，差別化が求められているのである。

(4) 地域経済産業局の強化と中小企業基盤整備機構の全国展開

このように中小企業上層部およびベンチャー企業支援に関しては，主に国が担当する構図になった流れは，地域経済産業局の強化と中小企業基盤整備機構の全国展開に裏づけられている。

2001年1月の中央省庁再編時，経済産業省は地域経済産業政策を最重要課題のひとつとし，地域経済産業審議官を長とする地域経済産業グループを組織化し，本省100名，地域2200名からなる大組織にした。さらに，こうした組織改正の中，地域経済産業局に権限を委譲し，地域のことは現場で知恵を出しながら解決するという方向性になった。

このように経済産業省が地域経済産業政策を最重要課題とし，大幅な組織改正を行った背景や目的等には「地域経済の再生なくして日本経済の再生もない」「地域経済の実態を踏まえ，地に足がついた経済産業政策を進める」「地域経済を的確に把握しつつ，地方自治体との連携の下で，地域技術政策を始めとする地域に関する様々な政策を動員して，省をあげて総合的な地域支援を行う」（地域再生産業クラスター研究会［2002］，p.80）があげられている。

また，地域経済産業政策を最重要課題に位置づけるため，政策を具体化するための実働部隊として，全国9ヶ所に中小企業政策の総合的実施機関である中小企業基盤整備機構の支部を設け，各地域経済産業局と連携をとりながら，人材，資金の両面でサポートしている。中小企業基盤整備機構は，近年の特殊法人改革の中，2004年7月に中小企業総合事業団，地域整備公団，産業基盤整備基金が統合して設立された職員数約900名の独立行政法人であり，国が地域中小企業政策を展開する際の中核的な実施機関となっている。

(5) 混迷する地方自治体の商工行政

このような地域経済産業局の強化と中小企業基盤整備機構の全国展開は，国

による地域中小企業政策の直接実施と考えることできる。国による地域中小企業政策の直接実施は，旧基本法時代の中小企業政策の実施過程と比較するならばより明確になる。

すべての政策には該当はしないが，旧基本法時代の中小企業政策の実施方法は，中小企業庁が政策を企画立案し，都道府県と国の特殊法人である中小企業事業団（現中小企業基盤整備機構）が実施機関であり，政策の受け皿は，中小企業組合等であった。その際，政策を実施するにあたっての資金は，都道府県と国（中小企業事業団）のものを混ぜて使うという方法をとっており，政策対象や計画の策定においては，都道府県の役割には大きなものがあった。

しかしながら，新中小企業基本法以降の中小企業政策については，こうした国，都道府県，中小企業組合等といった実施ルートについては，縮小されており，国，中小企業者等といったルートがベンチャー企業支援や中小企業上層部育成を主眼として，拡大してきており，中小企業政策実施あたっての都道府県の役割が，多くの自治体では混迷している状況となっている。

実際，新中小企業基本法で示唆されているように，各自治体が地域の実情に合わせた上で国とは差別化された中小企業政策を展開できれば問題がないわけだが，今まで地域の中小企業政策は国の政策の下請的な存在であり，地方自治体自身で政策を企画立案してきた経験が少ないこと，地方財政が悪化していること，首長選挙がマニフェスト型になったこともあり，各自治体の商工部の職員が苦労している実態もある。

最近，筆者は都道府県，市区町村の商工政策部門を中心にインタビュー調査を積み重ねているが，中小企業政策の実施にあたって，八方ふさがりの状況となっている自治体もある。実際，ある都道府県の商工部門の局長クラスから以下のような苦労話をうかがった。

「知事は選挙のマニフェストで財政的に実現困難な公約を掲げる。できないことを知事に説明し，納得させるのに労力を費やしてしまう」「マニフェストにしたがって，何か新しい政策を実施しようとすると議会や地方財政を担う財政課を説得させるのに労力を費やしてしまう」。前者は公約による政策を断念

する場合，後者は実現する場合の苦労話である。

　また，自治体職員の話によると，小泉政権下における三位一体の構造改革が地方自治体における中小企業政策に大きく影響を及ぼしているという。三位一体の構造改革は地方分権化を進め，地域の自主性を持たせるために，地方財政における補助金，地方税，地方交付税をコントロールすることで，——小泉流にいえば総額を変えないで——国からの補助金の比率を下げ，地方自治体が集めるべき地方税の比率を上げて，国からの地方交付税の比率を調整し，地方財政における一般財源の比率を高めていくことである。かかる改革を通じて，わが国財政における国税と地方税の割合が変化した。

　こうした中，多くを補助金に頼っていた中小企業政策は地方財政の悪化により，断念せざるを得ないものが増え，地方税や地方交付税による一般財源には各自治体での優先順位があるため，各自治体が地域の実情に合わせた中小企業政策を実施しようとしても，財政的になかなか進まない状況に陥ったのである。

　こうした実情があるので，お金をかけないで地域の物産をPRしてくれる東国原前宮崎県知事や橋本大阪府知事といったタレントが首長としてもてはやされるのが，今の時代であるといえる。また，地域における税収を確保するために村井宮城県知事や尾崎高知県知事ように，産業振興を県政の最重要課題とする首長が登場してきたのも，現在の地方財政の実情を反映しているといえる[8]。

Ⅳ．基本法改正後の根拠法に基づく中小企業政策

　このように各自治体が中小企業政策実施において，混迷している中，国は中小企業新事業活動促進法（2005年），中小企業地域資源活用促進法（2007年），農商工等連携促進法（2008年）に基づき，新連携，地域資源活用，農商工等連携といった支援政策を各地域経済産業局と中小企業基盤整備機構地方支部を実施機関として，中小企業上層部とベンチャー企業を対象として展開している。

(1) 新連携

　2005年4月，中小企業新事業活動促進法が施行された。同法は新事業創出促進法，中小企業創造活動促進法，中小企業経営革新支援法を整理・統合，さらに新連携に対する支援を追加し，施策体系全体を骨太化したものであり，経済活性化，地域再生を目的としている。言い換えれば，中小企業新事業活動促進法は，創業，経営革新，新連携の3つの柱から構成され，最も重きが置かれているのが新連携である。

　新連携とは，その行う事業の分野を異にする事業者が有機的に連携し，その経営資源を有効に組み合わせて，新事業活動を行うことにより，新たな事業分野の開拓を図ることをいい，同法では中小企業が異なる分野の中小企業，中堅・大企業，大学・研究機関，NPO等と連携し，それぞれの有する強みを相互に持ち寄って新たな事業分野を開拓しようとする取り組みを支援している。

　そうした連携を促進するために全国の中小企業基盤整備機構の地方支部ごとに新連携地域戦略会議があり，その事務局を中小企業基盤整備機構の地方支部が担い，同会議を中核として，事業計画の策定段階から事業化にいたるまでの一貫した支援が行われている。

　同会議は，地元関係者，政府系金融機関，民間金融機関，技術専門家，マーケティング専門家等により構成されており，各新連携プロジェクトは，かかる専門家が磨き上げ，連携支援者が当該事業に積極的にコミットしながら事業化までフォローアップするという万全なサポート体制となっている。

　新連携認定は厳しい審査を経た上での認定なので，多くの場合，地域においてポテンシャルの高い中小企業を一本釣りするという形で支援が行われている。こうした支援の考え方は，まさに中小企業上層部の育成であり，改正中小企業基本法の理念を具体化するものである。

　新連携計画認定手続と支援は，新連携支援地域戦略会議事務局への相談，異分野連携新事業分野開拓計画の申請様式の作成・準備，経済産業局等への認定申請書の提出，経済産業局長等への認定，事業化までの支援となっており，手続と認定においては，都道府県は関与せず，各地域経済産業局，中小企業基盤

機構地方支部，新連携戦略会議がすべてを行う形態をとっており，2010年3月末時点で702件となっている。

(2) 中小企業地域資源活用

　2007年5月，国は「中小企業による地域産業資源を活用した事業活動を支援することにより，地域における中小企業の事業活動の促進を図り，もって地域経済の活性化を通じて国民経済の健全な発展に寄与することを目的」として，中小企業による地域資源を活用した事業活動の促進に関する法律（中小企業地域資源活用促進法）を施行した[9]。

　同法は地域経済が自立的・持続的な成長を実現していくため，各地域の強みである地域資源（産地の技術，地域の農林水産品，観光資源）を活用した中小企業の新商品・新サービスの開発・市場化を総合的に支援しており，地域資源を活用して新商品・新商品開発・市場化を取り組む中小企業者を支援対象としている。

　都道府県の基本構想によって特定された地域資源を活用して新商品開発等を行う中小企業（単独あるいは共同）が地域産業資源活用事業計画を作成し，国から認定を受けると，補助金，低利融資，課税の特例等の各種支援施策を受けることができる。

　中小企業地域資源活用を促進するために，中小企業基盤整備機構の地域支部には，地域活性化支援事務局が置かれ，そこではハンズオン支援（専門家によるきめ細かなアドバイス）が行われている。それらアドバイスは，認定前における事業計画作成段階，認定後の開発・生産・販売段階に及んでいる。先に指摘した新連携の場合と同じく，具体的な中小企業支援にあたって，都道府県は関与せず，国が各地域経済産業局や中小企業基盤機構地方支部等を通じて行う。

(3) 農商工等連携

　2008年2月，国は「中小企業者と農林漁業者とが有機的に連携し，それぞれの経営資源を有効に活用して行う事業活動を促進することにより，地域を支え

る中小企業の経営の向上及び農林漁業者の経営の改善を図るため，税制・金融面をはじめとした総合的な支援措置を講ずる」ことを目的として，中小企業者と農林漁業者との連携による事業活動の促進に関する法律（農商工等連携促進法）を施行した。

同法は連携して新事業展開に取り組む中小企業者と農林漁業者，農商工等連携に対し指導・助言等の支援を行うNPO・公益法人を対象としており，地域経済の活性化，再生を図ろうとする経済産業省と農林水産省の共管法律となっている。

支援内容としては，同法に基づいて，中小企業者と農林漁業者が連携して新商品・新サービスの開発等を行う「農商工等連携事業計画」を共同で作成し，国（地域経済産業局または地域農政局）から認定を受けると，補助金，低利融資，課税の特例等の各種支援措置を受けることできる。具体的な内容は，中小企業地域資源活用プログラムとほぼ同じであり，こうした連携を首尾よく展開するために，中小企業基盤整備機構の地域活性化支援事務局が各種専門家と連携することにより，ハンズオン支援を行っている。

農商工等連携の場合についても，新連携，中小企業地域資源活用プログラムと同じく，都道府県は関与しておらず，国（地域経済産業局，地域農政局，中小企業基盤整備機構地方支部）がダイレクトに支援を展開するという形態になっている。

Ⅴ．中小企業憲章の制定

2010年2月より，中小企業庁では民主党の政権公約を踏まえて「中小企業憲章に関する研究会」を実施し，同年6月に中小企業憲章が閣議決定された[10]。

先にも指摘したが，中小企業憲章とは，国民に対して，中小企業や起業家精神等の社会経済における重要性を宣言するのであり，そうした宣言を通じて，中小企業に対する意識を高揚させ，それらを中小企業政策の指針とすることである。中小企業憲章という考え方が政策的に取り上げられるようになったのは，

現行の中小企業基本法に問題点が多く存在していること，また，中小企業者の民間の団体である中小企業家同友会全国協議会が「中小企業憲章制定・中小企業振興条例制定運動」を2004年から続けているという背景がある。

筆者は，今回の憲章制定が中小企業政策にとって，転換点になるとの認識で研究会を傍聴してきた。まずは，この研究会は議事に関して，旧政権下での研究会，審議会とはかなりの違いがあることを指摘したい。

実際，初回の研究会においては，経済産業大臣が開催にあたっての挨拶があり，今までは挨拶後の退席が常であったが，研究会終了まで議論に参加した。2回目以降の研究会においても，政務3役のいずれかは必ず出席しており，終了まで議論に参加しており，政治主導となっている。

このように国民の代表である政務3役が議論に積極的に参加することは，政策立案方法の大転換であると評価できる。しかしながら，政務3役のスタンスが大きく変わったのに対して，研究会の事務局である中小企業庁の役人や政策の受け皿である中小企業経営者等の参加者は，旧政権下における意識から，まだまだ変わりきれていないように思われる。

というのは，研究会は「中小企業基本法，民主党『日本国中小企業憲章(案)』，欧州小企業憲章の比較」を事務局が提示した上で，学識者，中小企業経営者(日商，全国連，中央会，全振連，同友会)，労働組合，地方自治体，教育機関，中小企業支援機関，金融機関から中小企業憲章に関する意見聴取行い，それらを踏まえた上で学識者がとりまとめに向けた議論を行うといったプランとなっている。

そこでは，中小企業経営者等は意見を申し上げる，事務局はとりまとめ案を主体的に作成するとの印象である。実際，中小企業団体をバックとしている中小企業経営者は，かつての審議会と同様に中小企業政策に対する要望を申し上げるといったスタイルである。

1999年の中小企業基本法の改正を受け，中小企業政策における国と地方役割分担が示され，現在，多くの自治体で地域の実情に合わせて，地域が主体的に中小企業政策を実施するために，玉石混淆であるが，中小企業振興条例制定を

行っている。そうした中小企業振興条例で評価が高いものは、役所の中小企業政策担当部門が頭の中だけで策定したものではなく、地域における様々な立場にあるものが、意見を出し合い、中小企業者や市民が主体的に策定したものである。

このように考えていくならば、中小企業憲章は中小企業庁が主導的に策定していくものではなく、様々な立場にある中小企業者や国民が主体的に制定していくものである。国レベルの話なので、中小企業振興条例制定と同様に考えることはできないが、中小企業憲章制定については、制定過程の工夫が必要であるように思われる。

中小企業政策、中小企業憲章だけの話ではないが、これからの政策は、役所の担当部局だけがつくるのではなく、様々な立場にある国民や市民が意見を出し合い策定するものである。役所の担当部局は、現状を正確に把握するための、統計データ、選択肢となる複数のプランを提示することに努め、主体的にシナリオ作成や判断をするものではない。

現在、多くの地方自治体は財政的に逼迫しており、独自の政策を企画立案することは、非常に困難である。しかしながら、中小企業振興条例だけの話ではないが、たとえば、自治体が総合計画を作成する場合、公募委員を募る等の工夫を行い、審議会やワーキンググループに様々な立場にある市民を巻き込み、総合計画の策定を行っている。このように考えるならば、国の役人の意識が遅れていると言わざるをえない[11]。

Ⅵ. おわりに

以上が1999年の中小企業基本法改正とそれ以降の中小企業政策の展開となる。最後に繰り返しになる点もあるが、論点を摘出することにより、今度の課題を考察することとしたい。

①1999年の中小企業基本法の改正で、政策理念は「格差の是正」から「多様で活力ある独立した中小企業者の育成・支援」へ転換したこと。

②理念以上に大きな変化は，中小企業政策を実施するにあたっての国と地方公共団体の役割分担が示されたこと。
③国の行う中小企業政策は，中小企業上層部支援，ベンチャー支援であり，地方公共団体の行う中小企業は，地域の実情に合わせたものが今後の方向性になったこと。
④国は中小企業上層部支援，ベンチャー支援といった政策を実施するため，地域経済産業局に企画能力と権限を与え，政策の総合的実施機関である中小企業基盤整備機構の地方支部が全国展開したこと。
⑤今まで国の政策の下請機関的色彩の強かった地方自治体は，地域の実情に合わせて政策を行うという方向性になったものの，財政的に逼迫しており，八方ふさがりの状態にあること。
⑥根拠法に基づき実施する新連携，地域資源活用，農商工等連携といった政策は，計画の認定は国であり，政策の実施主体は地域経済産業局と中小企業基盤整備機構の地方支部であり，都道府県等の地方自治体は素通りになっていること。
⑦2009年の政権交代を背景として，政治主導で中小企業憲章が制定されたが，事務局である中小企業庁や今まで政策の受け皿であった中小企業団体等の意識は旧態依然であること。
⑧中小企業政策だけの問題ではないが，今後，政策を立案する際の考え方，方法に関して，役所(とくに中央省庁)は，意識を大きく変える必要があること。

　現在，国レベルでは中小企業憲章が制定され，各地方自治体では，中小企業振興条例制定の取り組みがなされており，2010年5月現在で14道県，53市区町で中小企業振興条例が制定されている。こうした潮流は，中小企業が社会において重要な役割を果たしている存在であるという認識を国民・市民に広く知らしめることであると同時に中小企業政策は，国民・市民が主体的に作り上げていくことを示しており，ある意味で政策立案方法の大転換であるといえる。
　こうした潮流はまだ始まったばかりであるが，20世紀までの中小企業政策と

は全く違う流れである。今日，地域経済がパフォーマンスがよい地方自治体では，先進的な中小企業振興条例を有しており，そうした条例を基本にして，各種事業を展開しており，自治体として，優れた政策企画立案能力を持っている。

　今後は，わが国中小企業政策における国と地方の両方の動向を追いかけることにより，21世紀における中小企業政策に関する考察をさらに深めていきたい。今，まさに中小企業政策の立案方法の転換が始まっている。

【注】

(1) 　研究会委員は，村本孜（成城大学大学院社会イノベーション研究科教授）を座長とし，榊原清則（慶応義塾大学総合政策学部教授），松島茂（東京理科大学専門職大学院教授・元中小企業庁計画課長），三井逸友（横浜国立大学大学院環境情報研究科教授），安田武彦（東洋大学経済学部教授・元中小企業庁調査室長），山口義行（立教大学経済学部教授）となっている。

(2) 　実際，EUでは「小企業憲章」が採択されているが，法的拘束力はない。とはいえ，憲章は単なる宣言ではなく，行動指針が盛り込まれている。また，「小企業議定書」では具体的なアクションプランが記載されており，「小企業憲章」は，EUにおける中小企業政策を実施する基本的姿勢として位置づけられている。

(3) 　清成忠男以外の委員は，橋本寿郎（東京大学社会科学研究所教授），石原武政（大阪市立大学教授），井田敏（全国商工会連合会専務理事），上野保（㈱東成エレクトロビーム代表取締役社長），浦田秀次郎（国民金融公庫総合研究所長），菅野利徳（全国中小企業団体中央会専務理事），熊倉道雄（中小企業金融公庫総務部長），小林昌富（全国商店街振興組合連合会専務理事），篠原徹（日本商工会議所常務理事），杉浦滋彦（理工協産㈱代表取締役社長），田丸周（日本興業銀行調査部長），西口敏宏（一橋大学イノベーション研究センター教授），服部和良（中小企業事業団総務部長），堀場雅夫（㈱堀場製作所取締役会長），前田庸（学習院大学法学部教授），森一夫（日本経済新聞社），森敏郎（商工組合中央金庫総務部長）であった。清成忠男以外の学者は，中小企業研究を専門としておらず，当時の中小企業庁とは，一定の距離があった中小企業学会の研究者は研究会には，参加していない。

⑷　とりまとめ内容に関しては，中小企業庁編［1999］に収録されている。
⑸　審議会での議論は分野ごとに部会を設け，約30回の議論を11年6月～9月にかけて短期集中で行った。短期集中での審議であったため，十分な議論がなされないまま，中小企業庁のシナリオ通りの審議過程になったとみることができる。
⑹　当時，筆者は中小企業総合研究機構の職員でもあり，そうした研究会の事務局を担っていた。
⑺　現在，地域における中小企業振興条例に関する関心には，高いものがある。たとえば，岡田知弘他［2010］では，先進的地域での中小企業振興条例についての取り組みが紹介されている。
⑻　筆者は2010年6月に高知県産業振興部計画推進課，同年9月に宮城県経済商工観光部富県宮城推進室でのヒアリング調査を行った。両県ともに県政の1丁目1番地を産業振興に置いている。宮城県の場合，厚生労働省出身の浅野前知事は，産業振興の視点が弱く，安心な地域社会づくりが1丁目1番地であった。そのため，村井知事の登場は県政における最重要課題の大転換となっている。
⑼　同法の詳細については，中小企業庁経営支援課監修［2007］を参照のこと。
⑽　中小企業憲章は，1．基本理念，2．基本原則，3．行動指針から構成されている。短期間で策定したものとしては，よくまとまっている憲章であるといえようが，筆者は憲章の内容よりもその策定方法が重要であるという考え方を持っている。
⑾　現在，筆者は都道府県および政令市の商工政策立案部門に対する訪問調査を積み重ねてきたが，市民参加の政策づくりに関しては，国よりも地方自治体の方が進んでいる。

【参考文献】

岡田知弘他［2010］『中小企業振興条例で地域をつくる』自治体研究社

地域再生産業クラスター研究会［2002］「地域産業の創造的発展と産業クラスター（古川レポート）」

中小企業基盤整備機構［2007］「中小機構の経営支援業務の概要～中小企業・ベンチャー企業総合支援センター～」

中小企業庁監修［1995］『創造的中小企業の胎動』中小企業総合研究機構

中小企業庁［1998］『中小企業白書（平成10年版）』大蔵省印刷局

中小企業庁［1999］『中小企業白書（平成11年版）』大蔵省印刷局

中小企業庁編［1999］『中小企業政策の新たな展開』同友館

中小企業庁編［2000］『新中小企業基本法～改正の概要と逐条解説～』同友館

中小企業庁経営支援課監修［2007］『中小企業地域資源活用促進法活用の手引き』第一法規

松田修一［2005］『ベンチャー企業（第3版）』日経文庫

和田耕治［2000］「中小企業基本法の抜本的改正に関する覚書」『企業環境研究年報』第5号

（和田　耕治）

第12章 産業クラスター政策

I. はじめに

　本章では,産業クラスターの理論をレビューした上で,日本の産業クラスター政策のルーツとその展開について分析していく。ここでの問題意識は,産業クラスター政策によって地域経済が活性化するかどうかを見通すことにある。

II. 産業クラスターの理論

(1) M.E.ポーターの産業クラスター論

　「産業クラスター」というコンセプトは,M.E.ポーター (1998) の"On Competition"(邦訳『競争戦略論II』)において提案された。本来,クラスター(Cluster)とは,ぶどうの房のような塊を意味するが,ここでは,「特定分野における関連企業,専門性の高い供給業者,サービス提供者,関連業界に属する企業,大学・規格団体・業界団体など関連機関が,地理的に集中し,競争しつつ同時に協力している状態(邦訳,p.67)」と定義されている。そして,クラスターを形成する要素として,要素条件,需要条件,関連・支援産業,企業戦略および競争環境といった4つの要素からなる「ダイヤモンド・モデル」を掲げた。

　このようなポーターの産業クラスター論が時代に受け入れられた背景としては,①グローバル化とIT化が進むほどローカル(場所)の意義が逆に高まってきた,②欧米や日本など成熟段階の経済には新しい付加価値を創造するイノベーションが必要となった,③わけても新製品や新サービスを創造するプロダクト・イノベーションが重要であり,産業クラスターはそれに有効である,といった点が挙げられる(石倉[2003])。つまり,産業クラスターは,工業化時代に重視されたインプット・コストの削減ではなく,知識集約化時代の企業の

競争優位性にとって重要なプロダクト・イノベーションを創出する拠点として注目されたのである。

このことは,「産業集積から産業クラスターへ（山崎［2002］）」といった用語の変化にも見て取れる。その理論的説明として,金井［2003］は,マーシャルやウェーバーの古典的な産業集積論と比較し,産業クラスター論の現代的意義を次の4点にて整理している。①天然資源など伝統的な生産要素を強調する産業集積論に対して,産業クラスター論では科学技術インフラ・先進的な顧客ニーズ・埋め込み型の知識といった新しい生産要素を重視する。②産業集積論が企業（特に工場）の集積を捉えているのに対して,産業クラスター論では企業のみならず大学・研究機関・金融機関・地方自治体など多様な組織を包含している。③集積効果として費用の最小化を強調する産業集積論に対して,産業クラスター論ではイノベーションの意義を指摘する。④産業クラスター論では,ネットワークをベースとした協調関係というよりもむしろ,クラスター内における競争の意義を明確にしている。

このようにポーターの産業クラスター論は,マーシャルの「外部経済」の概念に加え,協調関係を重視したピオリ＝セーブルの「フレキシビリティ論」も十分に引き継ぎ,その上で競争戦略・イノベーションの観点から新たにアプローチした点に貢献がある（長山［2005］）。確かに,ダイヤモンド・モデルを見れば,要素条件や関連・支援産業といった2つの要素,それに関するスピルオーバーは外部経済の概念でも十分に説明でき,マーシャルとの既視感を禁じえない（加藤［2000］）[1]。ただ,残りの2つの要素（需要条件,企業戦略および競争環境）に目を向ければ,「情報の粘着性（von Hippel［1994］）」や「知識創造のSECIモデル（野中・竹内［1996］）」といったナレッジ・マネジメントの議論,すなわち,イノベーション論を導入していることが見て取れる。そして,何よりもポーター自身にとっては,企業を取り巻く事業環境に関する研究成果（「業界の魅力度を決める5つの要因」「国の競争優位性」）と,企業内の活動に関する研究成果（「バリューチェーン」「戦略の本質」）の2つの戦略論の流れを統合したものと捉えられよう（石倉［1999］）。

このように，産業クラスター論は様々な概念を上手に取りまとめ，目新しいコンセプトとして提示されたのであるが，一方でその曖昧さ故に様々な批判も寄せられている（中川［1995］，松原［1999］など）。たとえば，ポーターが事例に取り上げた産業クラスターを見ると，イタリアのファッション・クラスター，カリフォルニアのワイン・クラスター，そして，マサチューセッツのIT・バイオ・クラスターまで幅広く，関連産業の範囲や地理的な境界が曖昧に見える。そこでは，ハイテク産業も伝統的産業も無関係であり，国単位・州単位・都市単位のクラスターまで実に多様である。

　ポーターによれば，「クラスター・メンバーや産業間のつながり，その補完性やスピルオーバーの強さとそれが生産性やイノベーションに与える影響によって，最終的な範囲や境界が決まる（邦訳 p.74）」と説明付ける。つまり，産業クラスターにおける関連産業の範囲や地理的な境界は，シナジー効果[2]の及ぶ範囲ということであり，いかにも曖昧な説明にとどまっている。また，そこでのポイントになるスピルオーバーについても明示的とは言い難く，スピルオーバーを生む具体的なメカニズムが不明確なままになっている。いずれにせよ，こうした批判の火種は，産業クラスターが初めから「地域」を前提にしていないことによる論理一貫性の欠如（中村［2004］）や，また何よりも，ポーターが「企業家の視点」を欠いていることによる（長山［2005］）[3]。

(2) 産業クラスター政策論

　さて，本章のテーマである「産業クラスター政策」について，ポーターはどのような見解を示しているのだろうか。実は，現実の集積現象から理論化した産業クラスター論には政策的意識が欠けている（三井［2005］，［2007］）[4]。確かに，ポーターは，「産業クラスター政策」という表現を一度も使っていない。実際，「クラスターの発展とグレードアップに対する政府の役割」を論じているに過ぎない（図表12−1）。また，政府の役割のみならず，民間部門（企業，業界団体，協同組織）の役割も併記しており，その内実は「産業クラスター戦略（クラスター開発による競争戦略）」といえる。実際，その戦略は，クラス

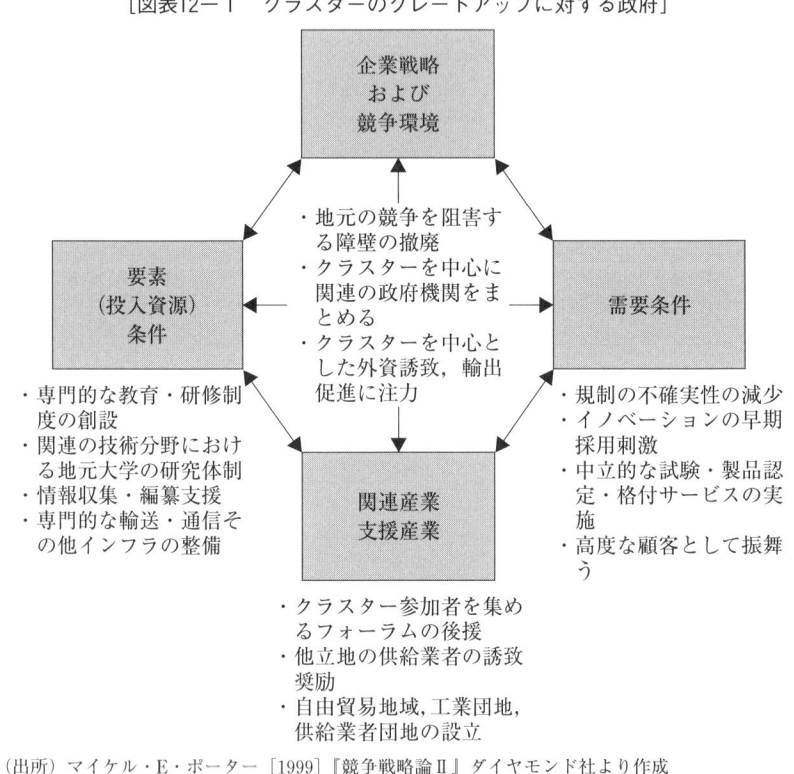

[図表12－1　クラスターのグレードアップに対する政府]

```
                    ┌──────────┐
                    │ 企業戦略  │
                    │   および  │
                    │ 競争環境  │
                    └──────────┘
                          ↕
        ・地元の競争を阻害する障壁の撤廃
        ・クラスターを中心に関連の政府機関をまとめる
        ・クラスターを中心とした外資誘致，輸出促進に注力
   ┌──────┐                              ┌──────┐
   │ 要素 │                              │      │
   │(投入 │ ←→                        ←→│需要条件│
   │資源) │                              │      │
   │ 条件 │                              │      │
   └──────┘                              └──────┘
                          ↕
                    ┌──────────┐
                    │ 関連産業  │
                    │ 支援産業  │
                    └──────────┘
```

要素（投入資源）条件：
・専門的な教育・研修制度の創設
・関連の技術分野における地元大学の研究体制
・情報収集・編纂支援
・専門的な輸送・通信その他インフラの整備

需要条件：
・規制の不確実性の減少
・イノベーションの早期採用刺激
・中立的な試験・製品認定・格付サービスの実施
・高度な顧客として振舞う

関連産業・支援産業：
・クラスター参加者を集めるフォーラムの後援
・他立地の供給業者の誘致奨励
・自由貿易地域，工業団地，供給業者団地の設立

（出所）マイケル・E・ポーター［1999］『競争戦略論Ⅱ』ダイヤモンド社より作成

ター開発に取り組む際の重点ポイントとして，①競争力や競争優位におけるクラスターの役割に対する共通理解，②クラスターのグレードアップに対する障害の排除や制約の撤廃，③クラスター参加者や関連機関の幅広い参加，④民間部門の主導権，⑤人と人のつながり（オープンなコミュニケーション）の重視，⑥リーダーの参加と行動の重視，⑦長期的プロセスの制度化，等といった組織論の視点から整理されている（邦訳，pp. 157-163）。

とにかく，ここで言える事は，政策主導でクラスターを開発することに対して，ポーターは懐疑的であるという点である。そのことは，次のような記述にも見てとれる。「政府は，新しいクラスターをゼロから創り出そうとするので

はなく，既存のクラスター，新興のクラスターを強化すべきである。(邦訳，p. 136)」「政府は全てのクラスターの発展とグレードアップの促進を目指すべきであって，対象とするクラスターを選別するべきではない。(邦訳，p. 135)」これらの主張は，産業クラスターに対する政府の役割が「産業政策」と異なっているとの考え方による（邦訳，pp. 173-174）。ポーターは，産業政策について，国際競争における市場規模のシェア増大のため，補助金や輸入規制・競争制限等を通じて，「ターゲット」産業を保護・育成する支援策と捉えている。産業政策の根底にある考え方が国際競争を需要一定なゼロサム・ゲームとみなしている点を指摘した上で，一方の産業クラスター戦略では競争をダイナミックに捉え，政府の役割をクラスターの生産性向上とイノベーション創出のための環境整備に限定すべきと唱えている。

なお，ポーターの提言は日本にも向けられている（ポーター・竹内[2000]）。そこでは，特に政策決定者に対して，従来の産業政策（特定産業の重点育成政策等）から決別し，ビジネスの競争環境を改善する施策へ方向転換すべきと述べている。具体的には，①政府が企業のイノベーション努力を指導する役割から降りること，②大企業だけでなく中小企業を日本のイノベーションの原動力に位置付けること，③大学をイノベーション政策の中心に据えること，等々の注文を突き付けている。

ここまで説明した通り，ポーターの産業クラスター戦略には，「地域」の視点がなく，また「産業政策」にも否定的な立場をとる。後で詳しく述べるが，日本における産業クラスター政策といえば，一般的に「地域の産業政策」として認識されることが多い（山崎[2003]，中村[2004]，酒井[2006]など）。日本の産業クラスター政策は，ポーターがヒットさせたクラスターなる「流行語」をまさに時流に乗って取り入れたに過ぎない，といったら言い過ぎだろうか。

Ⅲ．日本における産業クラスター政策のルーツと展開

　日本では，上述したポーターの産業クラスター論を表面的には参考にして，2001年度から経済産業省が「地域再生産業集積計画（通称，産業クラスター計画）」をスタートしている。本稿では，便宜上，この「産業クラスター計画」を日本の産業クラスター政策と読み替え，以下，そのルーツと展開について分析していく(5)。

(1)　地域の産業政策としての「産業クラスター計画」

　日本の産業クラスター政策は，ポーターの理論をそのまま受け入れた訳ではなさそうだ。それよりもむしろ，国の産業政策や技術政策，そして地域産業政策の流れの中から生まれてきたと見た方が良いだろう。たとえば，「産業クラスター研究会報告書（産業クラスター研究会［2005］）」においても，産業クラスター計画のルーツは，産業政策と技術政策による日本全体のイノベーション促進支援と，地域産業政策における自立的発展支援の流れを汲んだものと捉えている。

　わが国における地域産業政策は，一つの政策体系として確立されておらず，実に不明瞭であった。それは，本当の意味の「地域の産業政策」が未成熟であり，日本的な中央集権国家らしい「上からの政策」と「外来型開発」が展開されてきたからである（中村［2000］）(6)。それでも，地域の産業政策の一端は，「産業立地政策（国土開発政策）」と「中小企業政策」において見て取れる。そして，産業クラスター政策のルーツは，こうした産業立地政策と中小企業政策の2つの政策転換とそれに伴う接近として見て取れる（長山［2002］，［2010］）。

　両政策の歴史的変遷を見て分かるように，90年代後半，産業立地政策と中小企業政策には，「国と地域の対等な関係」が唱えられ，「格差是正からイノベーション促進へ」という理念の大転換が図られた。具体的に言えば，前者の産業立地政策は，1998年の第五次全国総合開発計画（五全総）において，「多軸型国土構造形成・地域の自立促進」が掲げられ，従来の特徴であった「地域間格

差是正・拠点開発主義・工場分散主義」からの大転換が目指された。こうして，産業立地政策は，「地域におけるイノベーションの促進」が主題となり，地域特性を踏まえた産業地域の多様な構成員のイニシアチブによる「内発的発展」を目指すものとなったのである。

　また，後者の中小企業政策は，1963年の旧法の政策理念であった「格差の是正（中小企業と大企業の間の生産性・賃金等の諸格差）」から転換し，1999年の改正・中小企業基本法において，「多様で活力ある独立した中小企業者の成長発展」を理念とし，中小企業のイノベーション促進を大きな政策目的に置いた。その結果，中小企業政策の中で地域視点に立つ産業集積対策についても，従来の地域ぐるみや業種ぐるみの面的・底上げ支援ではなく，イノベーティブな中小企業のネットワーク支援，すなわち，国際競争力のある産業クラスターの形成支援へとシフトしたのである。

　このように，産業立地政策と中小企業政策は，「国と地域の対等な関係へ（内発的発展）」「格差是正からイノベーション促進へ」という理念の転換において一致し，それが，本当の意味の「地域の産業政策」の形成につながるものと期待された。また，産業クラスター計画は，新しい理念下の産業立地政策と中小企業政策の実体的施策として，ひいては，内発的発展を目指す「地域の産業政策」のシンボルとして期待されたのである。しかしながら，理念と実態の間には大きな隔たりがありそうだ。以下，詳述するように，産業クラスター計画の実態を見れば，依然として国主導であり，国の産業政策の一環として受動的に展開されてきたという見方も少なくない（長山[2002]，勝田[2007]）。地域の特性や既存資源を無視して，全く親和性やシナジーのないハイテク産業を移植することになるならば「外来型開発」と変わらず，83年の「テクノポリス法」による地域開発を想起させてしまう。

(2) 国の産業政策としての「産業クラスター計画」

　ここで，改めて，「産業クラスター計画」の概要を見ていこう。2001年8月，経済産業省は，「地域再生産業集積計画（産業クラスター計画）について」と

題するペーパーを公表した。それによれば，産業クラスター計画の基本的な考え方として，公共事業や企業誘致に依存しない真の空洞化対策のため，世界に通用する新事業を創出する産業クラスターを各地で形成し，地域経済の牽引役となる方向性が目指されていた。そのペーパーでは，産業クラスターの用語説明として，前述のポーター論をそのまま引用していた。その後，2005年5月，経済産業省では同計画の自己評価を行う中で，地域経済産業審議官の私的研究会として設置された産業クラスター研究会による「産業クラスター研究会報告書」を取りまとめ，改めて，「産業クラスター政策」を総括している。

同研究会では，産業クラスターについて，「産学官連携及び企業間連携といった水平的なネットワークによって，互いの経営資源を活用した新事業が次々と生み出されるような，イノベーティブな事業環境が生まれ，この結果として比較優位を持つ産業が核となって産業集積が進む状態」と再定義している。そして，産業クラスター政策の目的として，①「新たな融合」によるイノベーションが生まれるような事業環境を整備すること，②国家戦略として重要な新規産業を地域で発展させること，③地域が主体となって行う地域産業振興と連携して相乗効果を上げること，といった3点を挙げている。また，主な政策メニューとしては，①産学官の広域的なネットワーク形成，②研究開発・技術開発等の推進，③インキュベーション機能の強化，④商社等との連携による販路開拓支援，⑤資金供給機関との連携，⑥コアパーソン等の人材育成，を挙げている（塚本［2005］）。

「第Ⅰ期の産業クラスター計画（2001～2005年度）」における全19プロジェクトの対象分野は，IT分野（北海道など8つ），バイオ分野（近畿など7つ），環境・エネルギー分野（九州など6つ），ものづくり分野（関東など9つ）の大きく4分野に分けられる（各プロジェクトに重複あり）。こうした産業クラスター計画の支援ターゲット分野は，国の産業政策および技術政策とジャスト・フィットしている。事実，国の産業政策としては，97年の「経済構造の変革と創造のための行動計画（産業構造審議会）」において15の新規産業分野が示され，その中にIT・バイオ・環境分野が入っている。国の技術政策として

は，2001年の「第2期科学技術基本計画（総合科学技術会議）」において，情報通信（IT），ライフサイエンス（バイオ），環境，ナノテクノロジー（ものづくり）の4分野が戦略的重点分野に選定されている。

また，「第Ⅱ期の産業クラスター計画（2006〜2010年度）」ではスクラップ・アンド・ビルドによって全17プロジェクトとなったが[7]，その対象分野として，燃料電池（中部など3つ），情報家電（東北など6つ），ロボット（関東など3つ），コンテンツ（北海道など4つ），健康・福祉（北陸など9つ），環境・エネルギー（九州など5つ）が挙げられている（各プロジェクトに重複あり）。これらのプロジェクトも国の産業政策に対応しており，2004年の「新産業創造戦略（産業構造審議会）」，2006年の「新経済成長戦略（同）」における支援ターゲットとほぼ同じ内容になっている。

国の産業政策は，IT・バイオ・環境・ナノテクといった新産業をターゲットにして国家競争力を高めていく。産業クラスター計画では，こうした国の産業政策に即して，地域における産学官連携や創業・ベンチャー支援策を講じ，新産業を創出していく。すなわち，日本の産業クラスター政策は，国が企画立案した産業政策を地域で運用するといった独特の内容となっているのである。そのため，産業クラスターの支援対象は，国家戦略として重視するハイテク産業に偏重している（三井［2002］）。また，そこでの地域の単位は，全国各地にある国（経済産業省）の出先機関「経済産業局[8]」が管轄する超広域エリア（道州制に近い地域ブロック）となっている点も特徴的である。

(3) 地域経済産業局のための「産業クラスター計画」

ここからは，産業クラスター政策のルーツについて，政策主体サイドから見ていく。産業クラスター計画の政策主体は経済産業省であり，「地域経済産業グループ」である。2001年1月の中央省庁再編によって，通商産業省は経済産業省へと組織改正され，その際，全国9ヵ所の地域経済産業局と本省4課から成る「地域経済産業グループ」が発足した。同グループを統括する局長級ポストとして地域経済産業審議官が新設され，その初代に今井康夫氏が就いた。

同氏は，今井［2005］によって，産業クラスター計画の立案過程を詳述している。そこには，当時の省内，地域経済産業グループの雰囲気が読み取れる文脈がある。「われわれの合い言葉は，①地域経済の復権，②産業政策の復権，③地域経済産業局の実存性の回復，であった（p.237）」。特に，③のスローガンは生々しく，そこからは，「地域経済産業局の存在感を取り戻すため」に，産業クラスター計画を立案したという組織の自己目的性が読み取れる。また，全国各地の地域経済産業局の中から，関東経済産業局の「TAMAプロジェクト[9]」を成功事例に選定し，それが，「産業クラスター計画の原型（p.241）」となった点も明記されている。

　TAMAとは，埼玉県南西部，東京都多摩地域，神奈川県中央部に広がる技術先進首都圏地域（Technology Advanced Metropolitan Area）の略である。関東通産局（現，関東経済産業局）は，こうした複数の都道府県にまたがる広域多摩地域において，ものづくりベースの産業集積の存在を見出した。そして，この広域多摩地域の産業集積を実態調査した結果，①大手企業の有力工場と試験研究機関，②優れた理工系大学，③製品開発型の中堅・中小企業，④QCD対応可能な基盤技術型の中堅・中小企業，⑤技術分野の優秀な人材，といった強みを持つものの，その一方で，大手メーカーを頂点としたピラミッド型の垂直分業構造にあり，地域面積の広さと交通の不便さもあいまって，地域内の中小企業間の水平的ネットワークが欠如し，大学や研究機関・知的人材との交流も活発ではない状況を明らかにした。1998年，こうした課題を解決するため，「TAMA産業活性化協議会（TAMA協議会）」が発足し，広域多摩地域における産学官の人的ネットワークの結節点として各種事業を展開している。このように，「産業クラスター計画の原型」と呼ばれるTAMAプロジェクトは，広域にひろがる複数の産業集積を一つのクラスターとしてまとめ，既存の産業集積のポテンシャルを踏まえながら，産学官の人的ネットワークを民間主導で形成していく内容となっている。それこそ，まさに，ポーターの産業クラスター戦略に則ったプロジェクトといえる（長山［2002］）。

　TAMAモデルは，地域経済産業局の実存性を回復するための「ヒント」を

与えた。確かに，TAMA モデルの特徴である「広域的な産学官の人的ネットワーク」については，産業クラスター計画の事業の一つとして反映されている。しかしながら，前述のとおり，産業クラスター計画では，TAMA のように既存の産業集積のポテンシャルを活かすというよりはむしろ，IT・バイオ・環境・ナノテクといったハイテク型の産業集積を新たに形成していく内実となっている。しかも，地域経済産業局が産学官ネットワークの結節点に位置付けられ，民間主導というよりもむしろ，官がイニシアチブを握る格好となっている。結局のところ，産業クラスター計画は，TAMA モデルの基本ポリシーを受け継ぐことなく，部分的に「いいとこ取り」して，国の画一的な施策パッケージとして取りまとめられたのである。

今，改めて見つめなおすと，TAMA モデルは，少なからず「偶然性」があり，たまたま広域多摩地域にポテンシャルの高いものづくりの産業集積が広がっており，たまたま広域な都道府県を管轄する関東通産局がそれを支援するポジションにあったと捉えられる。従来の産業集積活性化法や地域プラットフォームは都道府県単位であるため，広域多摩地域の産業集積のように複数の都道府県をまたがるケースには利用しにくい面もあった。こうしたケースでは，地域経済産業局による補完機能が意味を持つだろう。しかしながら，複数の都道府県をまたがる広域的な産業集積は，現実にどれほど日本に存在するのだろうか。実は，広域多摩地域のようなケースは例外的であり，既存の産業集積の多くは，都道府県の範囲，それよりも狭い市町村（基礎自治体）の範囲に当てはまると思われる。

産業クラスター計画では，こうした既存の産業集積をポーター流にグレードアップするのではなく，新規にゼロからでも形成していく方針なので，そもそも地域範囲に根拠はない。産業クラスター計画の地域範囲が広域エリア（道州制に近い地域ブロック）となっている理由は，地域経済産業局の存在感を取り戻すためとしか考えられない。こうして，日本の産業クラスター政策は，経済産業省（国）が企画立案した産業政策（新産業創出戦略）について，地域経済産業局（地域）が現場で運用し，広域エリアのハイテク型産業クラスターを産

学官連携支援によって形成していく内容となったのである。改めて言うまでもなく，地域経済産業局は，経済産業省の地域経済産業グループであるから，やはり，産業クラスター計画は国主導であり，国の産業政策の一環として展開されてきた点を再確認することができる。

IV．産業クラスター政策の実態と課題

　最後に，日本の産業クラスター政策の実態と評価を踏まえ，それが地域経済の活性化につながるためのポイントを見出していきたい。

(1)　第I期の産業クラスター計画の評価

　第I期の産業クラスター計画（2001〜2005年度）の評価については，政策主体である経済産業省が自ら「政策評価」に立ち会っている。それは，前述の「産業クラスター研究会報告書」や「産業クラスター計画モニタリング調査報告書（三菱総合研究所［2005］）」として公表されている。その結果としては，「全国19プロジェクトを通じて，約6,100社の企業，約250の大学の参加実績」があり，「情報収集・ネットワーク形成面での成果があった（参加企業に対するアンケート調査結果）」と評価している。そして，今後の課題として，「具体的なビジネスの創出」を挙げている。

　通常，政策評価といえば，当初目標と実績の比較，費用対効果の検証だろう。当初，経済産業省は，産業クラスター計画における技術開発推進策，起業家育成策それぞれに1,000億円の予算を投入した場合，5年後の経済効果として生産誘発額1兆2,300億円，誘発就業者数は6万8,000人に達すると試算していた。また，全国19プロジェクトでは，それぞれに数値目標が設定されており，売上高や新規株式公開企業等が具体的にどれ位増加するかを明記していた。たとえば，2001年から北海道経済産業局が展開している「北海道スーパー・クラスター振興戦略」では，ITとバイオの2分野を選定しているが，「売上高4,400億円（IT4,000億円，バイオ400億円）」「新規株式公開企業15社」などの目標を掲げ

ていた[10]。

　実は,「産業クラスター研究会報告書」等によるモニタリングにおいて,こうした数値的な評価は積極的に行われていない。それに対する同研究会の説明は,次の通りだ。モニタリングの観点は,「イノベーションが生まれやすい環境が創られつつあるのかどうか」を重視した。「付加価値の増大,売上高や雇用の増加といった経済的効果」は,目に見えるまでに相当の時間を要する,という弁解である。そこでの基本的な考え方は,「産業クラスターを形成するのに20年程度の長期的な取り組みが必要」というものである。よって,第Ⅰ期計画（2001～2005年度）は,「産業クラスターの立ち上げ期」であって,まずはその基礎となる「産学官の顔の見えるネットワーク」が形成できた点で評価したい,といった落とし所となる。そして,積み残しの課題（具体的なビジネスの創出等）は,「産業クラスターの成長期」に当たる第Ⅱ期計画（2006～2010年度）で達成していく道筋を示す。さらには,第Ⅲ期計画（2011～2020年度）を「産業クラスターの自律的発展期」と位置づけ,財政面の自立化を目指す方向性が示されている。

　「産業クラスター研究会報告書」でも十分な認識があるが,政策を評価し,必要に応じて改善していく「PDCAシステム」の導入は当たり前の事だろう。しかしながら,第Ⅰ期の産業クラスター計画の評価において,その事が十分に行われたとは言い難い。当初,産業クラスター計画には,前述のような数値目標があったのであるから,少なくともそれに対する達成度を数字で示すべきだろう。もっと言えば,産業クラスター計画によって,いくらの予算を投入して,それに対して,どれほどの経済的効果があったのか,を明確に示すべきである。

　ちなみに,経済産業省による各年度の予算概要をみると,産業クラスター計画に関する予算として,2001年度83.4億円,2002年度178.3億円,2003年度183.1億円,2004年度198.4億円,2005年度135.9億円をそれぞれ計上している[11]。こうした予算の大半は,「地域新生コンソーシアム研究開発」や「新規産業創造技術開発」といった研究技術開発の支援に使われている。政策効果のあった「産学官の顔の見えるネットワーク」に関する予算は,2002年度5.9億円,2003年

度6.3億円，2004年度6.8億円となっており，皮肉にも全体の予算に占める割合は決して多くない。いずれにしても，相当な予算を投入したにも関わらず，当初見込んだ経済的効果や数値目標を達することが出来なかったことを，経済産業省は素直に認めるべきであろう。

(2) 第Ⅱ期の産業クラスター計画の評価

　本来は，第Ⅰ期計画での「見込み違い」をしっかりと反省してから，第Ⅱ期の計画（2006～2010年度）を進めていくべきである。まず，何よりも問われるのは，「産業クラスターを形成するのに20年程度の長期的な取り組みが必要」といった考え方であり，産業クラスター計画を安易に継続していく姿勢にある。なぜ，20年もの時間を要するのかと言えば，それは，新規にゼロベースからハイテク型の産業集積を広域的に形成しようとするからだ。ポーター流の産業クラスターやTAMAモデルに習えば，既存の産業集積のグレードアップで良いので，比較的，時間もお金もかからずに済む。

　しかしながら，新規にハイテク型の広域的な産業集積を形成しようとすれば，知的インフラなど要素資源の種蒔きからスタートしなければならない。そのために，第Ⅰ期計画では，研究開発や技術開発の支援に多額の予算を投入することになった[12]。もっといえば，政策効果があったとされる「顔の見えるネットワーク」においても，それがイノベーションの促進につながったかどうかの因果関係は不明である。ネットワークの内実は，官による助成対象企業の「選別」にある。産業クラスター計画の参加企業に対するアンケート調査結果でも，「施策情報が得やすくなった」「技術開発支援制度の申請支援・採択」が満足度のトップに挙がっている。いずれにせよ，20年もの時間をかけて長期的に産業クラスターを形成していくことで，最大のメリットを享受するのは，組織の実存性を回復した「地域経済産業局」であろう。

　経済産業省地域経済産業グループは，2006年4月，「産業クラスター 第Ⅱ期中期計画」を公表している。同計画書によると，第Ⅱ期の数値目標として，「新事業開始件数（新商品・新製品の試作，製造，市場投入や新たな製造プロセス

技術の導入，新しいサービスの導入）」を共通指標にしている。そして，その新事業開始件数を2006〜2010年度で「全国4万件」とすることを目標に掲げた。第Ⅰ期の反省によるものか，第Ⅱ期では売上高や雇用の増加といった全体での経済的効果を予め示すことなく，各プロジェクトの追加目標として，こうした数値目標を別途設定する格好となっている。なお，第Ⅱ期の中間的な政策評価として，2009年1月に「産業クラスター計画モニタリング等調査報告書（リベルタス・コンサルティング）」が公表されている。

(3) 産業クラスター政策と地域振興

　最後に，日本の産業クラスター政策について，地域経済の活性化という視点から分析してまとめにかえたい。

　これまで述べてきたように，産業クラスター計画は，国が企画立案した産業政策を地域で運用し，広域的なハイテク型産業クラスターを20年かけて新たに形成していくものであった。そこでの地域とは，すなわち地域経済産業局であり，支援対象エリアは，地域経済産業局の管轄する地域ブロックであった。よって，産業クラスター計画の政策効果がもたらす地域経済の活性化とは，道州制のイメージに近い9ブロックの地域経済の活性化を意味する。

　たとえば，北海道の場合，ITとバイオの2分野をターゲットとする「北海道スーパー・クラスター振興戦略」を展開しているが，それによって，北海道という地域経済の活性化に結実したかどうかを問うことになる。北海道に限った話ではないが，実際に企業や大学・研究所等が集積するエリアは，道州レベルの広域的なものではなく，もっと狭い範囲だ。北海道のITもバイオもどちらの集積も，札幌市という基礎自治体の範囲内におさまる。前者のITクラスターの実態は，札幌駅北口エリアにおけるプロダクツ型やシーズ型等のハイテクなソフトウェア業の集積，いわゆる「サッポロバレー」がコアである（長山[2009]）。また，後者のバイオ・クラスターは，北海道大学等から創業した，創薬などニューバイオ分野における「大学発バイオベンチャー」がコアであり，その立地場所は北海道大学周辺に点在している（長山[2004]）。いずれも，札

幌市内の更に狭い地域での集積にとどまっており，少なくとも，地域経済産業局が管轄する北海道全体に広がるクラスターとは言い難い。

　また，第Ⅰ期の「北海道スーパー・クラスター振興戦略」には，地域振興の視点が少なかった。北海道全体の地域振興のみならず，拠点となる札幌市の地域振興さえも，地域経済産業局の目標になっていなかった。当時の目標は，やはり，国（経済産業省）が掲げた産業政策の推進であって，そのために，ITとバイオの2つの新産業を管内で創出することに注力するのみであった。たとえば，後者の「第Ⅰ期・バイオ産業クラスター計画」においては，国のバイオ産業政策（「b-Japan戦略」および「バイオテクノロジー産業の創造に向けた基本方針および基本戦略」）に即して，「ニューバイオ・テクノロジー」の研究開発・技術開発に政策資源を集中投下した。もし，ここで地域振興の視点があれば，北海道の主たる既存産業（一次産業・食品加工業等）にとって応用性の高い「オールドバイオ」にもっと目を向けたはずである[13]。

　その後，北海道のバイオ産業クラスター計画は第Ⅱ期へと継続されたが，そこには軌道修正があり，地域振興の視点が少なからず盛り込まれている。具体的には，「バイオ産業と地域産業の好循環を目指して」というコンセプトが掲げられ，重点産業分野も「機能性食品や化粧品などの健康・医療」となった（経済産業省「平成20年度版産業クラスター計画」パンフレット）。数値目標（2007年度～2010年度の4年間）においても，全体の新事業開始件数（2,000件）のうち，半分の1,000件が地域資源活用事業となっている。バイオの新産業と一次産業や食品等の既存産業の連携，シナジーの現出が強く意識されており示唆に富む。今後，日本の産業クラスター政策は，産業クラスターの形成と既存産業の再生，そのシナジーを意識すべきなのだろう。

　ただ，改めて，産業クラスターの地理的範囲を考えれば，それは道州レベルの広域的なものではなく，市町村（基礎自治体）単位の狭い範囲に目線を移すべきである。実際，産業クラスターにとって重要なプロダクト・イノベーションの創出には，フェイス・トゥ・フェイスによる暗黙知の共同化が有効である。

　国の「産業クラスター計画」事業は2010年度に廃止されたが，今後，地域経

済産業局に代わって，基礎自治体が産業クラスターの支援に乗り出し，本来の「地域の産業政策」を展開すべきであろう。その際，地域経済産業局は，ポーターの指摘のように黒子に徹し，基礎自治体による産業クラスター政策の補完役に回るべきだ。そして，地域経済産業局は，必要に応じて，新産業と既存産業のシナジーを高めるためのクラスター間の連携，広域的なネットワークの結節点となってもらいたい。

　通常，クラスター形成のプロセスは，シリコンバレー・モデルのように，地域の中核的な企業からスピンオフ創業が起こり，連鎖的に発生したスピンオフ起業家のネットワークが集積して形成される（長山［2007］，［2009］）。日本の場合は，シリコンバレーと異なり，知識労働市場の流動性が低く，日本型経営に見られるように，大企業は長期的見通しに立つ雇用制度を運用している。そのため，知識経営を進める大企業においてさえ，そこからのスピンオフ創業が少なく，大企業とスピンオフベンチャーとのwin-winの関係も築けていない。まずは，スピンオフ・ベンチャーの創出条件を整備すべきであり（長山［2011］），それを地域（基礎自治体レベル）の産業政策とリンクさせたい。

【注】

(1) 松原［1999］は集積論の系譜を精緻に整理しているが，その中で，ポーターの産業クラスター論は，演繹的に集積一般を論ずるウェーバー系譜ではなく，帰納的に特定集積を論ずるマーシャル系譜として位置づけている。

(2) クラスターとは，相互に結びついた企業・機関・多様な組織から成るシステムであり，クラスターを構成する多様な組織の相互作用によって生じる全体としての価値は，各部分の総和よりも大きくなる。このような現象を，経営戦略論では，シナジー効果と呼ぶ（金井［2003］）。

(3) これに対して，長山［2009］では，産業クラスター形成におけるスピンオフ連鎖に着目し，企業家の視点から，スピンオフ企業家のネットワークと集積形成のメカニズムを分析している。

(4) その一方で，地域イノベーションシステム論は，ヨーロッパの経験にもとづき，企

業と知識開発・普及を業務とする機関との間の協力関係がメインテーマであり政策的志向が強い。
(5) 経済産業省の「産業クラスター計画補助金」事業は，民主党事業仕分け報告の指摘を受けて，2010年度に廃止された。
(6) 地域政策の変遷は，中村［2000］に詳しい。日本の地域政策は，地域間格差是正といった社会政策的性格を理念として建前に置く一方，実態面では国の産業政策に軸足を置いた地域開発（産業立地政策）が展開されてきた。そのため，地方都市では「上からの開発」が施され，結果的に公共事業や企業誘致に全面依存する他律的状況を招いた。
(7) 第Ⅰ期は19プロジェクトであったが，政策評価によって，廃止5，新設3，修正9，継続5となり，第Ⅱ期は17プロジェクトとなった。詳しくは，経済産業省経済産業政策局 地域経済グループ「産業クラスター第Ⅱ期中期計画」2006年4月を参照のこと。
(8) 産業クラスター計画を展開する経済産業省の地方支分部局は，次の10機関。北海道経済産業局，東北経済産業局，関東経済産業局，中部経済産業局および北陸支局，近畿経済産業局，中国経済産業局，四国経済産業局，九州経済産業局，沖縄総合事務局経済産業部。
(9) TAMAプロジェクトについては，児玉［2003］に詳しい。
(10) 第Ⅰ期の結果，北海道の売上高は3,249億円（IT3,014億円，バイオ235億円），新規株式公開企業は皆無の状況。それでも，北海道は，他のクラスターに比べれば大健闘であり，よって，第Ⅱ期の計画もそのまま継続されている。
(11) 産業クラスター計画に関連する総予算（年初予算＋補正予算）としては，2001年度484億円，2002年度444億円，2003年度413億円，2004年度490億円，2005年度480億円となっている。なお，プロジェクトで実際に投入された予算は，2001年度266億円，2002年度218億円，2003年度195億円である（三菱総合研究所 2005）。
(12) さらに，文部科学省の「知的クラスター創成事業」においても，産学官連携による研究開発等を支援している。なお，知的クラスター事業は，2002年度からスタートしており，はじめの5年間（第Ⅰ期）の予算規模は，1地域当たり約5億円／年であった。現在，第Ⅱ期として事業を継続している。

⒀ 北海道では，96年から経済界主導で各地域単位のクラスター研究会をスタートしている。クラスター研究会は，「食・住・遊」をコンセプトとした地域産業クラスターの発展を目指して，各地域の基礎自治体（市町村）や商工団体等が積極的に活動している。テーマは多様であるが，いずれも地域の既存産業・中小企業のポテンシャルを活かした内容となっている。詳細は，㈶北海道科学技術総合振興センター「クラスターレポート2000－2001」を参照。しかしながら，こうした基礎自治体（市町村）レベルの「食・住・遊クラスター」と，北海道経済産業局による「北海道スーパー・クラスター振興戦略（第Ⅰ期）」には接点がなかった。

【参考文献】

石倉洋子［1999］「イノベーションの視点から見たポーター理論の動向」『ハーバード・ビジネス』第24巻第2号

石倉洋子［2003］「今なぜ産業クラスターなのか」『日本の産業クラスター戦略』所収

石倉洋子・藤田昌久・前田昇・金井一頼・山崎朗 ［2003］『日本の産業クラスター戦略』有斐閣

今井康夫［2005］「産業政策としての産業クラスター計画－産業クラスター計画の立案過程」二神恭一・西川太一郎編著『産業クラスターと地域経済』八千代出版

勝田美穂［2007］「地域産業政策の理念と実態－「産業クラスター計画」をめぐる政治学的論点-」『日本地域政策研究』第5巻

加藤和暢［2000］「M.ポーター－国と地域の競争優位」矢田俊文・松原宏『現代経済地理学』ミネルヴァ書房

金井一頼［2003］「クラスター理論の検討と再編成－経営学の視点から」『日本の産業クラスター戦略』所収

児玉俊洋［2003］「TAMA企業の技術革新力とクラスター形成状況」『RIETI Policy Discussion Paper Series 03-P-004』経済産業研究所

酒井邦雄［2006］「産業クラスター戦略と地域産業政策」『地域分析』第45巻第1号

塚本芳昭［2005］「産業クラスター計画の現状と課題」『研究技術計画』Vol. 20, No. 1

中川涼司［1995］「M.E.ポーターの『国の優位性』を巡る論争の意味」『阪南論集社会科

学編』第30巻第 3 号
中村剛治郎［2000］「地域政策」田代・萩原・金澤編『現代の経済政策（新版）』有斐閣
中村三紀［2004］「わが国「産業クラスター政策」の生成プロセスに関する実証的・理論的研究」『立教ビジネスデザイン研究』第 1 号
長山宗広［2002］「地域における新産業創出・産学官連携・クラスター政策の実際」『信金中金月報』第 1 巻第12号
長山宗広［2004］「ニューバイオ関連産業クラスターにおけるハイテク中小企業の存立基盤」日本中小企業学会編『日本中小企業学会論集23』同友館
長山宗広［2005］「地域産業活性化に関する諸理論の整理と再構築」『信金中金月報』第 4 巻第10号
長山宗広［2007］「地域におけるスピンオフ企業家の集中的発生のメカニズム」『信金中金月報』第 6 巻第 4 号
長山宗広［2009］「新しい産業集積の形成メカニズム－浜松地域と札幌地域のソフトウェア集積形成におけるスピンオフ連鎖」『三田学会雑誌』第101巻第 4 号
長山宗広［2010］「新しい産業集積の形成と地域振興」吉田敬一・井内尚樹編著『地域振興と中小企業』ミネルヴァ書房
長山宗広［2011］「知識創造経営とスピンオフのジレンマ～日本におけるスピンオフ・ベンチャーの創出条件～」日本比較経営学会編『比較経営研究』第35号
野中郁次郎・竹内弘高［1996］『知識創造企業』東洋経済新報社
ポーター，M.E.・竹内弘高［2000］『日本の競争戦略』ダイヤモンド社
松原宏［1999］「集積論の系譜と新産業集積」『東京大学人文地理学研究』13号
三井逸友［2002］「21世紀の産業戦略と地域中小企業の可能性」『商工金融』第52巻 6 号
三井逸友［2005］『地域インキュベーションと産業集積・企業間連携』御茶の水書房
三井逸友［2007］「地域産業集積論から地域イノベーションシステム論へ～21世紀地域産業論へのリビュー的展望～」渡辺幸男編著『日本と東アジアの産業集積研究』同友館
三菱総合研究所［2005］「産業クラスター計画モニタリング調査報告書」
山崎朗［2002］『クラスター戦略』有斐閣選書

山崎朗［2003］「地域産業政策としてのクラスター計画」『日本の産業クラスター戦略』所収

Porter, M.E.［1998］On Competition, Harvard University Business School Press（竹内弘高訳『競争戦略論Ⅰ・Ⅱ』ダイヤモンド社，1999年）

Saxenian, A.［1994］*Regional Advantage‐ Culture and Competition in Silicon Valley and Route* 128‐, Harvard University Press.（大前研一訳『現代の二都物語』講談社，1995年）

von Hippel, E.［1988］*The Sources of Innovation, Oxford University Press*.（榊原清則訳『イノベーションの源泉』ダイヤモンド社，1991年）

（長山 宗広）

第13章 地域経済の振興と地方自治体
―中小企業振興基本条例を中心に―

Ⅰ．はじめに

　2008年9月の「リーマンショック」以降，日本は，戦後最大規模の深刻な経済危機に陥った。アメリカにおいて金融バブルが崩壊したことによって，アメリカ市場に依存してきた日本の自動車，家電，金融資本は一気に業績を悪化させ，「派遣切り」「期間工切り」からはじまり正社員の解雇，工場閉鎖へと問題が深刻化していった。また，サブプライムローンの破綻や株価の暴落は，資産が大幅に縮小した金融資本による「貸しはがし」「貸し渋り」を引き起こし，中小企業の経営環境はいっそう厳しいものとなった。住民の暮らしが苦しくなり，地域経済が疲弊するなかで，税収減による地方財政危機も進行している。とりわけトヨタ自動車が本拠を置く豊田市では法人市民税が96％も減少し，企業城下町の脆弱性を露呈した。このため，アメリカを中心とする海外市場や不安定な金融派生商品に依存してきた，これまでの日本の経済構造を根本的に見直し，内需拡大型あるいは地域循環型の経済構造に転換する必要があるという指摘が，各方面からなされてきている。

　その際，「百年に一度の経済危機」という言い方が，よくなされている。アメリカのブッシュ大統領（当時）や日本の麻生首相（当時）がそれによってやろうとしたのは，かつてない規模での公費投入による特定の産業や企業の救済であった。日本では，とくに金融資本，自動車産業，家電産業，ゼネコンの救済という側面が強い。「定額給付金」や高速道路料金の値下げも，一時的な「バラマキ」であり，地域産業や市民生活の再建につながるものではない。「内需拡大型」といっても，その中身が問題である。いったい誰のために，何をやるのかが，問われているのである。

　この経済危機から脱出するには，危機自体が，なぜ生じたのかを科学的にと

らえる必要がある。「百年に一度」という言い方は，この経済危機が百年に一度の確率でたまたま天から降ってきたものであり，仕方がないものだという語感をともなっている。とくに為政者が，これまでの政策の真面目な反省なしに，そのような言い方をするのは，無責任ともいえる。

　前述したように，今回の経済危機は，直接にはアメリカのサブプライムローンの破綻がきっかけで，それが日本企業の金融資産の目減りや販売市場の喪失という形で一気に表面化した。これは，経済のグローバル化が，金融面，生産面で2000年代に入って大きく進行したからである。これをすすめたのが，小泉純一郎内閣による「構造改革」であった。また，サブプライムローンによって膨張していたアメリカ市場への輸出によって，過去最高の業績をあげていた自動車産業や家電産業は，労働法制の規制緩和を活用して派遣労働者をはじめとする非正規雇用を増やし労働コストを引き下げるとともに，下請け企業からの調達価格もぎりぎりまで押し下げてきた。この結果，「年収200万円未満」の勤労者が，全体の4分の1を超えるなど，「ワーキングプア」が国内で急増し，多くの国民の貧困化が進行していた。雇用保険，失業保険，医療保険，年金等の社会福祉制度も，「構造改革」のなかで改悪され，逆に，「自己責任論」が広げられるなかで，国民の負担が急増し，国民の消費購買力はどんどん減少していったのである。このような「構造改革」にともなう「生産と消費の矛盾」は，他の先進国に比べ激しかったため，日本経済は，アメリカやヨーロッパ諸国のそれよりも激しく落ち込んだといってよい[1]。

　では，どのようにして，このような難局を打開していけばいいのだろうか。本章では，地域経済学の視点から，地域経済の持続的発展にとって中小企業や地方自治体が果たす役割を，地域内再投資力という考え方に基づいて述べたうえで，具体的な地域経済振興策として中小企業振興基本条例とそれに基づく自治体施策を中心に検討し，地域からの日本再生を展望してみたい。

Ⅱ．地域経済の持続可能性と地方自治体

(1) 地域経済の再生産と中小企業・地方自治体

　そもそも，地域とは何か[2]。それは，本源的な意味においては，人間が生活する領域である。人類史の圧倒的多くの時代は，人間が自らの足で歩ける範囲で，一定の自然条件の下で，自然に働きかけを行い，そこから「衣食住」の生活手段を得て，それを加工，消費する生活を繰り返してきた。この人間と自然との物質代謝こそ，本来の意味での経済活動である。そして，この経済活動の領域は，貨幣経済の発展とともに拡大し，資本主義の時代に入ると資本活動を担う企業が登場することで，生活領域を超え，一国領域，さらには地球規模での経済活動へと発展する。こうして「人間の生活領域としての地域」と「資本の経済活動領域としての地域」が大きく乖離する時代を迎える。とりわけ1980年代後半以降の多国籍企業の発展は，この乖離を決定的なものとし，生産拠点が海外に移転することにより，それまでの国内拠点工場が閉鎖，縮小し，「産業空洞化」問題が生じることになる。人間は，多国籍企業の活動に合わせて，グローバルな規模で自由に移動することはできない。とりわけ，高齢化が進行している日本においては，住民の生活領域は狭くなりつつあるともいえる。そのような現代において，住民がある地域に暮らしつづけるためには，その地域において産業活動が持続的に行なわれ，雇用と所得が再生産されることが必要不可欠である。

　その際，決定的に重要なものが，「地域内再投資力」である。これは，過去の地域開発政策の失敗から学んだ概念である。公共事業のような一回切りの投資や，誘致企業のように地域で生み出された所得を本社のある大都市都心部に移転するようなことでは，その地域の持続的発展には結びつかない。実際，地域経済では，事業所や従業者数の圧倒的部分を占めるのは中小企業であり，農家や協同組合，NPO，そして地域金融機関や地方自治体を含めて，毎年あるまとまったお金を投下し，それが循環することによって地域内で雇用や仕事，所得が生み出され，地域経済が再生産されている。また，それらの所得の果実

の一部が預金として金融機関に，さらに税金として地方自治体や国に流れていく。これらの預金や税金を，再び，それらの地域内に再投融資することで，地域内再投資力が高まるわけである。そして，そのような地域内再投資が円滑に繰り返されることにより，地域での住民生活や環境，国土保全もなされることになる。また，地域内再投資力は，地域内での産業ネットワークが形成され，資金回転数が増えるにつれて高まるだけでなく，地域内のさまざまな経済主体や家計，地方自治体の施策を通して，一人ひとりの住民の生活向上に結びつけることが可能になる。この地域内再投資力は，投資額の量的側面だけでなく，技術力，生産能力，マーケティング力，経営管理能力等の質的側面も持ち，それを高めようとすれば，個別企業だけではなく，地域金融機関や地方自治体の役割が決定的に大きいといえる。

(2) 地域形成主体としての地方自治体

　地方自治体の役割は，単に個別企業や農家，協同組合と同じような再投資主体のひとつということに留まらない。地方自治体は，民間企業や農家，協同組合と異なり，地域の経済や社会，さらに自然環境や歴史的環境を形成する積極的な役割を果たすために行財政権限を保有する政治組織でもある。

　現代の日本には，地方自治体として，市区町村という基礎自治体と，都道府県という広域自治体がある。基礎自治体は，住民の生活にとってもっとも身近な地方自治体である。ただし，このうち区は，東京都の特別区のみを指している。他の政令指定都市の区は，市長の下におかれた行政組織であり，住民の自治組織ではない。ここにひとつの限界があることに，留意すべきである[3]。また，都道府県は，市町村の領域を超える広域的な行政サービスを行ったり，市町村の連絡調整だけでなく，市町村ができない業務を補完したり，補助金や交付金によって都道府県内の地方財政調整を行う自治体である。

　いうまでもなく，地方自治体は，日本では憲法と地方自治法に裏付けられた法的権限と財源を有する。これらを活用して，一方で地域の住民や企業から税金を徴収し，それを活用して，毎年度の予算を策定し，それを行政サービスと

して執行する法的権限を有する。その際に，議会で条例を制定し，それぞれの地方自治体での自治のあり方，地域経済のあり方，あるいは景観のあり方等々のルールを自己決定することが認められている。

　もっとも，明治憲法下においては，地方自治の規定はなく，地方公共団体は国家の下部機構の位置づけだったといえる。これを，戦後の民主化過程のなかで，国と対等な関係の団体自治と主権者である国民の権限を認めた住民自治を車の両輪とする地方自治が確立したのである。これによって，主権者である住民が，選挙によって首長と議会を選ぶだけでなく，場合によって条例制定の直接請求やリコールもできる民主主義的な地方自治制度が発足したのである。

　さて，中小企業の経営者や従業員の視点から，地方自治体をとらえなおすならば，何よりも彼らは地方自治体の主権者である。しかも，中小企業関係者と農家の比率は，家族も含めると，大企業の工場や支店がない農山村ではほとんど100％となる。大都市圏でも最低4分の3近くを占める（岡田［2008］）。

　地方自治体の主財源となる地方税についても，中小企業関係者が納める法人関係税，個人住民税，固定資産税が圧倒的多くの比率を占める地域の方が多いといえる。また，国民健康保険料や公共上下水道料金等の負担についても中小企業関係者の比率が高いだけでなく，これらの税金や料金の水準のありようが，小規模な中小企業経営の持続にとって重大な影響をもたらすことにもなる。狭い意味での中小企業施策だけではなく，このような税や公共料金，保険料負担についても，地域経済の振興を考える際には見ておく必要がある。

　他方，地方自治体は，財政支出や行政サービスをとおして中小企業の経営にとって重要な役割を果たす。歳出面においても，地方自治体は，狭い意味での中小企業振興策にとどまらない広義の中小企業振興のための施策を日々展開している。たとえば，普通建設事業や災害復旧事業などの建設工事，あるいは文房具などの物品やサービスの調達，さらには職員の食事をはじめとする消費支出を通して，地方自治体の財政支出は地元中小企業に市場を提供する。もちろん，現代では，これらが，地域外部のゼネコンや，格安の文房具チェーン店，巨大スーパーの支店に吸引される場合の方が多く，地元中小企業からの調達が

少なくなってきているという問題がある。このような公契約にもとづく公共調達のあり方に加え，各種社会保障給付の水準についても，中小企業関係者と強く結びついている。たとえば，年金が少なくなれば，高齢者世帯の零細な中小業者の経営が困難となる。このような広義の意味での中小企業振興との関係を射程においた地方自治体の行財政運用が，必要となっているといえる。

(3) 「市町村合併で地域活性化」論の誤り

　このような視点から見ると，小泉純一郎内閣の「骨太の方針2001」で「市町村再編（＝合併）をすれば地域は活性化する」という議論は，極めて問題が多いといわざるをえない。一見，市町村が合併して大きな地方自治体になれば，財政力も豊かになり，地域経済の活性化に寄与すると考えられがちである。しかし，地域内再投資力の考え方をもとに，客観的に考えるならば，そうならないことは明らかである[4]。

　第一に，市町村合併したとしても，当該地域の財源の合計値は増えることはない。むしろ減少することになる。というのは，市町村の多くが，地方税だけでなく，国を通して再分配される地方交付税交付金に依存している。この地方交付税交付金は，住民一人当たり単価が小規模自治体ほど大きくなり，人口10〜30万人規模になると大きく減少する仕組みになっている。したがって，合併すると，人口が増加するので地方交付税交付金の合計値は当然減少することになる。「平成の大合併」では，合併を推進するために，この交付金の急激な減少を避けるために，10年間は合併前と同じ計算方法を旧市町村ごとに行って合算した金額を配分し，残りの5年を激変緩和期間として毎年2割ずつ削減する地方交付税交付金の「算定換え特例」を盛り込んだのである。したがって，合併10年後から地方交付税交付金については，激減することになる。合併して広い領域になり，周辺町村の役場がなくなり，それらが持っていた財源が新市役所のある中心部に集中されることになる。しかも，その集中された財源は，合併前よりも，10年後以降確実に減少していくのである。こうして，地域内再投資力の量的減少が確実に起こることになる。

第二に，財源がなくなることは，職員数を減少しなければならないということである。公共サービスは，公務員を通して行われる。この公務員の数は，周辺町村の旧町村役場等が支所になってしまうことで，周辺部において甚だしく減少する。周辺部では財源も職員もいなくなるために，工事や物品調達の市場が地域から失われるとともに，地域産業振興や地域づくりのサポート機能も喪失する。さらに，医療や福祉，交通サービスについても財政効率化の視点から見直され，旧町村部において生活し続けることが困難な「限界集落」が増えることにつながり，民間企業の投資力の小さかった周辺部の過疎地域ほど急激な減少を記録する。たとえば，今回の合併によって，東京都とほぼ同じ2000平方キロメートルという国内最大の面積を有するにいたった岐阜県高山市では，野麦峠のある旧高根村で合併後4年間に人口が3割も減少する事態を迎えるにいたっている（岡田［2009］）。市町村合併は，定住機能を周辺部から奪うのである。

　第三に，商工会や社会福祉協議会の合併も，必然化される。いずれも，市町村や都道府県からの補助金によって運営されている組織であり，市町村合併によって財政を圧縮しなければならないとすると，必然的に合併せざるをえなくなる。これにより，税金や融資，経営指導窓口でのサービス，さらに社会福祉サービスの後退が加速化する。

　以上のように，市町村合併によって，地域内再投資力は，高まるというよりも，弱まる可能性の方が強いのである。地域経済の振興のためには，合併して「大きな自治体」になることよりも，むしろ自治体の行財政権限を十二分に活用して，地域経済の担い手である中小企業の積極的振興施策を展開すべきであるといえる。

Ⅲ．地方自治体における地域経済振興施策の展開

(1) 地域経済再生の基本方向

　では，どのように地域再生をすすめていけばいいのか。まず，地域経済衰退

の原因を取り除くことが必要である。これまでの「構造改革」政策は，少数の多国籍企業とその本社が集中する東京や名古屋の都心部を潤わせることになったが，日本列島の圧倒的多くの地域経済の衰退を加速したといえる。国レベルでの野放図な国際化，経済構造改革政策，規制緩和政策の根本的な改革が何よりも必要である。どの地域であれ，一番効果的な経済財政の王道は，何よりも住民の消費購買力を高めることにある。これまでは，それとは逆に，労働者の非正規雇用化や賃金カット，さらには雇用調整をすすめたうえ，国・地方を通した税収入の減少に対応して増税や年金・医療保険の国民負担を高める行財政改革を行なうことで，消費購買力を萎縮させてきたといえる。

財政危機の深化のなかで，民主党政権の下でも消費税率の引き上げ論も出てきているが，これでは消費意欲をさらに冷え込ませるだけである。むしろ緊急措置として生活必需品の消費税率の引き下げや，これまで多国籍企業やメガ銀行資本があげてきた空前の利益や内部留保への課税や富裕者への累進課税を強化し，雇用の安定のための正規職員化や雇用者報酬の増額をはかる方がはるかに効果的であるといえる。また，EUの「小企業憲章」のように，多様な地域や都市の発展をうながす国づくりの基本として，中小企業を重視する政策方向に国の経済政策の基本を移し，それに対応した中小企業予算の増額や政策及び行政組織の強化が求められる[5]。なお，その手がかりとして，日本でも2010年6月に「中小企業憲章」が閣議決定された（岡田他［2010］）。

第二に，国レベルでの政策の転換と並んで，各地域レベルにおいて地方自治体が中心となって，個々の地域産業の個性に合わせて，その地域内再投資力を高める独自の産業政策を構築することが必要不可欠である。その際，一部の企業だけが潤うのではなく，できるだけ多くの住民の生活向上につながることが重要である。たとえ「政権交代」によって，国の政策が転換したからといって，個々の地域経済の再生に結びつく必然性はない。したがって，地域ごとにその地域内再投資力を意識的に育成することが求められるわけである（岡田他［2010］）。

そのための手がかりになるのが，1999年に改定された中小企業基本法第6条

である。そこでは、「地方公共団体は、基本理念にのっとり、中小企業に関し、国との適切な役割分担を踏まえて、その地方公共団体の区域の自然的経済的社会的諸条件に応じた施策を策定し、及び実施する責務を有する」と明記されている。同法自体は、新自由主義的な政策思想のもとに改定されているので多くの問題点を有しているが、この条項については、「地方分権」政策の一環として書き加えられたものであり、大いに活用できるものである。同様の規定は、同じく1999年に制定された「食料・農業・農村基本法」第8条にもあり、「地方公共団体は、基本理念にのっとり、食料、農業及び農村に関し、国との適切な役割分担を踏まえて、その地方公共団体の区域の自然的経済的社会的諸条件に応じた施策を策定し、及び実施する責務を有する」とされた。農業が存在する地域では、後者も根拠法のひとつとして、地域の中小企業、農業振興施策の策定と実施について、地方自治体が責任をもたなければならない時代となったのである。

　これらの施策については、従来のように個別施策を年度単位で立案する方法や、特定の目的のために中小企業等に補助金や免税、融資を行うための根拠条例の制定という手法もあるが、近年注目されているのは、地域経済振興の一環として地域の中小企業や農家の育成を図るための中小企業振興基本条例あるいは地域経済振興基本条例を制定し、それに基づく施策を具体的に立案し、執行していく手法が広がっている点である。

(2) 中小企業振興基本条例の制定

　地方自治体が制定する中小企業振興関係の条例の多くは、これまでは特定目的のために特定事業者に対して補助金や融資を行なったり、地方税を免除するための根拠条例であった。これに対して、当該地方自治体の中小企業振興の理念を明示し、それに対応した施策の基本方向と、地方自治体、中小企業、住民等の役割を明記した、新しいタイプの「理念条例」が生まれた[6]。

　その「先駆的なモデル」（植田［2007］）が、東京都墨田区の中小企業振興基本条例であった。墨田区は、生活雑貨を中心とする中小企業集積地域であり、

区長が公選で選ばれ行財政権も確立したことをきっかけに，1979年に同条例を制定する。同区では，自らがよってたつ地域産業の実態を把握し，中小企業のニーズに合った施策を創造するために，商工業事業所の悉皆調査を実施したうえで，拠点整備や異業種交流，ファッション産業への支援，商店街支援をはじめ多様な施策を展開していく。その中心的な組織として中小企業振興センターを設置し，その機能を拡充し，職員数や予算も手厚く配分され，個性的な地域産業振興，地域づくり政策を展開してきた[7]。

この墨田区条例の制定後，東京都内の港区（1983年），葛飾区（1990年），台東区（1991年），大田区（1995年），中央区（1995年），世田谷区（1999年），目黒区（2000年）でで基本条例が制定されていき，中央区の条例でははじめて「大企業者の理解と協力」という条項が加わるなど，内容の深化が図られる（植田［2007］p.89）。2000年からは諏訪市（2000年），八尾市（2001年），塩竃市（2001年）などの地方都市での制定がなされるほか，埼玉県（2002年）といった県レベルので条例制定が見られるようになる。

これらの基本条例の制定数を時系列的に見ると，1979年から99年までの20年間で8区，2000年から2004年までの5年間で2県1区5市1町の合計9団体，2005年から10年までの6年間に13道府県6区26市4町の合計49団体へと，近年増加傾向にある。これは，深まる経済危機のなかで，先進自治体の実例を学んだ，地方自治体の首長，議員，職員らが条例の制定を検討・提案していったことに加え，早くから中小企業（地域経済）振興基本条例制定の運動を行なっていた，全国商工団体連合会や中小企業家同友会をはじめ地域の商工会議所・商工会等の中小企業団体が積極的な条例制定運動を展開した結果でもある[8]。

(3) 中小企業振興基本条例と地域振興施策

中小企業団体が条例制定を地方自治体に働きかけた八尾市，帯広市，千葉県などで共通に見られることは，中小企業者も交えた会議体（八尾市の場合は，産業振興会議）が設けられ，そこで地域の中小企業の現状分析をはじめ条例内容の検討を行ったうえ，さらに条例制定後の具体的な中小企業振興策の立案作

業も行なわれていることである。当事者である中小企業者の声も反映した条例の内容は，水準が高く，政策効果も大きいものとなっている。

　たとえば，2007年に制定された千葉県条例では，基本的考え方として「地域づくり」を進めるためには中小企業振興が大切であることを明確に謳っている。ここでいう「地域づくり」とは，「地域の歴史，文化，技術，人材，自然環境その他の資源を活用することにより，その地域の関係者が，単独で，又は連携して，地域の課題を解決し，又は地域を活力に満ちた魅力あるものにしていく諸活動」であると定義されている（第2条）。中小企業が単に経済活動面だけでなく，広い意味での地域づくりに貢献していることを認識したうえで，地域づくりと中小企業振興が相互に密接な関係にあるとしている点が大いに注目される。このように，基本条例は，決して特定の中小企業の保護や優遇を行なうためのものではない。むしろ，千葉県経済を担っている経済主体の圧倒的多数が中小企業であることを明確にすることにより，県全体の「地域づくり」を推進できるという県民の利益が得られるという考え方を前面に出している点が重要である。

　そのうえで，同条例では，自治体の責務だけではなく，中小企業者，大企業者，大学，住民の役割，市町村への協力方向を明確にするととともに，中小企業施策の体系化（創業支援，連携促進，経営基盤強化，人材の確保・育成），財政的手当て，受注機会の拡大も明記している。それだけではない。千葉県条例では，第18条で「県は，施策の立案及び実施に当たっては，当該施策が中小企業の経営に及ぼす影響について配慮するよう努めるものとする」と規定し，県の施策全般においても，中小企業経営への影響に配慮することを定めたのである。これは，EUの小企業憲章にも通じる内容である。また，施策の実施状況の公表を毎年行い，知事はそれに対する中小企業者等の意見を聴き，これを考慮して施策の改善に努めることも，併せて規定しており，極めて実効性の高い条例内容となっている。千葉県では，「中小企業の振興に向けた研究会」を2006年に設置し，中小企業経営者も委員に入れて「ちば中小企業元気戦略」を策定し，そのなかで条例の制定を提案した。2007年に，条例が制定されて，前

出の「元気戦略」を施策として展開してきたが，策定後 3 年経過したことから，2009年度から同元気戦略の見直し作業を，前回同様中小企業経営者や公募委員を入れた研究会を設けてすすめている[9]。

　基礎自治体である帯広市でも，2007年に基本条例を制定後，中小企業経営者はじめ16名からなる中小企業振興協議会を設置し，条例にそって 4 部会（モノづくり・創業部会，経営基盤・人材部会，交流部会，産業基盤部会）に分かれて， 1 年余りをかけて集中的に議論し，2008年 8 月に「中小企業振興に関する提言書」をとりまとめ，市長に提出することになる。この提言書をもとに，帯広市は2009年 2 月に「帯広市産業振興ビジョン」を策定する。この産業振興ビジョンは，市と中小企業者等との協働によって策定したもので，市長が定める「中小企業振興のための指針」として位置づけられている。同ビジョンでは，「地域力をいかした活力ある地域産業の形成」を目標に，①地域資源を活用した産業の振興，②産業間・産学官連携による産業の振興，③中小企業の振興による産業の振興の 3 つの視点を定め， 5 つの「施策の基本方向」，20の「基本施策」，50の「展開事業」に整理したうえで，事業実施の工程表も加えており，完成度の高い内容となっている。また，帯広市においても，ビジョンの施策を推進するために，中小企業者，中小企業団体，金融機関，行政，大学などで構成する「帯広市産業振興会議」を設置し，毎年，施策の実施状況の公表，点検評価を行い，施策の見直しを行うこととしている。帯広市の特徴は，地域金融機関である帯広信用金庫が中小企業振興の施策づくりに積極的に参加し，地域中小企業への資金供給も積極的に行なっている点である。このように地方自治体が中小企業団体との協同をすすめるだけでなく，地域金融機関との協同によって相互連携を図る体制ができれば，効果的な地域づくりを展開することができるといえる[10]。

　さらに，2009年 4 月に制定された大阪府吹田市の「産業振興条例」は，ユニークな内容となっている。同条例は，吹田市が策定しつつあった条例案に対して吹田民主商工会などが意見表明を行い，市が設置した商工振興対策会議の議論を経て，制定されたものである。同条例のユニークな点は，第一に，条例の目

的に，「地域経済の循環及び活性化」という文言をいれて，地域密着型の中小企業の振興だけでなく，農業及び観光振興を，条例の目的に据えたこと，第二に，第6条の「事業者の役割」において，大型店の運営者に対して「地域社会における責任を自覚し，市が行う産業施策及び経済団体等が行う産業の振興のための事業活動に積極的に協力するものとする」としているほか，大企業者に対しても，「中小企業者との共存共栄を図るとともに，…（以下，大型店経営者と同様の規定）」と定めていることである。地域内再投資力の視点から見るならば，外部から進出してきている大企業の事業所や大型店の店舗の経済活動を，いかに地域経済の振興に結び付けていくかが重要な課題となる。先の八尾市条例や千葉県条例と同様，吹田市条例においてもその観点が貫かれているといえる。しかも，吹田市条例においては，産業施策の方針を定めた第4条において，「地域経済の循環及び活性化に資するための企業誘致を図ること」や「地域からの雇用の促進及び継続に対する支援を図ること」と明記し，企業誘致や工場閉鎖による地元雇用の削減に対しても，地域経済の振興を図るための踏み込んだ規定を設けるにいたっている。吹田市では，条例制定後の商工振興対策協議会において，3つの作業部会（事業所実態調査，企業誘致・創業支援，商業の活性化に関する要領・要項策定）を設置し，やはり中小企業者を加えての議論と調査を開始している[11]。

Ⅳ．おわりに

　以上では，中小企業（地域経済）振興基本条例を中心にした中小企業振興施策の広がりについて，述べてきた。そこでは，地方自治体の施策が，旧来の国の中小企業施策に「準じた」制度融資や補助金事業の「上乗せ・横だし」の枠を超えて，各地域の地域経済の実状を踏まえたうえで，「地域づくり」や「地域の活性化」，「地域経済の循環」を目的に，広い分野にわたって策定されるとともに，自治体や中小企業者だけでなく，大企業，地域金融機関，大学の役割や責務を明確にするとともに，自治体の行財政の活用，施策の実施状況の公開

と，中小企業経営者も加わった会議体での施策の評価，検証，見直しも保障するような，水準の高い条例に発展してきていることが確認できた。

また，条例に基づく産業振興ビジョンや個別施策づくりも，千葉県や帯広市，吹田市のように中小企業経営者の参加の下に行われ，個別政策の体系化作業も追求されている。また，施策の進行管理を行う会議体も整備されつつあり，中小企業振興，地域経済振興施策が，計画的・系統的に執行できる制度的保障もつくられてきている。このような制度的保障は，条例制定によってはじめてなされるものであり，たとえ，首長や担当職員が替わったとしても，行政として系統的に地域経済振興の施策を講じることができ，地域の持続的発展に貢献するところが大きいといえる。その意味で，すべての地方自治体で，中小企業（地域）振興基本条例が制定されることが求められている。

一方，この条例とは別に，2010年2月から，千葉県野田市で，日本で初の公契約条例が施行された。市が発注する1億円以上の公共工事，1000万円以上の業務委託契約を対象に，契約受注者は下請労働者，派遣労働者も含めて市の定める最低賃金を下回ってはいけないという内容である。これによって，地方自治体が率先して，自らが発注する工事や委託契約についてはワーキングプアを生み出さないという姿勢を示すこととなった。2010年12月には川崎市でも制定された。このような公契約条例が他の地方自治体にも広がり，国においても公契約法が制定されることが期待される[12]。

なお，自治体が実施する個別施策についても，地域内再投資力を高めたり，地域内経済循環を誘導する施策が増えてきている。たとえば，自治体が発注する公共施設等の小規模工事契約希望者登録制度を実施している市町村は，全国で449に達する（2010年3月時点。「全国商工新聞」2010年4月19日）。また，住宅改修に対して一定の補助を行い，住宅需要を喚起する住宅リフォーム助成制度は，2010年3月末時点で30都道府県154自治体で実施されている（「全国商工新聞」2010年4月2日）。これらの施策もまた，地方自治体が自らの権能を生かした，地域経済振興の一環をなすものである。これらを含めたトータルな地域経済振興策の検討については，他日を期したい。

【注】

(1) 詳細は，渡辺他［2009］，岡田［2010］を参照。
(2) 以下の地域，地域内再投資力についての概念については，岡田［2005］を参照。
(3) 政令指定都市の区と地域経済振興の関係については，岡田［2008］を参照されたい。
(4) 以下の市町村合併と地域内再投資力との関係については，岡田［2005］及び岡田［2009］に詳しい。
(5) 小企業憲章をはじめとするEUの中小企業政策の展開過程については，三井逸友［2005］［2009］［2011］を参照。
(6) 中小企業振興基本条例の策定と自治体の施策については，植田［2007］，植田・立見［2009］岡田他［2010］が参考になる。
(7) 墨田区の中小企業施策の展開については，高野［2005］参照。
(8) 以上の，中小企業基本条例制定状況及び中小企業家同友会等の制定運動については，瓜田［2009］を，参照。
(9) 千葉県中小企業の振興に関する条例及び「ちば中小企業元気戦略」については，千葉県商工労働部ホームページ，岡田他［2010］参照。
(10) 帯広市の取り組みについては，植田［2007］及び黒田［2009］，帯広市［2009］，岡田他［2010］及び，帯広民主商工会会長・志子田英明氏からのヒアリングによる。
(11) 吹田市の条例制定の取り組みについては，岡田他［2010］参照。
(13) 公契約条例・公契約法については，永山［2010］を参照。

【参考文献】

植田浩史［2007］『自治体の地域産業政策と中小企業振興基本条例』自治体研究社
植田浩史・立見淳也［2009］『地域産業政策と自治体』創風社
瓜田　靖［2009］「中小企業振興基本条例と地域金融の役割」『地域と自治体　第32集　地域経済を支える地域・中小企業金融』自治体研究社
岡田知弘［2005］『地域づくりの経済学入門』自治体研究社
岡田知弘［2008］「地域再生と大都市問題」『企業環境研究年報』第13号
岡田知弘［2010］『増補版　道州制で日本の未来はひらけるか』自治体研究社

岡田知弘・他［2010］『中小企業振興条例で地域をつくる』自治体研究社
帯広市［2009］『帯広市産業振興ビジョン』帯広市
黒田聖［2009］「中小企業者・経済団体・市の熱い思いが融合，制定へ―帯広市中小企業振興基本条例」『自治と分権』第35号
髙野祐次［2005］「産業のまち『すみだ』と中小企業施策のあらまし」『これからの中小企業時代と地域からの期待』中小企業家同友会全国協議会・企業環境研究センター
永山利和［2010］「公契約（法）条例制定運動の到達点と政策・運動課題」『建設政策』第129号
三井逸友［2005］「21世紀最初の5年におけるEU中小企業政策の新展開」『中小企業総合研究』第1号
三井逸友［2009］「今日のEU中小企業政策とSBA小企業議定書」『中小商工業研究』第100号
三井逸友［2011］『中小企業政策と「中小企業憲章」』花伝社
渡辺治・二宮厚美・岡田知弘・後藤道夫［2009］『新自由主義か　新福祉国家か』旬報社

（岡田　知弘）

第Ⅳ部

中小企業の労働と社会政策

第14章 コミュニティ金融

Ⅰ. コミュニティ金融の登場

(1) コミュニティ金融とは

　地域住民が銀行や信用金庫など，地域の金融機関に預けた資金が，その地域にある中小企業やNPO（民間非営利組織），コミュニティビジネスなどに貸し出されれば，地域経済を潤し，資金を預けた地域住民の生活の向上にも役立つ。金融機関には，融資需要に応えて地域社会に貢献する社会責任があるはずである。

　だが実際には，各地域の金融機関で集められた資金は，必ずしもその地域内で循環しているとは限らない。地域に融資需要があるにもかかわらず，金融機関が収益性を重視するため，資金の多くは東京に一極集中し，さらにはアメリカなどに流出して，地域の中小企業には充分なお金が回らないという問題がある。

　信用金庫や信用組合，地方銀行などは地域に根ざした金融機関として主に中小企業に融資しており，都市銀行とは違いがある。しかし，金融庁の「金融検査マニュアル」や，バーゼルⅡ（新BIS規制）に基づく自己資本規制に制約されて，地域金融機関の特色が次第に色あせ，経営状態が厳しい中小企業には融資しにくくなっている。加えて，バブル経済崩壊後の貸し渋り問題が起き，地域金融機関の存在意義が改めて問われている。

　こうしたなかで，あえて地域の資金需要に応えて地域経済に貢献しようとする動きがある。コミュニティ金融である。コミュニティ金融，通常であれば金融機関から資金を得られない小規模零細企業，NPO，コミュニティビジネス，低所得階層住民などに対して積極的に投融資することで，地域内の資金循環や雇用の拡大を促し，ひいては地域経済全体を再生する試みであると言えよう。

コミュニティ金融は，金融機関の社会的責任の視点からも注目を集めている。投資家が企業の社会的・環境的側面も考慮した上で投資先を決めたり，企業社会責任（CSR）を働きかけたりすることを，社会的責任投資（Socially Responsible Investment；以下 SRI と略称）というが，SRI の考え方は近年，欧米先進諸国を中心に世界的な広がりをみせるようになった。SRI には，スクリーニング，株主行動，コミュニティ投資という3種類の手法があるが，このうちコミュニティ投資とは地域の活性化や貧困層の経済的自立，自然エネルギーの普及などを目的として投資するもので，地域社会に対する金融機関の責任をはたすために有効な手段とされている。

コミュニティ金融は本来，中小企業への投融資を幅広く含んでいるが，中小企業金融は前章で詳述されているため，本章では主に NPO や社会的企業，コミュニティビジネスへの投融資を扱うことにする。

(2) 登場した背景

日本でも近年，事業を行って収入を得る「事業型 NPO」や社会的企業，コミュニティビジネスが増えてきた。この背景としては，公的介護保険制度の開始や，自治体業務の民営化の流れなどが挙げられる。2000年に始まった公的介護保険事業に多数の NPO 法人が参入し，介護報酬支払いに伴うつなぎ資金の需要が発生した。自治体の民営化に関しては，地方自治体が業務を NPO 法人や住民組織等に委託したり，NPO 法人を指定管理者として施設管理などを委託する動きが生じたが，これに伴い NPO 法人への業務委託の機会が増え，委託料が支払われるまでのつなぎ資金の需要が急増した。

地域活性化の有効な手段としてコミュニティビジネスへの期待が高まり，有機野菜のレストランなど，各地で新たな事業が立ち上げられている。さらに，社会問題の解決を事業化した社会的企業が注目され，自然エネルギーを利用した発電や病児保育事業などの先駆的な事業が相次いで始まっている。

これらの NPO やコミュニティビジネス，社会的企業は必ずしも充分な物的担保を持たず，また事業経験も浅く，事業収益も低いため，事業に必要な資金

を銀行から調達することが極めて難しい。そのため，NPOなどの融資需要に応えるため，信用金庫や労働金庫，自治体がNPOへの融資制度を始めたり，NPOバンクが相次いで設立されるようになった。

　中小企業についても少し触れておこう。日本の企業の99%を占める中小企業は地域経済の基盤を支える役割を担ってきた。バブル経済の崩壊後，膨大な不良債権を抱えた銀行は経営状況の厳しい中小企業，特に零細企業に対する貸し渋りや貸し剥がしを行い，融資に依存する零細企業の経営を窮地に追い込んだ。貸し渋り問題を契機として，中小企業の経営，ひいては地域経済を支えるコミュニティ金融の役割と金融機関の社会的責任が改めて社会の関心を集めた。金融庁は貸し渋り問題に対する世論の批判もあって，中小企業に対する金融検査マニュアルの内容を2004年に改定し，金融機関と融資先企業との長期的な信頼関係を重視する「リレーションシップ・バンキング」を政策に掲げるに至った。

　アメリカやイギリスにおいても，同様の問題が起きている。近年，収益の得られる事業を行うNPOや社会的企業が増え，NPOのビジネス化が進んでいるという。失業者の職業訓練など，これまで営利企業によっては充分に提供されていなかったサービスをNPOが提供したり，企業には容易に扱えない事業（臓器移植など）をNPOが手がけたり，保育や高齢者介護など需要が急増している分野でNPOや社会的企業がサービスを提供したりして，収入を獲得する傾向が強まってきた。しかし，NPOや社会的企業は銀行の理解を得られにくく，融資によって資金を調達するのは難しかった。こうしたなかで，NPOや社会的企業に融資することで地域経済の発展を支えるコミュニティ金融の役割に注目が集まり，コミュニティ開発金融機関が多数設立されていった。

(3)　コミュニティ金融の歴史

　コミュニティ金融は，必ずしも近年になってから発明されたものではなく，歴史をたどれば近代以前にも同様の営みがあったことが分かる。

　日本では「無尽講」がコミュニティ金融の役割を果たしてきた。無尽講とは仲間が集まって掛け金を払い，そのまとまったお金を，仲間内で最も必要とし

ている人に貸す組織のことで，地域によっては無尽，頼母子講，模合とも呼ばれる。鎌倉時代中期に庶民の相互扶助として始まったとされるが，江戸時代には身分や地域を問わず大衆的な金融手段として確立し，大規模化していく講も登場した。戦後，地方銀行や相互銀行にまで発展した講も少なくない。

　信用金庫や信用組合，労働金庫などの協同組織金融機関は，もともと中小企業や労働者などの相互扶助のために作られた非営利の金融機関である。特に信用金庫や信用組合は一定の営業地域が決められていることもあり，中小零細企業を主な融資先として地域に根ざした事業展開をすることから，コミュニティ金融の担い手といえる。また労働金庫は，労働組合との密接な関係の下で，労働者に低利融資を提供してきた。

　近年，これらの協同組織金融機関の中には，NPOやコミュニティビジネスを対象とした融資制度を設けるところも出てきたが，他方で既存の金融機関以外に，市民が新たに「NPOバンク」を設立し，NPOなどに融資するという動きも見られるようになった。

　欧米に目を転じると，20世紀以降アメリカ，イギリス，ドイツなど欧米諸国でクレジットユニオンの運動が盛んになった。クレジットユニオンとは組合員個人を対象とした預金・貸出を主体に行うリテール金融機関であり，19世紀半ばにドイツで始まった信用協同組合を起源としている。アメリカで最初のクレジットユニオンは1908年，ニューハンプシャー州マンチェスターの労働者が職域集団を基盤として設立したセントメアリーズ信用協同組合であった。1929年の大恐慌下でアメリカ南部農村のアフリカ系アメリカ人が銀行から締め出され，地域を基盤としたクレジットユニオンを多数結成した。クレジットユニオン運動は，1960年代ジョンソン大統領の「貧困との闘い」政策の下で成長していったが，アメリカやカナダ以外にもヨーロッパ諸国，アジア諸国，ラテンアメリカ諸国など世界的に広がりをみせた。

　開発途上国においては，バングラデシュのグラミン銀行やBRACなどがマイクロファイナンス機関として広く知られている。マイクロファイナンスとは，低所得者層を対象に貧困緩和を目的として行われる小規模金融サービスのこと

であり，融資に加えて貯蓄，保険，送金といった各種の金融サービス全般を含んでいる。バングラデシュの農村では貧困者がわずかなお金を高利貸しから借りて生活することを余儀なくされ，貧困から抜け出せないでいた。当時チッタゴン大学教授であったムハマド・ユヌス氏が1974年に，農村で小額融資を実験的に行ったことがきっかけとなり，1983年にグラミン銀行が創設された。商業銀行は女性にほとんど融資しないため，グラミン銀行は主に女性を対象に融資して起業を促し，絶対的貧困からの脱却を支援している。こうしたマイクロファイナンスの手法は途上国を中心に40カ国以上に普及し，貧困層の経済的自立に貢献しているが，1980年代後半以降，欧米の先進国でも途上国に倣ってマイクロファイナンスを導入する試みがみられるようになった。1986年，当時アーカンソー州知事だったクリントン米大統領は，グラミン銀行から手法を学んで，マイクロファイナンスの普及に努めた。大統領就任後も，「第三の道」の政策として地域再投資法の改正や，コミュニティ開発金融機関（CDFI）の促進に努めた。

　EUは2000年，金融の社会的排除や失業問題に取り組む手法としてマイクロファイナンスに着目し，中小企業振興5カ年計画にマイクロファイナンスの項目を盛り込んだ。ヨーロッパ諸国においては途上国や旧東欧諸国からの移民，黒人などのマイノリティは高い失業率と貧困に苦しみ，必要な金融サービスを受けられずにいるため，彼らに小額融資することで事業を起こしたり，職業訓練を受けたりすることを可能にし，経済的自立を促すためにマイクロファイナンスが有効だとされている。

Ⅱ．コミュニティ金融の現状

(1) NPOバンク

　NPOバンクとは，環境や福祉など市民事業に融資する非営利の金融機関の総称である。融資先の多くがNPOであることと，金融機関自体が非営利目的であることから「NPOバンク」と呼ばれているが，銀行法上の銀行ではなく，

法的には貸金業者の扱いである。

　環境や福祉，まちづくりなどに関心を持つ市民から出資金を集めて，その資金をNPOなどに融資し，市民の間で資金を有効に循環させることを目指している。地域内での"顔の見える"資金循環を通して地域経済社会の再生を図るNPOバンクも多い。

　1994年に東京都で設立された未来バンク事業組合が最初のNPOバンクで，その後神奈川県で設立された女性・市民信用組合設立準備会（1998年設立；2009年に女性・市民コミュニティ・バンクと改称），北海道NPOバンク（2002年設立），長野県のNPO夢バンク（2003年設立），東京コミュニティパワーバンク（2003年設立），ap bank（2004年設立），愛知県のコミュニティ・ユース・バンクmomo（2005年設立）など，全国各地に相次いで設立された[1]。

　NPOバンクは，最大規模の未来バンク事業組合でも出資金が5.3億円，融資累計額が21.7億円（2010年3月末時点）と，いずれも小規模である。NPOバンクによって様々であるが，高齢者介護サービスや保育所，リサイクルショップ，太陽光発電や小規模水力発電などの自然エネルギー，フェアトレードなど，多様な市民事業に融資している。なかには，中小企業への融資を通して地域経済の活性化をめざす愛知コミュニティ資源バンクのような取り組みもある。

　NPOバンクが各地に設立されている背景としては，事業型NPOや社会的企業の台頭に加えて，資金循環に関心を寄せる市民が増えてきたことが挙げられる。前述のように，金融機関で集められた資金が東京に一極集中したり，アメリカに流出したり，軍需産業に融資されたりしているが，こうした状況に問題意識を持った市民が既存の銀行に代わる資金の預け先としてNPOバンクを選ぶようになった。これは，市民が自分のお金の預け先を変えることによって社会を変えようという新しい市民運動といえる。

　他方，NPOバンクとは形態が異なるが，自然エネルギーを利用した発電所を，一般市民からの出資によって建設・運営する新たな環境ビジネスが生まれた。NPO法人北海道グリーンファンドにより2001年，市民からの出資をもとに北海道浜頓別町に風車「はまかぜちゃん」が建設され，その後青森，秋田，

石川など各地で10以上の「市民風車」が相次いで建設された。長野県飯田市では市民出資による太陽光発電の事業「おひさまエネルギーファンド」が順調に業績を伸ばし，マスコミからも注目を集めている。こうした直接投資形態のコミュニティ金融も少しずつ現れるようになった。

(2) NPO融資の現状

筆者が2007年に，NPO法人を対象に実施した質問票調査[2]によれば，資金を借りた経験のあるNPO法人は約3分の1（33.4％）で，1割強（11.4％）の法人は5回以上借りており，少数ながら頻繁に借りているNPO法人もあることがわかった（図14－1参照）。

NPOの中でも，収入規模が大きくなるに従って，融資を受けた経験も増える傾向にあり，特に年収1000万円を超えると急増する。事業規模の小さな団体は，事業を始めて間もない段階にあるか，あるいは融資を受けなくても自前の資金や助成金などで運営していけるためだと思われる。

また，事業分野による違いも大きい。保健医療福祉分野のNPO法人は，他の分野に比べて，積極的に融資を受ける傾向がある。この理由としては，公的介護保険事業や障害者自立支援事業，保育所などを経営しているNPOは，既

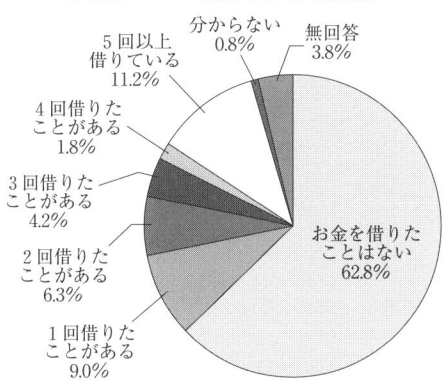

［図表14－1　融資を受けた回数］

- お金を借りたことはない　62.8％
- 1回借りたことがある　9.0％
- 2回借りたことがある　6.3％
- 3回借りたことがある　4.2％
- 4回借りたことがある　1.8％
- 5回以上借りている　11.2％
- 分からない　0.8％
- 無回答　3.8％

（出所）　小関［2008：185］

に他に多く存在しており，収支の予測が比較的立ちやすく，しかも公費の収入が確実に入ってくることから，融資を受けやすい状況にあることが挙げられるだろう。そのため，高齢者用のデイサービス施設を運営するNPOが，施設の改装・設備費用に充てるために，金融機関から借りたり，ヘルパーの報酬を払うためのつなぎ資金を借りたりする事例が多い。

他方，国際協力分野のNPOは，あまり融資を受けていない。国際協力NPOの場合，会費や寄付金を一般市民から集めて，その資金を海外での援助活動に充てることが多い。もし国際協力がNPOが融資を受けても，援助活動は利益を生み出す事業ではないので，返済の見通しが立たないのである。福祉のように事業を営んで利益を出せる事業分野と，国際協力のように利益を出せない事業分野とで大きく分かれる。

NPOが融資を受けた場合，その資金は主に何に使われているのだろうか。借入金の使途は①創業資金，②設備資金（事務所改装費など），③設備資金（自動車・機器など），④認可・委託・補助金事業のつなぎ資金，⑤運転資金に大別される。

上記のうち，①創業資金の例は比較的少ないが，環境NPOがリサイクルショップの開設資金を借りた例や，高齢者向けレストランのNPOが開業資金を借りた例などがある。

②設備資金（事務所改装費など）としては，高齢者デイサービス事業所の改装費や，食事提供事業での厨房棟建設費，保育所の改装費などを借りた例がある。空き店舗を活用してデイサービス事業所や保育所，学童保育施設を開設する場合，建物の建設費はかからないが，室内を改装して手すりを付けたり，間仕切りを付けたり，段差をなくしたりするのに数百万円の費用がかかる。また③設備資金（自動車・機器など）としては，高齢者向け給食の配送用自動車や障害者デイサービス施設の送迎用自動車，厨房の食器洗い機，エレベーターなどを購入する費用を借りた例などがある。これらの融資は概して長期である。

④認可・委託・補助金事業のつなぎ資金とは，例えば公的介護保険で介護報酬が行政から支払われるまでの間（介護報酬の支払いはサービス提供の2ヵ月

後），NPO がヘルパーに賃金を立て替えて先に支払うが，その NPO に内部の余剰金がない場合に，その分のつなぎ資金を借りる必要が生じる，というものである。介護保険や障害者自立支援のような認可事業だけでなく，委託事業や補助金事業でも同様に，立て替え払いをする場合につなぎ資金を一時的に借りる必要が生じる。こうした NPO の融資需要を満たすため，NPO バンクや，信用金庫の一部，労働金庫は NPO への融資制度を少しずつ新設するようになった。

(3) コミュニティ開発金融機関（CDFI）

アメリカでは，コミュニティ金融の担い手としてコミュニティ銀行（資産規模10億ドル以下）やクレジットユニオン，コミュニティ開発金融機関が中心的な役割を果たしている。これらの金融機関は日本の銀行に比べて資産規模が小さく，数も多い（コミュニティ銀行は全米で7,933，クレジットユニオンは8,396：2007年時点。日本は，銀行・信用金庫・信用組合・労働金庫を合わせても579）。小規模な銀行が地域に密着して経営している。さらに，黒人などのマイノリティや低所得階層の多く住む地域を中心に，コミュニティ開発金融機関（CDFI）が活躍している。

コミュニティ開発金融機関（Community Development Financial Institutions；以下 CDFI と略称）は，貧困地域の再生や貧困層の経済的自立を支援するために融資する民間非営利の金融機関であり，経済的目的に加えて社会的目的を併せ持つ点が，商業銀行と大きく異なる特徴といえる。「コミュニティ開発」とは，黒人をはじめとしたマイノリティや低所得層の経済的自立，低所得地域の再生といった意味合いで用いられる言葉であり，具体的にはマイノリティや女性・低所得階層に対する金融サービスや住宅の供給，雇用・起業機会の提供，スーパーマーケットや保育所・高齢者施設・診療所といった社会インフラの整備を意味している。マイノリティや低所得階層が集住する衰退地域は，投資を呼び込めないために社会インフラが未整備のままで，住民は貧困と低劣な生活環境から脱却できず，自立につながらないという悪循環に陥っていることから，

CDFIは融資を通して彼らの経済的自立を目指している。

　CDFIの源流は，1880年代の黒人社会向け銀行にまでさかのぼるが，1960年代以降その数を急速に増やし，現在は約1250のCDFIが全米で活動を展開している。CDFIが登場した背景としては，マイノリティを金融サービスから排除するという人種差別や，銀行との取引ができない低所得階層の存在があった。1990年代以降はマイノリティ差別対策だけにとどまらず，経済的に停滞した地域において中小企業やNPOに融資し，その地域の雇用や住宅を創出して地域を再生させるために，CDFIが活発に融資を展開するようになった。CDFIは，やがてイギリスのブレア労働党政権の着目するところとなり，イギリスでも政府の強力な支援政策の下，2000年以降に多くのCDFIが設立されていった。

　シカゴ市はアメリカ中部，ミシガン湖に面する大都市だが，市の華やかな中心部とは対照的に，市南部と西部は経済的に衰退した地域であり，街の活気はあまりみられない。市南部のサウスショア地区で1973年に創業したサウスショアバンク（後にショアバンクと改称）は，マイノリティや女性の経営する企業，低所得者向け住宅の建設や低所得地域で福祉活動を展開するNPOなどに多額の融資を行い，衰退地域の活性化に貢献してきた。近年では自然エネルギーや資源リサイクル，土地・水資源の浄化事業といった環境保全関係の事業，海外のマイクロファイナンス機関への投資，他のCDFIに対する経営支援など，多様な事業を展開するようになり，2007年には資産総額約2300億円にまで成長した[3]。ショアバンクの他にも，同市内でコミュニティ金融に取り組むCDFIは数多いが，これらのCDFIの多くに共通してみられる特徴の一つは，融資先の企業やNPOに対して，ただ資金を提供するだけではなく，経営面でのきめ細かな支援・指導を行い，事業が成功するようにしっかりサポートしていることである。

　アメリカでこうしたCDFIの成長を強力に支えたのが，地域再投資法をはじめとするコミュニティ投資政策である。地域再投資法（Community Reinvestment Act of 1977；CRA）とは，銀行をはじめとする金融機関が，地元（特に中低所得地域）の中小企業やNPO，住民などに積極的に投融資をするように

促す法律である。政府機関が各金融機関に対し，金融機関がどの程度投融資しているかを定期的に審査し，格付けを行って一般に公開している。格付けが「合格」に達しない場合，金融機関の買収・統合・支店開設などの認可が下りないことがあるため，各金融機関は，より高い格付けを求めて熱心に中低所得地域に投融資しようとするのである。銀行などの金融機関は，自ら中小企業や NPO などに融資しても良いが，CDFI に融資しても良い。CDFI は金融機関から得た資金を中小企業や NPO などに融資し，きめ細かな経営支援もあわせて行う。このように金融機関と CDFI がパートナーシップを組むことで，銀行としては融資のリスクを下げるとともに，CDFI は資金調達が容易にできるので，互いにメリットを享受できるという。地域再投資法はアメリカのコミュニティ金融を大きく成長発展させるとともに，CDFI の成長を促す原動力でもあったといえよう。さらに地域再投資法に加えて，CDFI に対する補助金や，コミュニティ金融に努めた銀行に対する補助金，コミュニティ投資減税など，多様な経済的インセンティブが用意されている[4]。

Ⅲ．コミュニティ金融がもたらした成果

　日本における NPO や社会的企業への融資実績はまだわずかだが，信用金庫や NPO バンクの地道な努力により，着実に成果をもたらしつつある。

　一例を挙げよう。東京都江戸川区の NPO 法人「ほっとコミュニティえどがわ」は高齢者用の集合住宅「ほっと館」を建設したが，その建設費用を調達するのは容易ではなかった。法人の理事が東奔西走してさまざまな金融機関をあたってみたが融資を断られたため，知人・友人を頼って3600万円もの資金を自ら調達した。それでも必要な金額には程遠く，地元の信用金庫の支店長が彼らの熱意に共感して5000万円を融資してくれることになった。さらに，東京の NPO バンクも900万円を融資し，何とか必要な資金を工面することができた。さらに NPO バンクの関係者はたびたび現地を訪問して事業の改善方法を具体的に助言し，とても役に立ったという。「ほっと館」は従来の介護付き高齢者

福祉施設とは異なり，入居している高齢者が自分のペースで主体的に生活しながら必要なサポートを受けられるという，先進的な要素を取り入れた高齢者「住宅」であるが，担保となる資産を持たないNPO法人が事業を始めるのに信用金庫やNPOバンクの果たした役割は大きかった。

アメリカでもNPOや社会的企業は十分な担保を持たず，銀行から融資を受けにくいため，CDFIが融資することが多い。

一例を挙げると，2002年に開校したウィサヒコン（Wissahickon）チャータースクールという小学校（フィラデルフィア市内）は250名の生徒を受け入れ，環境教育や保護者参加を重視した教育を進め，放課後の補習授業などにも熱心に取り組んでいた。この学校が施設の拡張を計画（5教室，体育館，更衣室，階段などの増設）し，必要な資金を調達しようとしたが，どの銀行も融資してくれなかった。そこでこの学校はCDFIのザ・リインベストメント・ファンド（TRF）に融資を申し込み，必要額の90％を借りて無事に施設をすることができた。

2008年の金融危機以降，銀行はNPOや社会的企業への融資に対してきわめて消極的になっている。そのためNPOや社会的企業にとってCDFIの重要性は一層高まっているようである。

CDFIがもたらした成果は一般的に，雇用の創出・維持数や住宅建設戸数などを主要な指標としている。2006年度の統計調査によれば，調査対象とした505のCDFI全体で47.5億ドルを投資し，その結果35,609の雇用を創出または維持したという。また，69,893戸の中低所得者向け住宅を建設・修繕し，750のコミュニティ施設（主に低所得地域に立地）を建設・修繕した。ちなみにコミュニティ施設とは保育園や学校，集会所，高齢者デイサービス施設などの総称である。顧客の51％が女性，58％がマイノリティ，70％が低所得者であり，彼らは担保財産が無く銀行から融資を受けにくい立場にある。特に社会的弱者にとってCDFIは重要な支えであり，低所得地域の再生に大きな役割を果たしている。

Ⅳ．コミュニティ金融の抱える課題と今後の展望

(1) 政府の支援

　アメリカやイギリスでは，政府によるコミュニティ投資政策がCDFIの発展を支え，マイノリティや低所得者への融資，衰退地域の再生を促進してきた。特にアメリカでは地域再投資法に加え，各種の補助金や投資減税制度，中小企業庁による融資保証制度など，コミュニティ金融を促進するさまざまな制度が用意されており，これらの支援制度が重層的に機能している。

　日本には，アメリカのような人種差別に基づく金融の社会的排除はないが，不況になると中小企業への貸し渋りが深刻になるし，NPOや社会的企業に対する銀行の理解はまだまだ充分とは言えない。過疎地域や産業衰退地域へのてこ入れ策として，コミュニティ金融の積極的な支援制度が日本にも求められるのではないか。

　日本においては，NPOバンクや市民風車のような「市民金融」は法制度上，営利追求の貸金業者や投資ファンドとほぼ同等にみなされ，特段の支援政策が用意されていないため，活動存続の苦労は絶えない。コミュニティ金融は，利潤追求だけの市場原理に任せていては発展しえない分野であり，政府の積極的な支援は不可欠といえる。

(2) 金融機関の協力

　日本のNPOバンクにしても，アメリカやイギリスのCDFIにしても，その多くは極めて小規模な組織であり，事業歴も短く，まだ発展途上の段階にある。コミュニティ金融は，大企業への融資と異なって利益は少なく，リスクは高く，融資先の企業やNPOにきめ細かな経営支援を伴うため，高い志とスキルが要求される分野でもあるが，まずはコミュニティ金融機関自らが力量を高める必要があろう。

　他方，銀行をはじめとする金融機関は，金融機関の社会的責任として地域社会に貢献するため，コミュニティ金融に対して積極的に協力する姿勢が求めら

れる。アメリカでは地域再投資法の影響もあって銀行とCDFIの提携が増えているが，日本でも労働金庫とNPOバンクの提携が少しずつ始まっている。

　NPOや社会的企業，社会的弱者などに必要な資金がきちんと融資され，地域内で資金が循環する仕組みが実現するには，政府や金融機関をはじめ，多くの関係者がコミュニティ金融の意義を理解し，協力する態勢を築いていくことが必要ではなかろうか。

【注】

(1) 2010年12月現在，20のNPOバンクが全国で活動しているほか，和歌山や宮崎など各地でNPOバンクの設立準備が進んでいる。また，NPOバンクの全国組織「全国NPOバンク連絡会」が2005年に設立され，アドボカシー活動を展開している。

(2) 質問票調査に加えて，NPO法人やワーカーズコレクティブへの聞き取り調査も行った。調査結果の詳細は小関（2008）およびウェブサイトを参照。http://www.kisc.meiji.ac.jp/~koseki/result/

(3) なお，ショアバンクはリーマン・ショック後の金融不況・住宅不況の影響で経営が急速に悪化し，2010年8月20日，アーバン・パートナーシップ銀行に買収された。ただしショアバンクの事業は全て従前通り承継されている。ウェブサイトも閉鎖されていない。

(4) 地域再投資法やCDFIへの補助金，コミュニティ投資減税などについて，詳しくは小関（2010）を参考。こうしたアメリカの政策は日本でも関心を呼んでおり，国の政策に取り入れようとする動きも近年現れ始めた。

【参考文献】

藤井良広［2007］『金融NPO』（岩波新書）岩波書店

塚本一郎・山岸秀雄編著［2008］『ソーシャル・エンタープライズ』丸善

田中優編著［2008］『おカネが変われば世界が変わる』コモンズ

由里宗之［2009］『地域社会と協働するコミュニティ・バンク』ミネルヴァ書房

小関隆志［2008］「ソーシャル・エンタープライズとソーシャル・ファイナンス」塚本

一郎・山岸秀雄編著『ソーシャル・エンタープライズ』丸善

小関隆志［2010］「アメリカのコミュニティ開発金融政策とCDFI」『経営論集』（明治大学経営学研究会）58(3)

（小関　隆志）

第15章 中小企業における福利厚生

Ⅰ．はじめに

　わが国では従来から，大企業と中小企業の労働者の賃金格差に象徴される，いわゆる「二重構造」として問題視されてきた。これには，賃金などの直接的な給与ばかりでなく，社会保険制度への加入や各企業が任意に実施してきた諸給付のほか，退職金制度など，いわゆる「福利厚生」にも及んできた。

　福利厚生とは，法律などで明確な定義がなされているわけではない[1]が，一般的には，労働者に支払われる賃金などの現金以外の給付やサービスとして実施されるものと解釈できる。企業による福利厚生への積極的な取り組みは，労働者の生活の質（福祉）を向上させる一方で，就業に対する動機づけや生産能率，さらに企業に対する忠誠心などをも向上させ，企業のメリットとなってきた側面もある。こうした性格は，企業が労働力を確保する上でも重要な要素となっており，昨今いわれている「中小企業における人材不足」の問題とも少なからず関係しているものと考えられる。当然のことながら，福利厚生の実施をめぐっては，それぞれの企業の付加価値生産性の高さが福利厚生水準の高低を決定する要因になるが，一般的に「付加価値生産性が低い」といわれる中小企業においては，福利厚生を含めた労働条件の相対的な低位さが，「人材不足」を助長している可能性が考えられる。

　しかしながら，近年，大企業においても経営指針の転換がおこなわれてきており，従来のような「日本的雇用慣行」が一様に維持されているわけではない。福利厚生に関しても方向性の転換がみられ，従来のような「二重構造」とは性格が異なってきているものと考えられる。以上を踏まえ，本章では，企業内福利厚生の実状を概観するなかで，中小企業における福利厚生のあり方と，これを取り巻く政策的課題について検討することを課題とする。

Ⅱ. 福利厚生をめぐる問題視点

(1) 福利厚生の意義

　福利厚生は一般的に，社会保険のように法律で実施が義務付けられている法定福利厚生と任意に実施される法定外福利厚生とに区分され，さらに，広い意味では退職金制度も福利厚生に含まれるものといえよう。法定福利厚生は，年金保険や健康保険，介護保険，雇用保険や労働者災害補償保険などの労働保険がこれに当てはまるが，法律上，一定の要件を満たす場合には，事業所単位での加入が義務付けられ，一定の条件で就業する従業者が被保険者となり，保険料の半分以上を企業が拠出する義務を負うことになる。これらはいずれも，特定のリスクに遭遇した際の最低保障[2]を目的とするものであり，必ずしも「ゆとりある生活保障」には至らない。よって，法定福利厚生以外に任意に実施される法定外福利厚生は，最低保障への上乗せとなり，労働者の福祉向上につながるものといえる。また，こうした生活リスクとの遭遇時ばかりでなく，日々の労働生活においても，福利施設の利用などを通じた福祉向上に寄与するものといえる。

　近年，中小企業において，経営者による事業承継および労働者による技能承継の断絶など，いわゆる「人材不足」が問題視されている[3]が，この背景には，中小企業における労働条件の相対的な低劣さが起因しているものと考えられる。戦前における福利厚生の拡充は，労務管理の手段として用いられてきた側面が強いが，第二次大戦後にいたっては，大企業が人材確保を目的として積極的に取り入れた，いわゆる「日本的雇用慣行」（年功賃金，終身雇用，企業別組合）に加えて，企業内福利厚生の拡充が人材確保を円滑化させてきたものといえる[4]。こうした資本力を背景にした大企業による積極的な取り組みが，いわゆる「二重構造問題」を生み出す一要因になったと考えられる。

　しかし，今日にいたっては，必ずしもこのような構造が維持されているとはいえない。オイルショックやバブル経済の崩壊といった大きな経済変動を経験するなかで，企業経営のあり方が大きく転換を遂げてきた。日経連による『新

時代の『日本的経営』』(1995年) がこれを象徴しているが,「長期安定雇用」が守られてきた大企業においても, 労働者のグループ化[5]のほか, 福利厚生についても「効率化」[6]が現実になされてきている。

(2) 福利厚生費の企業規模間格差

図表15－1は,「常用労働者[7]1人1ヶ月平均労働費用」のうち,「現金給与以外の労働費用」について示したものである。まず,「計」をみてみると, 景気変動や国の社会保障政策の影響を受けながら推移してきたことがうかがえる。バブル経済が崩壊した1990年代以降では, 1998年が92,519円ともっとも高くなっているが, この時期は, 企業によるリストラが本格的に取り組まれた頃であり,「退職給付等の費用」が増加したことによるものと考えられる。また,「法定福利費」については, 1991年の38,771円から, 2001年に減少するも2005年には46,456円に増加している。これには賃金変動による影響が考えられるものの, 1980年代以降の社会保障制度の「見直し」のなかで, 社会保険料率の引

[図表15－1 現金給与以外の費用 (常用労働者1人1ヶ月平均)]

単位：円

	1991	1995	1998	2001	2005
計	77,422	82,360	92,519	82,245	87,738
法定福利費	38,771	42,860	46,868	41,937	46,456
法定外福利費	13,340	13,602	13,481	10,312	9,555
現物給与の費用	2,190	2,207	1,689	1,266	989
退職給付等の費用	18,453	20,565	27,300	25,862	27,517
教育訓練費	1,670	1,305	1,464	1,256	1,541
募集費	1,976	742	802	860	994
その他の労働費用	1,023	999	922	754	685

注1：1998年以前は, 労働省「賃金労働時間制度等総合調査」のデータである。なお, 同調査は, 毎年実施されているものの, 労働費用に関する調査は3～4年ごとに不定期に行われている。
注2：「その他の労働費用」とは, 転勤に要する費用, 社内報, 作業服 (業務上着用を義務づけられているものを除く) 等をいう。
(出所) 厚生労働省「就労条件総合調査」

[図表15-2　企業規模別にみた現金給与以外の費用]

単位：円

	1991	1995	1998	2001	2005
計	77,422	82,360	92,519	82,245	87,738
1000人以上	99,608	104,704	119,568	108,531	116,557
300〜999人	68,944	76,743	93,430	72,554	87,081
100〜299人	56,802	64,627	70,275	65,600	63,052
30〜99人	53,137	57,710	60,144	54,256	59,440

（出所）　図表15-1に同じ

き上げ[8]が随時行われてきたことにより，増加を助長したものと考えられる。その一方で，「法定外福利費」については，1995年以降減少する傾向がみられる。

　こうした社会・経済状況を反映しながらも，企業規模間の福利厚生にかかわる費用の格差が歴然としていることがわかる。図表15-2は，「現金給与以外の労働費用」を企業規模別に示したものであるが，企業規模が小さくなるほど，その金額が低くなっていることがわかる。たとえば，2005年では「30〜99人」の59,440円に対して「1000人以上」では116,557円と，およそ2倍近くになっており，福利厚生にかかわる費用に大きな格差が生じている。これが「30人未満」になれば，さらに減少するものと考えられる。

　以下では，社会保険の適用状況と退職金制度の実施状況についてみていくことにする。

Ⅲ．福利厚生制度の実施状況

(1)　法定福利厚生としての社会保険

　日本における社会保険制度の特徴は，「皆保険・皆年金」に象徴されるように，すべての住民が何らかの医療保険および年金保険の適用対象となるところにある[9]。基本的には，労働者を中心とする被用者を対象とした制度の適用対象から外れるその他の国民を包摂する形で国民健康保険および国民年金が制度

化されているが，その給付内容は，「最低生活」[(10)]を保障する水準とはいえない。これに対して，被用者を対象とする社会保険については，加入期間などの受給要件を満たしている場合，「最低生活」に値する程度の給付が受けられる。また，すべての雇用労働者が，原則として雇用保険および労働者災害補償保険の適用対象となるが，これに適用されなければ，一切の保障がなされない。

雇用労働者でありながら，産業や規模などの企業の属性や職種，雇用・就業形態によって被用者を対象とする社会保険や労働保険が適用されない労働者が，近年増加しているが，こうした状況におかれる労働者については，社会保険による「最低生活」保障の可能性さえなくなることになる。

図表15－3は，厚生年金保険の被保険者数および雇用者数（会社役員含む）を規模別に示したものである。まず，「厚生年金保険被保険者数」の構成比を

[図表15－3　規模別厚生年金保険被保険者数および雇用者数]

単位：万人

	総数	30人未満	30～99人	100～499人	500～999人	1000人以上	その他
厚生年金保険	3,459	871	578	806	288	871	45
被保険者数	100.0%	25.2%	16.7%	23.3%	8.3%	25.2%	1.3%
雇用者数	5,727	1,609	705	824	295	1,076	1,151
（会社役員含む）	98.8%	28.1%	12.3%	14.4%	5.2%	18.8%	20.1%
（再掲：構成比）	100.0%	100.0%	100.0%	100.3%	100.2%	100.0%	101.9%
役員比率	7.0%	18.9%	5.5%	2.6%	1.5%	0.6%	4.2%
常用雇用比率	80.1%	68.6%	82.6%	86.1%	87.9%	87.8%	82.0%
臨時雇用比率	10.5%	8.4%	9.3%	9.9%	9.5%	10.5%	14.3%
日雇雇用比率	2.4%	4.1%	2.6%	1.7%	1.3%	1.1%	1.4%
非正規雇用比率	33.0%	32.0%	36.0%	35.7%	34.2%	34.2%	26.8%

注1：規模に関して，厚生年金保険の被保険者数は，被保険者数の規模（「公務」は「その他」に入れた）であるのに対して，雇用者数は，従業者規模（「官公庁など」および「その他の法人・団体」は「その他」に入れた）を示している。
注2：数値については，異なる統計資料を比較するために，千単位以下を四捨五入して用いた。また，雇用者数については，公表値を加工したために，数値が整合しない箇所もある。
注3：「非正規雇用比率」については，「正規の職員・従業員」以外の雇用者数を雇用者数（会社役員含む）で除した割合である（呼称別雇用形態）。
（出所）　社会保険庁「政府管掌健康保険　厚生年金保険　業態別規模別適用状況調（平成19年9月1日現在）」，総務省「平成19年就業構造基本調査」より作成

みると,「1000人以上」と同率であるが,「30人未満」が25.2%でもっとも高くなっている。雇用者数の構成比をみればわかるとおり,「30人未満」の雇用者数が28.1%でもっとも高くなっていることから,雇用者数に比例して厚生年金の被保険者が高くなるのは当然のことである。しかし,規模が大きくなるにつれて,双方の構成比が逆転する傾向を示している。たとえば,「100〜499人」では,被保険者数が23.3%であるのに対して雇用者数が14.4%となっており,「1000人以上」においても同様に,被保険者が25.2%で雇用者数が18.8%となっている。つまり,企業規模が小さくなるほど,雇用者が厚生年金に加入する割合が低くなっていることを示すものといえる。

これには,従業者5人未満あるいは特定の産業における個人事業所などに,法律で適用除外が認められていることも影響していることが考えられるが,一方では,雇用形態などが関係しているものと考えられる。「非正規雇用比率」をみてみると,規模別に大きな違いがみえないが,雇用形態別にみてみると,「30人未満」における「役員比率」が18.9%,「日雇雇用比率」が4.1%と高くなっており,「常用雇用比率」が68.6%と低くなっている。つまり,厚生年金保険の適用条件に至らない条件で就業する雇用者が多数存在していることが,厚生年金保険の適用率を引き下げる要因になっているものと考えられる。また,医療保険や雇用保険についても同様のことが考えられる。

以上のことから,中小企業における労働者が,退職後において「最低生活」を保障される機会が相対的に低くなっているものといえる。

(2) 社会保険の補足的役割を果たす退職金制度

退職金制度は,退職後に慰労金として支給される「一時金」という形態と,退職後に継続的に支給される「年金」という形態に区別される。「一時金」は,退職後の次の生活段階への円滑な移行に寄与する側面を持つものといえる。たとえば,退職後に再就職を考えている場合には,雇用保険による給付の隙間(給付制限による待機期間など)を埋め合わせ,求職活動に選択の幅を持たせることが可能となる。また,定年退職の場合には,高齢期の生活設計を行う原資と

なることなどがあげられる。一方,「年金」は,退職後の生活をより安定的なものにすることに寄与する側面を持つものといえる。

既述のように,社会保険の適用が十全になされていれば,「最低生活」は保障されるものの,一時金および年金という形態の退職金制度がともに備わることで,生活リスクと遭遇した場合でも,安定的な生活の維持に寄与することになる。このような特徴を有することから,人材確保をする上でも意義をなし,大企業を中心に退職金制度の整備がなされてきた。一方,中小企業においては,企業が単独で整備することが難しい状況におかれていたことから,中小企業の労働条件を改善し,労働力の確保と定着を促す目的で1959年に中小企業退職金共済法が制定され,実施された（逆瀬川［1996］,pp. 285-286）。

実施当初は,年金保険や失業保険の適用を除外される労働者が多く存在しており,退職後の生活保障の役割を果たす側面もあった（逆瀬川［1996］,pp. 287-288）。しかし,今日においては,必ずしも社会保険を代替する役割を果たしているわけではないものの,既述のように,社会保険の不十分さや隙間を補足する側面を有しており,労働者にとっては欠かすことのできない制度となっている。

図表15－4は,退職金制度の有無の割合について企業規模別に示したものである。まず,「退職給付制度がある企業」をみてみると,「計」では,1993年に92.0%であったものが2007年には83.9%まで低下している。その内訳をみると,「1000人以上」で99.7%から95.2%と5ポイント程度低下しているのに対して,規模が小さくなるほどその割合が下がり,「30〜99人」では,90.1%から81.7%と10ポイント近く低下している。このように,バブル経済崩壊以降の状況をみると,「退職金制度がない企業」が増加し,とりわけ,企業規模の小さい企業における未整備の状況が拡大していることがわかる。

また,「退職金制度がある企業」のなかでも,一時金制度と年金制度の「両制度併用」の割合が,企業規模が小さくなるほど低下しており,中小企業においては,「一時金制度のみ」を整備している企業は63.0%と多いものの,年金制度を整備するまでに至っている企業は非常に少ないことがわかる。2007年を

[図表15-4　企業規模別退職金制度の有無の割合]

単位：％

年	規模	全企業	退職給付制度がある企業	一時金制度のみ	年金制度のみ	両制度併用	退職給付制度がない企業
1993	計	100.0	92.0　(100.0)	(47.0)	(18.6)	(34.5)	8.0
	1000人以上	100.0	99.7　(100.0)	(10.6)	(19.8)	(69.6)	0.3
	300～999人	100.0	98.7　(100.0)	(19.4)	(26.4)	(54.2)	1.3
	100～299人	100.0	95.2　(100.0)	(37.7)	(21.6)	(40.7)	4.8
	30～99人	100.0	90.1　(100.0)	(54.3)	(16.7)	(29.0)	9.9
2007	計	100.0	83.9　(100.0)	(55.3)	(12.8)	(31.9)	16.1
	1000人以上	100.0	95.2　(100.0)	(19.3)	(24.0)	(56.7)	4.8
	300～999人	100.0	92.2　(100.0)	(30.7)	(23.7)	(45.6)	7.8
	100～299人	100.0	88.0　(100.0)	(41.1)	(17.7)	(41.2)	12.0
	30～99人	100.0	81.7　(100.0)	(63.0)	(9.9)	(27.1)	18.3

(出所)　労働省「賃金労働時間制度等総合調査」，厚生労働省「就労条件総合調査」

例にみてみると，「両制度併用」が「1000人以上」で56.7％と6割近くあるのに対して，「30～99人」では27.1％と3割を下回っている。

　以上のことから，中小企業における労働者が退職後の新たな生活段階へ移行する際において，選択の幅が狭められ，不安定な状態に置かれる可能性が相対的に高くなっているものといえる。

Ⅳ．福利厚生格差をめぐる政策的課題―格差是正の政策的課題―

(1)　労働者の生活保障をめぐって－福利厚生と老後生活の格差－

　これまでみてきたとおり，企業規模による福利厚生の格差について検討してきたが，こうした格差が実際の労働者生活においてどのような影響を及ぼしているか，高齢期の生活実態に関する事例分析から検討してみることにする。

　図表15-5は，65歳以上の高齢者を対象にして実施した質問紙調査[11]のうち，最長職が雇用労働者である高齢者のなかから，年金受給の有無と受給金額の高

第15章　中小企業における福利厚生　275

[図表15-5　雇用労働者の高齢期における生活状況]

		A	B	C	D	E
性別・年齢		男・65歳	男・83歳	女・79歳	女・66歳	男・76歳
健康状態		良い	良い	良い	良い	良い
世帯構成		夫婦世帯	夫婦世帯	単身世帯	夫婦世帯	単身世帯
居住形態		マンション	公営住宅	公営住宅	民間借家	福祉施設
預金額		1000万以上	100～200万円	無	無	無
最長就業形態		正規雇用	正規雇用	正規雇用	パートタイム	正規雇用
（産業・年数）		（建設・38）	（建設・30）	（サービス・21）	（小売・10）	（水道・25）
本人年金受給月額	総額	40.0	23.0	13.5	0.0	0.0
	公的年金	14.0	23.0	13.5	0.0	0.0
	企業年金	19.5	0.0	0.0	0.0	0.0
	私的年金	6.5	0.0	0.0	0.0	0.0
	その他	0.0	0.0	0.0	0.0	0.0
年金による生活への寄与		年金だけでは不十分	年金だけで十分	年金だけでは不十分	年金だけでは不十分	受給していない
就業の有無		無	無	無	有	無
就業の理由					生活が成り立たないから	
備考				介護保険料の負担増により生活費の削減	夫が公的年金（月額7万円）受給	生活保護を受給し、宿泊所に入所

注1：年金受給額について、100円単位以下は四捨五入とした。なお、単位は「万円」である。
　2：Aが「年金だけでは不十分」としているのは、公的年金のことを指しているものと考えられる。
（出所）　筆者作成

低という基準で5つのケースを抽出して示したものである。

　まず、本人の年金受給額をみてみると、受給総額に大きな違いがあり、月額で40万円以上受給しているケースもあれば、DやEのような無年金のケースもある。内訳をみると、Aの場合、建設業において38年勤務し、調査時点で公的年金のほかに企業年金および私的年金を受給しており、現役の頃の就業条件が充実していたものといえる。また、Bの場合、公的年金の「モデル・ケース」といえるが、本人の年金受給月額が23万円で、「年金だけで十分に生活していける」としている。しかし、Bの場合には、健康状態が良く、居住形態が「公

営住宅」と，支出が少ないことが年金による生活の充足に寄与しているものといえる。これに対して，Cの場合になると，月額で13.5万円となっており，「年金だけでは不十分」と答えている。「備考」にもあるように，介護保険料の負担増によって生活費の削減を迫られているなど，ギリギリの生活であることがわかる。また，Dの場合には，本人は無年金で夫の7万円の年金と本人の就業（パートタイム）とで生計を立てており，加齢にともなう就業機会の減少が起これば，生活困難に陥る可能性が高い。さらに，Eの場合であるが，正規雇用で25年就業しながら無年金となっており，生計困難になった調査時現在，福祉施設に入所して生活保護を受給しながらの生活となっている。

　Cの場合には，就業年数が短いということもあって年金受給額が低くなっているものと考えられるが，Eについては，最長職への就業年数だけで年金受給権に達しているにもかかわらず，受給権すら得られていない。また，Dのように，夫の受給額が低いために就業を余儀なくされるケースもあるなど，いずれも，本人または配偶者の就業条件，すなわち，どのような企業においてどのような立場で就業するかが高齢期の生活にも反映される形になっているものといえる。多かれ少なかれ格差が生じることはやむを得ないにしても，一定期間の就業経験がありながら，年金受給だけで「最低生活」水準に到達しないのは，「公平性」を欠くものと考える。この点に関しては，従来から指摘されてきたとおり，社会保障政策における課題の1つである。

(2)　中小企業における福利厚生のあり方をめぐって

　規模などの企業の属性や雇用形態による差別化を縮小するためには，中小企業をはじめとする経営力の脆弱な企業の経営革新が必要な要素である。大企業をはじめ，親企業に従属した形の経営では，付加価値生産性の向上にはつながりにくく，経営力向上への企業努力が求められる。しかし，大企業をはじめとする親企業や取引先企業との関係において，不公正な取引を強要されることも少なくなく，製造業や建設業において形成されてきた系列構造のような形で，付加価値部分を引き下げられている側面が依然として否めない。

[図表15-6　取引先大企業に強要された不公正取引の有無]

単位：社

	2006年調査		2008年調査		2009年調査	
	度数	パーセント	度数	パーセント	度数	パーセント
あった	67	30.6%	27	12.9%	28	10.8%
なかった	77	35.2%	140	66.7%	176	68.0%
取引がない	61	27.9%	42	20.0%	50	19.3%
無回答	14	6.4%	1	0.5%	5	1.9%
合計	219	100.0%	210	100.0%	259	100.0%

注：2007年調査では，取引先企業全般を対象としたため，本表には掲載しなかった。
(出所)　東京中小企業家同友会政策部「会員企業要望調査」より作成

　こうした環境下にありながらも，経営革新に積極的に取り組んでいる中小企業もみられる。図表15-6は，東京中小企業家同友会に加盟する企業を対象に実施したアンケート調査の結果うち，過去1年間に大企業との取引において強要された不公正な取引について聞いたものである。「あった」をみると，2006年の30.6％に比べると2009年には10.8％にまで減少し，取引の公正化が進んでいるものといえる。これには，下請代金支払遅延等防止法および下請中小企業振興法（いわゆる「下請二法」）の改正等によるところもあるが，加盟企業の経営努力によるところも大きいものと考える。

V．おわりに

　法定外福利厚生まで大企業の水準に引き上げることの困難さはあるにしても，法定福利厚生については，企業の社会的責任として，雇用する労働者すべてが適用されることが標準化される企業社会でなければならない。そのためには，中小企業における付加価値生産性の高度化が要件となるが，その一方で，依然として存在する企業間の不公正な取引を是正していくことが政策的な課題である。
　一方，福利厚生をめぐる政策的課題についても，中小企業の実情への配慮が

求められる。社会保険制度に関しては，適用対象となる企業および労働者の拠出能力に配慮することも必要である。また，医療保険や年金保険にみられる階層的な制度の「差別」的構造をできるだけ統合していくことも必要である。すなわち，「保障の平等性，行政の簡素化，管理運営面での経済性」だけでなく，「所得再分配機能上の効率性を確保する」（工藤［2003］，p.120）ことが格差是正を促すものと考える。

わが国の中小企業において蓄積されてきた伝統や技能を継承していくためにも，中小企業が「人材の宝庫」となるよう，福利厚生を含めた労働条件の改善に寄与する政策的取り組みが求められる。

【注】

(1) 柳屋［2007］，p.32において，「福利厚生の語を法文上で使用し，これに属する事項を指針等で例示する例は少なくないが，その定義を行っている例は労働法の領域ではみあたらない」としている。

(2) 社会保険の給付水準に関しては，「従前所得保障」を説く考え方や「最低生活保障」を説く考え方があるが，実際の給付水準は，いずれもの性格を有している反面，これらを下回る低水準の給付もあり，一概にはいえない。いずれも，最低の受給要件を満たした場合の最低基準額は設けられているため，「最低保障」と規定するのが適当であろうと判断した。

(3) ここ数年の『中小企業白書』をみても，「人材」にかかわる内容が頻繁に取り上げられているが，2009年版の第3章序文（p.164）では，「2002年初始まった景気拡張局面では中小企業全般の人手不足感が高まった」としている。しかし，これまでも好況期においてはとくに，中小企業における「人材不足」が顕著となってきたが，これに今日的な問題として，「高齢化」という問題が問題を深刻化させている。

(4) 丸尾ほか［1984］，p.3で，「日本的経営の三大柱は終身雇用，企業別労組，年功賃金だといわれている。しかし，企業内福祉政策も加えて日本的経営の四大柱というべきであろう」と記している。

(5) 同書のなかでは，労働者を「長期蓄積能力活用型」，「高度専門能力活用型」，「雇用

柔軟型」の3つのグループに分類しているが,「長期蓄積能力活用型」を除く2つのグループについては,「有期雇用契約」を基調としたいわゆる「非正規」への置き換えを意味している。

(6) 同書では,法定福利について,「国民負担率を50％以下にする」ことを前提に,「給付のムダを省き,効率化を図ることによって負担増を極力抑制し,わが国の活力を失わないようにすることが大切である」(pp.53-54)と主張している。また,法定外福利については,「限られた予算の中で効率的に行うため,総花的でなく有効なものを重点的に実施していくことが求められる。そのためには既存の制度の思い切った統・廃合も行なっていく必要がある」と主張している。

(7) 調査年によって若干定義が異なるものの,同調査では,「期間を定めずに又は1カ月を超える期間を定めて雇われている労働者」を「常用労働者」と定義している。このほか,日々雇われる労働者についても,調査対象の2ヵ月（11月及び12月）に18日以上雇用された者,重役・理事等の役員でも,企業において一定の職務に従事し,役員報酬以外に一般雇用者と同じ給与規則又は同じ基準で毎月給与が算定されている者,同様に事業主の家族についても「常用労働者」に含まれるものと定義している。

(8) 社会保険料率の引き上げについて主なものを示すと,1994年の年金制度改革で厚生年金制度に「特別保険料」が創設され,1997年度より賞与から1％の保険料が徴収されることとなったほか,2000年に実施された介護保険制度についても1.25％（現在は1.23％）新たに徴収されることとなった。また,2003年からは,厚生年金および健康保険に「総報酬制」が導入され,上限は設けられたものの,標準報酬月額に賦課される保険料率と同率の保険料が賞与からも徴収されることになった。労働保険については,労災保険が随時保険料率を引き下げてきているものの,雇用保険については,保険料率が2001年に0.1％,2005年に0.2％の引き上げ（ただし,2007年に引き下げ）が行われた。

(9) 40歳になると介護保険も適用されるため,これも「皆保険」に含まれるものといえよう。

(10) 最低生活費をめぐっては様々な議論があるが,生活保護基準を用いる場合が一般的といえよう。総収入から社会保険料などの必要経費や各種納税分,住宅費を控除した

所得が生活保護基準を上回っていれば最低生活費となりうる。しかし，老齢加算の廃止など，近年の保護基準の引き下げ分を考慮すると，高齢者の最低生活費を生活保護基準に照らして算定することは，妥当であるとは考えにくい。

⑾　同調査は，筆者が個人的に実施したもので，東京都の城東地域において，民主商工会（民商），土建組合，商店街振興組合などの協力を得て，2008年8月末にスノーボール法によって配布（300部）し，郵送によって回収したものである。

【参考文献】

工藤恒夫［2003］『資本制社会保障の一般理論』新日本出版社

逆瀬川潔［1996］『中小企業と労働問題』日本労働研究機構

桐木逸朗［1985］『中小企業の福利厚生』日本労働協会

武川正吾・佐藤博樹編［2000］『企業保障と社会保障』東京大学出版会

中小企業庁編［2009］『中小企業白書　2009年版～イノベーションと人材で活路を開く～』経済産業調査会

永山利和［1981］「中小企業労働者─中小企業労働者の貧困化と政策対象からの「漏出」─」江口英一編著『社会福祉と貧困』法律文化社

日本経営者団体連盟［1995］『新時代の「日本的経営」─挑戦すべき報告とその具体策─』日本経営者団体連盟

藤田至孝・塩野谷祐一編［1997］『企業内福祉と社会保障』東京大学出版会

松丸和夫監修［2005］『グローバル化のなかの中小企業問題』新日本出版社

丸尾直美・桐木逸朗・西原利昭編［1984］『日本型企業福祉』三嶺書房

柳屋孝安［2007］「福利厚生と労働法上の諸問題」『日本労働研究雑誌　2007年7月　No. 564』独立行政法人労働政策研究・研修機構

（宮寺　良光）

第16章 中小業者の暮らしの実態と社会保障の課題

Ⅰ．はじめに

　ここでの課題は，第1に，全商連婦人部協議会が3年に1度実施している「全国業者婦人の実態調査」[1]から中小業者の暮らしの実態を明らかにする点にある。調査対象となっている中小業者と言うのは，2009年調査では，家族従業員を含めた従業員数（不明を除く）は2人以下が47.5％，3～4人が28.5％，5～9人が18.8％，10人以上が5.2％といった自営業層を中心とした小零細企業から成っている。2009年調査の回収ケース数は8,825ケースに上っている。現代のワーキングプアは，派遣労働者をはじめとした労働者を中心に注目を集めているが，中小業者もまた，その中に入るであろう。かつて，江口英一氏が「名目的自営業層」（江口［1980］）と名付けた自営業者層を中心とした中小業者の生活実態を明らかにすることにより，現代の「名目的自営業層」の特徴を捉えことが課題となる。

　第2に，これら自営業層などを対象とする社会保障制度として，国民健康保険と国民年金制度が，今日，生活の支えとして機能しているのかどうかが課題となる。これらの制度に加入している人々は，低所得層が多いことが特徴である。彼らがその保険料や利用料を支払えなくなり，社会制度から実質的に排除されていることが問題となる。

Ⅱ．現代の中小業者の暮らしの実態－もう一つのワーキングプア－

　ここでは，上記の全商連婦人部協議会の2009年「調査」結果を中心として中小業者の暮らしの実態を明らかにするものである。もとより，調査項目は多岐にわたり，その全てをここで取り上げることはできない。その内の売り上げの

状況と所得を中心とした暮らしの実態をみることにする。詳しくは，著者も執筆している調査報告書を見てもらいたい。

(1) 年次別にみた売り上げ状況－6割の業者が売り上げ減－

売り上げの状況は，図表16－1に示されているように，これまでの全国業者婦人実態調査をつなげてみると，1991年のバブル期には，売り上げが伸びた業者が34.5%存在したものが，その後のバブル崩壊後は，急速に売り上げが悪化し，伸びた業者の割合は，2000年にはわずかに7.8%まで減少している。その後も低迷が続き，今回の2009年の調査では，売り上げが伸びた業者の割合は9.0%にとどまり，減少業者の割合は59.9%とほぼ6割の水準にある。前回の2006年調査に比べれば，伸びた業者が12.1%から9.0%と3.1ポイント減少し，横ばいの業者がやや増えて，減少業者は同じくらいである。2008年暮れ以来のアメリカのリーマンブラザーズの破綻に端を発した金融危機による景気後退の影響は，中小業者を直撃しているとみられるが，この調査では，それが明確には出ていない。中小商工研究所による「営業動向調査」では，2009年上期及び下期には，売り上げ減少業者は7割を超え，2002年の最悪状況に匹敵する状況にある。

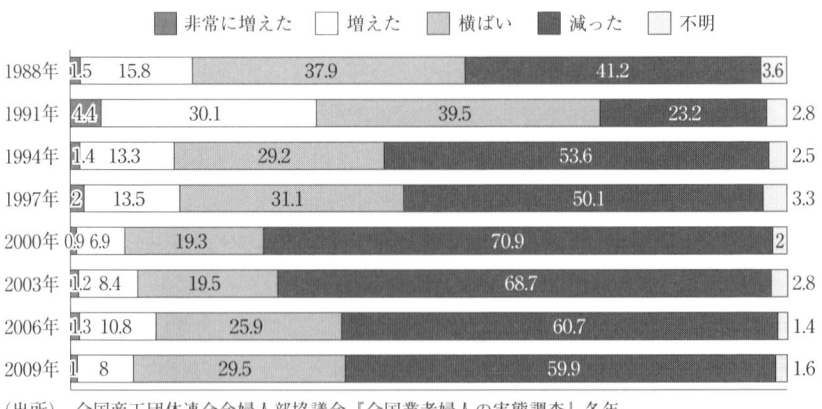

[図表16－1　売り上げ状況の推移]

年	非常に増えた	増えた	横ばい	減った	不明
1988年	1.5	15.8	37.9	41.2	3.6
1991年	4.4	30.1	39.5	23.2	2.8
1994年	1.4	13.3	29.2	53.6	2.5
1997年	2	13.5	31.1	50.1	3.3
2000年	0.9	6.9	19.3	70.9	2
2003年	1.2	8.4	19.5	68.7	2.8
2006年	1.3	10.8	25.9	60.7	1.4
2009年	1	8	29.5	59.9	1.6

(出所)　全国商工団体連合会婦人部協議会『全国業者婦人の実態調査』各年

(2) 営業所得の状況－200万円未満層の急激な増加－

営業所得の階層別割合（不明を除いて計算）を，年次別推移でみると，図表16－2に示されているように，1994年から2003年までは，200万円未満層の割合は，32％とほぼ一定していたが，2003年から2006年そして今回の2009年と3回連続で急速な増加となって表れている。2003年の32.2％から2006年の35.4％そして2009年には48.3％と増加し続け，5割近くに上っている。特に，2006年から2009年には，その割合は12.9ポイントもの増加となっている。その内，100万円未満は25.0％，100万～200万円未満が23.3％と分布し，100万円未満が4分の1に上っていることに驚かされる。

2006年までは，1,000万円以上層もやや増加傾向にあり2極化の傾向も見ら

[図表16－2　営業所得の推移]

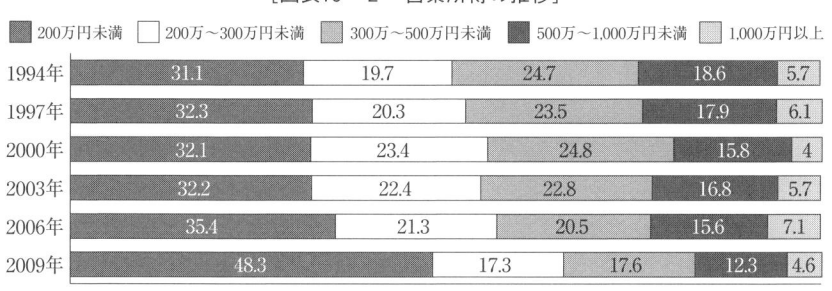

年	200万円未満	200万～300万円未満	300万～500万円未満	500万～1,000万円未満	1,000万円以上
1994年	31.1	19.7	24.7	18.6	5.7
1997年	32.3	20.3	23.5	17.9	6.1
2000年	32.1	23.4	24.8	15.8	4
2003年	32.2	22.4	22.8	16.8	5.7
2006年	35.4	21.3	20.5	15.6	7.1
2009年	48.3	17.3	17.6	12.3	4.6

（出所）　全国商工団体連合会婦人部協議会『全国業者婦人の実態調査』各年

[図表16－3　年齢階級別，所得階層の割合]

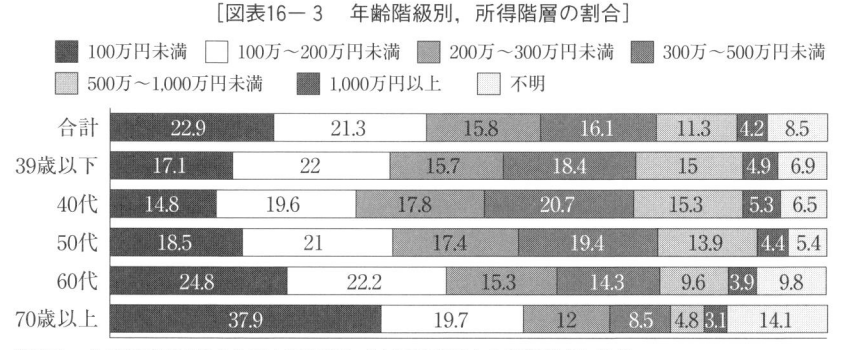

	100万円未満	100万～200万円未満	200万～300万円未満	300万～500万円未満	500万～1,000万円未満	1,000万円以上	不明
合計	22.9	21.3	15.8	16.1	11.3	4.2	8.5
39歳以下	17.1	22	15.7	18.4	15	4.9	6.9
40代	14.8	19.6	17.8	20.7	15.3	5.3	6.5
50代	18.5	21	17.4	19.4	13.9	4.4	5.4
60代	24.8	22.2	15.3	14.3	9.6	3.9	9.8
70歳以上	37.9	19.7	12	8.5	4.8	3.1	14.1

（出所）　全国商工団体連合会婦人部協議会『全国業者婦人の実態調査』各年

れたが，2009年には所得の高い500万～1,000万円未満層や1,000万円以上層が減少し，中間層である200万～300万円未満層及び300万～500万円未満層も減少し，200万円未満層だけが増加するといった，「貧困層」への全般的落層化がみられる。

所得を年齢階級別にみると，図表16－3に示されているように，年齢階級が上昇するにつれて100万円未満層が増加する傾向がみられる。70歳以上になると，それは37.9％にも上り，200万円未満を合計すると，その割合は57.6％と6割近くにまで増加している。

(3) 営業所得だけで生活ができますか

営業所得で生活ができるかという問に対する回答を年次別に見たのが，次の

[図表16－4　営業所得で生活できるかの推移]

年	できる	できない	不明
2000年	38	53.3	8.7
2003年	33.5	61.8	4.7
2006年	36.2	62.5	1.2
2009年	35.7	61.5	2.8

(出所)　全国商工団体連合会婦人部協議会『全国業者婦人の実態調査』各年

[図表16－5　所得階級別，営業所得で生活できるか]

所得階級	できる	できない	不明
100万円未満	16.6	80.5	2.9
100万～200万円未満	26.4	71.2	2.4
200万～300万円未満	37.1	60.2	2.7
300万～500万円未満	48.7	49.3	2
500万～1,000万円未満	64.6	33	2.4
1,000万円以上	71.5	26.6	1.9

(出所)　全国商工団体連合会婦人部協議会『全国業者婦人の実態調査』各年

[図表16-6　年齢階級別，営業所得だけで生活ができるか]

	生活できる	できない	不明
合計	35.7	61.5	2.8
39歳以下	54.1	44.3	1.7
40代	43.8	54.8	1.4
50代	39	58.8	2.2
60代	32	64.8	3.3
70歳以上	23.2	72.1	4.7

（出所）　全国商工団体連合会婦人部協議会『全国業者婦人の実態調査』各年

図表16-4である。これをみると，「できない」と答えた人の割合は，ほぼ一定しているのが分かる。35％程度の業者が「できる」と答えている。逆に，6割強の業者が「できない」と答えているのである。

所得階級別にみると，図表16-5に示されているように，当然ではあるが，所得が低いほど「できない」と答える人の割合は高くなっている。1,000万円以上層では，「できない」が26.6％であるのに対し，100万円未満層では80.5％にまで上昇している。

また，年齢階級別にみると，年齢階級が高まるにつれて所得も低下してくることをすでに見てきたが，営業所得だけで生活できない人の割合もまた高くなっている。図表16-6がそれを示している。

営業所得だけでは「生活ができない」人の割合が，平均で6割強に上り，100万円未満層ではそれが8割に上り，70歳以上では7割強に上っている。このように，営業所得だけでは生活できないということは，自立的営業と言われてきた自営業層の多くが，自立とは名ばかりの「名目的自営業層」となっていることが分かるであろう。「名目的自営業層」というのは，所得が低くて営業所得だけでは生活が成り立たないという意味で自立できないということだけではなく，親企業との支配従属関係からみても自立性が低くなっていることを意味している。つまり，仕事と暮らしにおいて，その両方に亘って自立性を喪失していることがうかがえる。

(4) 営業所得を何で補っていますか

　では，営業所得だけでは生活ができない場合，何でそれを補っているのであろうか。それをみたのが，次の図表16－7である。総数の平均でみると，第1位が「貯金の取り崩し」で46.3%，第2位が「年金など」の44.6%，第3位が「他の家族の収入・援助」の28.7%，第4位が「借金」の19.9%，第5位が「パート・アルバイト」の19.5%，第6位が「生命保険の解約」の18.5%，第7位が「その他」の11.6%と続いている。

　これらの項目は，2つに分類することができる。一つは，「実収入」と言われるものである。それは，就労や社会保障給付による収入で，調査の項目では「年金など」「他の家族の収入・援助」「パート・アルバイ」がそれに該当する。もう一つは「実収入以外の収入」と言われるものである。それは，借金や貯蓄の取り崩しのような収入を意味している。調査の項目では「借金」「生命保険の解約」「貯金の取り崩し」がそれに該当する。

　生活は，通常，収入が減少していく場合，まず，生活を維持するために貯蓄の取り崩しをしたり，借金をしたりする。それは，生活にはそれを守ろうとする「抵抗」があるからである。それを「履歴効果」（篭山［1982］）と言う。一定の生活水準と生活構造を有する社会階層にとどまろうとする生活の「抵抗」として，借金や貯蓄の取り崩しをしたとしても，それは一時しのぎにすぎない。長期間にわたりそれに頼ることができない。いずれは貯蓄はなくなり，借金していても返済しなければ誰も貸してくれないからである。

　業者婦人の生活の実態をみると，営業所得の不足を貯金の取り崩しや生命保険の解約でまず凌いでいる様子がうかがえる。過去の営業所得の蓄積がいつまで続くのか，それは子どもの学資として貯めていたものかもしれない。あるいは，老後のための蓄えかもしれない。業者の多くにとって，貯蓄は生活の「準備金」としての意味が強く，決して余裕があるから貯蓄していたものではないと思われる。その「準備金」が目減りしていくことは，老後の生活の不安を大きくするであろうし，子どもの学資が足りなくなる可能性を大きくするであろう。それだけ生活の「抵抗力」は低下していくことになる。

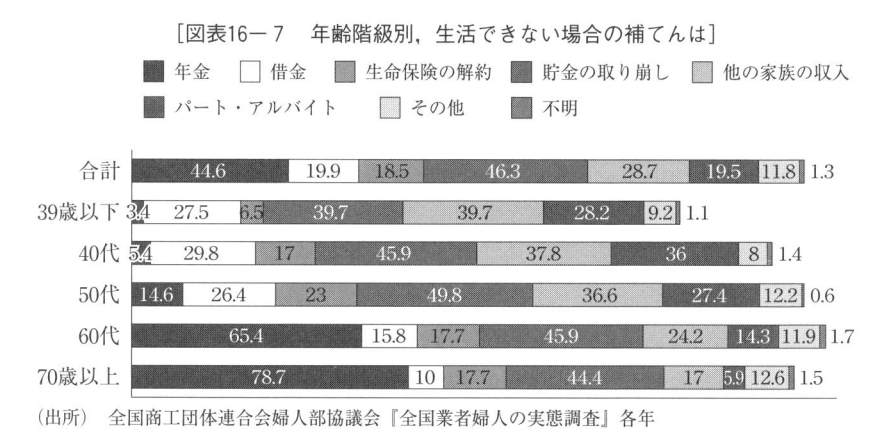

[図表16−7　年齢階級別，生活できない場合の補てんは]

■ 年金　□ 借金　■ 生命保険の解約　■ 貯金の取り崩し　■ 他の家族の収入
■ パート・アルバイト　■ その他　■ 不明

	年金	借金	生命保険の解約	貯金の取り崩し	他の家族の収入	パート・アルバイト	その他	不明
合計	44.6	19.9	18.5	46.3	28.7	19.5	11.8	1.3
39歳以下	3.4	27.5	6.5	39.7	39.7	28.2	9.2	1.1
40代	5.4	29.8	17	45.9	37.8	36	8	1.4
50代	14.6	26.4	23	49.8	36.6	27.4	12.2	0.6
60代	65.4	15.8	17.7	45.9	24.2	14.3	11.9	1.7
70歳以上	78.7	10	17.7	44.4	17	5.9	12.6	1.5

(出所)　全国商工団体連合会婦人部協議会『全国業者婦人の実態調査』各年

　したがって，これら「実収入以外の収入」に頼ることには限界がある。結局は，「実収入」である「パート・アルバイト」による収入や「他の家族の収入・援助」あるいは「年金など」に依存せざるを得ない事になる。

　実収入による補てんの特徴は，若中年層と高齢層で異なる。若中年層である39歳以下から50歳代までをみると，「他の家族の収入・援助」と「パート・アルバイト収入」がその主流であることが分かる。いわば，「一家総働き・勤労者型」自営業層ということができる。それに対し，高齢層である60歳代と70歳以上では，「年金など」が圧倒的に多くなり主流になる。高齢に伴いパート・アルバイトとして働くことが困難となることが予想されるし，他の家族が自立していき，その収入への依存が困難になることを示している。高齢層は，「年金依存型」自営業層ということができる。しかし，2つの型に分類できるとしても，それらの条件が整って，最低生活ができるとは限らないのである。

(5)　家計を圧迫しているものは何ですか

　家計を圧迫している物は何かをみると，図表16−8に示されているように，第1位が「税金」で59.3%，第2位が「国保・年金の保険料」の53.0%，第3位が「借金返済」の30.2%，第4位が「医療費」の21.3%，第5位が「住宅費」

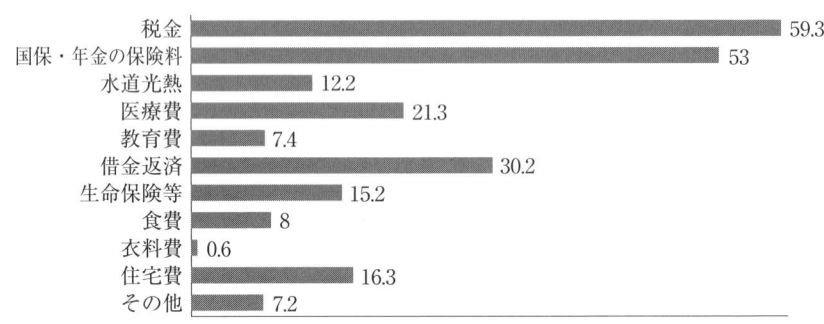

[図表16-8　家計を圧迫している物は（平均）]

- 税金　59.3
- 国保・年金の保険料　53
- 水道光熱　12.2
- 医療費　21.3
- 教育費　7.4
- 借金返済　30.2
- 生命保険等　15.2
- 食費　8
- 衣料費　0.6
- 住宅費　16.3
- その他　7.2

（出所）　全国商工団体連合会婦人部協議会『全国業者婦人の実態調査』各年

の16.3％，第6位が「生命保険等」の15.2％，第7位が「水道・光熱費」の12.2％，と続いている。

　これら上位を占めている費目は，税金や社会保険の保険料の支払いであったり，住宅や教育，医療，水道・光熱などの「生活基盤」を確保するための支払いであったり，あるいは，住宅費や教育費を確保するための借金返済であったりと，いずれも節約すると生活そのものが成り立ちにくい費目であり，選択の余地の大変狭い一種の社会的「強制」が働いている費目である。したがって，それらの費目を「社会的固定費目」と名付けているものである。この「固定費」の負担が重く，家計にのしかかっていると考えられる。

　家計調査でみても，この間，80年代の臨調・「行革」から90年代後半からの「構造改革」により，これらの負担が「応益負担原則」に従い急速に増加して，今日においては，「社会的固定費目」の割合は，家計支出全体の5割近くまで増加している。しかも，低所得層ほどその負担が大きいといった逆転現象が90年代後半からみられるようになり，低所得層ほど，固定的負担が大きくなるといった特徴を示すようになった。それだけ，所得の低下に対する「抵抗力」が低下し，固定的負担が支払い困難となり，生活が崩壊する危険性が高まっている（金澤［2009］，第1章3参照）。

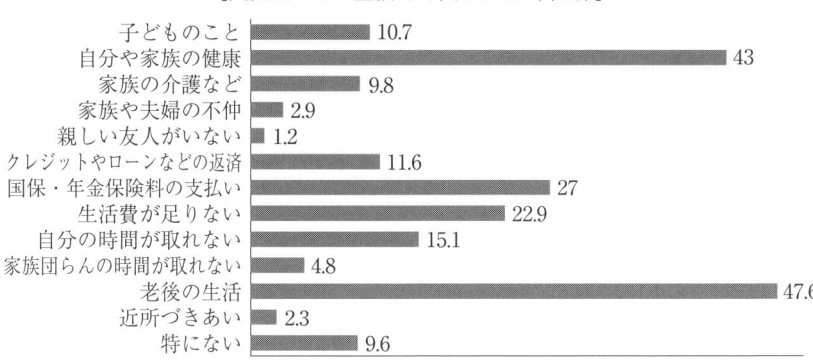

[図表16－9　生活での困りごと（平均）]

- 子どものこと　10.7
- 自分や家族の健康　43
- 家族の介護など　9.8
- 家族や夫婦の不仲　2.9
- 親しい友人がいない　1.2
- クレジットやローンなどの返済　11.6
- 国保・年金保険料の支払い　27
- 生活費が足りない　22.9
- 自分の時間が取れない　15.1
- 家族団らんの時間が取れない　4.8
- 老後の生活　47.6
- 近所づきあい　2.3
- 特にない　9.6

（出所）　全国商工団体連合会婦人部協議会『全国業者婦人の実態調査』各年

(6) 生活での困りごと

　生活の困りごとをみると、図表16－9に示されているように、第1位が「老後の生活」の47.6％、第2位が「自分や家族の健康」の43.0％、第3位が「国保・年金の保険料の支払い」の27.0％、第4位が「生活費が足りない」の22.9％、第5位が「自分の時間が取れない」の15.1％、第6位が「クレジットやローンなどの返済」の11.9％などと続いる。

　老後の生活が第1位となっているが、先にみたように、老後の生活のための蓄えが目減りしていく状況を考えれば、そしてまた、業者の多くが年金額が低い国民年金の適用を受けていることを考えれば、その意味がおのずと理解できるであろう。また、自分や家族の健康が第2位となっているが、業者の高齢化とともに、健康状態の悪化が懸念されるところである。また、国保・年金の保険料の支払いが第3位になっていることは、その取り立ての厳しさとともに、売り上げが減少し所得が低いことと考え合わせると、いかに無理をして支払っているかが分かる。更に、生活費が足りないが第4位になっていることは、営業所得を貯蓄の取り崩しやパート・アルバイト、あるいは他の家族の収入、年金などで補ったとしても、まだ足りない人がいることを想像させる。その割合が23％にもなっているのである。この人たちの多くは生活保護の対象となるべ

き人なのかもしれない。

(7) 中小業者の階層転落

　これまでみてきたように，2006年から2009年のわずか3年間の間に，急速な所得階層の転落が生じているとみることができる。この場合，以前の一定の消費水準と生活様式を維持しようとすれば，言い換えるならば，一定の社会階層に踏みとどまろうとすれば，所得が低まるにつれ家計は赤字支出の増大となり，一定期間ののち，低い水準への移行の段階がくる，そしてそこでまた，家計の収支は均衡がはじまる。現在，中小業者の所得階層の転落がどの段階にあるかはわからない。その階層的転落の移行期にある場合と転落してしまった場合が含まれているだろう。移行期の場合，「履歴効果」が働き，貯蓄の取り崩しや借金をして，つまり，赤字家計が続くことになる。あるいは，世帯員を有業化させ，いわば多就業家族とか寄り合い世帯といわれる世帯の形をとりながら，その社会階層のなかに留まっているのかもしれない。あるいは，世帯員を独立させ外に押し出し，世帯を小さくしている可能性もある。これらは，生活を防衛するための「抵抗」が働くことを意味している。言うまでもなく，上位の社会階層ほど，そうした「抵抗」の手段として貯蓄などが豊富に存在し，一定期間，所得の変動にも耐えることができる。下位の階層ほど，「抵抗」する力が弱く，短期間に階層的に転落すると考えられる。したがって，上位の階層ほど，所得分布は上下に長く釣用浮きのような形となり，下位ほど所得分布は上下に短く押しつぶされたコマ型の形になる。中小業者の場合，所得が100万円未満や100万〜200万円未満といった極端に低い所得階層に5割近く分布しコマ型の形となっている。典型的な低所得層の所得分布である。それはまた，「抵抗」する力が弱い事をも意味している。どれだけ耐えうるのか，短期間にさらに下位の「貧困層」へと階層転落する危険性が大きい。あるいはすでに階層転落しているのかもしれない。中小業者のワーキングプア対策を真剣に考えるときである。以下では，上記の中小業者を対象とした国民健康保険と国民年金について現状と課題を追求することにする。

Ⅲ．中小業者の社会保障

(1) 国民健康保険制度の現状と課題
1．国保加入者の拡大と職業別構成の変化

　国保の被保険者は，農林漁業者，商店や小零細な町工場などの都市自営業者のほかに，小零細企業に勤める労働者やパート・アルバイト・臨時などの被用者（労働者）それに年金生活者からなっている。ただし，この間の産業構造の変化や高齢化の進展，リストラによる失業者や「低賃金・不安定雇用層」の増大により，労働者が大量に国保に流れ込むという事態によって，その職業別構成は大きく変化している。

　国保被保険者数は，産業構造の変化などにより年々減少してきたが，平成6年から増加に転じた。平成5年の4,247万人を100とした指数でみると，平成15年には5,000万人を突破し5,107万人（120.2）となり，平成17年には51,725万人（121.8）まで拡大している。

　また，国保被保険者の職業別構成の変化をみると，昭和40年には，第1位が農林水産業自営業者の42.1％と圧倒的に多く，第2位が都市自営業者の25.4％，第3位が被用者の19.5％，第4位が無職の6.6％，第5位がその他の6.4％となっている。それに対し，平成17年には，第1位が無職の53.8％，第2位が被用者の24.0％，第3位が都市自営業者の14.9％，第4位が農林水産業自営業者の4.4％，第5位がその他の2.8％となっている。この40年の間に，農林水産業自営業者の減少は著しく，42.1％から4.4％へと37.7ポイントもの減少である。また，都市自営業者の減少も著しく，25.4％から14.9％へと10.5ポイントの減少である。それに対し，無業の増加は，6.6％から53.8％へと47.2ポイントもの増加を示し，被用者もまた，19.5％から24.0％へと4.5ポイントの増加を示している。

　今日，無業者が極めて多いという特徴を持っているが，それはまた，年金生活者など高齢者が多数を占めていることをも意味している。我が国の年齢階級別人口に占める国保被保険者の割合は，総平均で40.5％であるのに対し，65歳

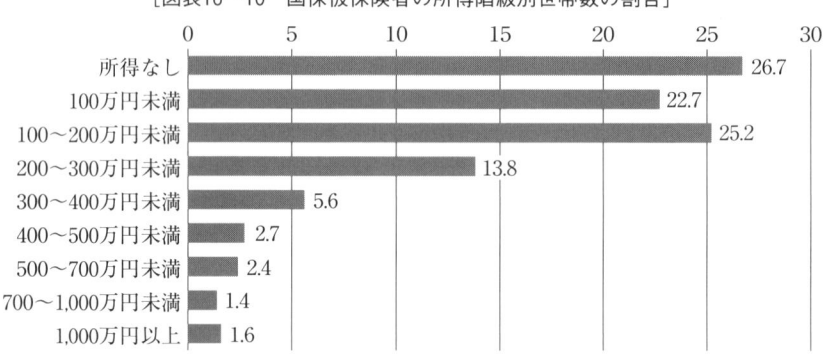

[図表16−10　国保被保険者の所得階級別世帯数の割合]

所得階級	割合(%)
所得なし	26.7
100万円未満	22.7
100〜200万円未満	25.2
200〜300万円未満	13.8
300〜400万円未満	5.6
400〜500万円未満	2.7
500〜700万円未満	2.4
700〜1,000万円未満	1.4
1,000万円以上	1.6

(出所)　厚生労働省「平成17年国民健康保険実態調査」より作成

以上になるとほぼ8割となっている。国保は労働者・サラリーマンの退職者の受け皿となっているのである。また，被用者の割合の増加は，失業者や非正規雇用者などの受け皿となっていることを示している。

2．国保被保険者は低所得者が多い

　国保被保険者の所得は，図表16−10に示されているように，低いのが特徴となっている。最も多いのが所得なしの26.7％，次いで100〜200万円未満の25.2％，100万円未満の22.7％と続いている。この3つの所得階級に74.6％と7割を超える結果となっている。

　他制度と比較すると，国保の1世帯当たりの年間所得が153万円であるのに対し，被用者健保である政管健保（現在の協会けんぽ）の場合237万円，組合健保では381万円となる（国民健康保険中央会「国民健康保険の安定を求めて」平成16年より）。組合健保を100とすると，政管健保は62.2，国保は40.2となる。その差は歴然としている。

3．保険料の算定方法の変化

　この間，厚生労働省の誘導により，所得に応じた「応能割」部分を減らし，

世帯当たりや世帯人員当たり一律の「応益割」部分を増やすことになる。その結果，今日，ほほどの市町村でも「応能割」と「応益割」との割合は五対五となっている。それは，低所得層の負担を重くし，逆に高所得層の負担を軽くすることになった。

また，保険料の算定方式の変化により，保険料が高くなっている問題がある。保険料は，「所得割」と「均等割」に分かれるが，均等割は，【平等割額＋（均等割額×家族の人数）】によって計算され，それに所得割が加わることになる。その所得割の計算方法には，従来，「本文方式」といわれるものと「住民税方式」といわれるものがあった。本文方式の計算方法は，【（所得－基礎控除－各種控除）×料率】によって計算されるものであり，住民税方式は，【住民税×料率】によって計算される。これが，「旧ただし書方式」に変更する自治体が増えているのである。例えば，大阪府では，泉南市以外のすべてが「旧ただし書方式」となっている。その「旧ただし書方式」というのは，【（所得－基礎控除）×料率】によって計算されるものである。この計算方法の改悪により，各種控除がなくなった分，多くの住民が保険料の増額となった。特に低所得層への影響が大きく，心配されるところである。

4．保険料の滞納問題と制裁措置

さて，国保法は87年の改定により，国保料（税）の滞納世帯に対する制裁措置として正規保険証の取り上げ，保険給付の一時差し止めが「できる」ようになった。それは，84年に国庫負担が45％から38.5％に引き下げられ，各自治体では大幅な保険料（税）の引き上げを実施した結果，滞納世帯が増大したことに対する措置であった。

さらに，2000年4月から介護保険の導入とともに，国保法の改定が実施され，それまでの正規保険証の取り上げや保険給付の一時差し止めが「できる」から実質的に市町村に義務付けることになった。また，介護保険の保険料を国保料（税）に上乗せして徴収することとなり，負担感は一層強まることになったのである。

上記の国保法の改定による制度的な要因と，失業者の増大や「低賃金・不安定雇用層」の増大，そして自営業層の長期的な売上の激減などによる社会経済的要因がからまって，滞納世帯が急速に増加するとともに正規保険証の取り上げもまた増加することになる。

　まず，滞納世帯の推移をみると，2000年には約370万世帯（17.5%），2002年にはついに400万世帯を突破し約412万世帯（18.0%）に達し，2008年には453.0万世帯（20.9%）と20%を超えることになる。

　また，正規保険証の取り上げの推移をみると，2000年には約49.6万世帯，2002年にはついに100万世帯を突破し100.4万世帯，そして2008年には158.1万世帯にまで膨れ上がっているのである。この158.1万世帯のうち，資格証明書の発行は約34万世帯，短期保険証の発行は124.2万世帯に上っている。いずれも，社会保険庁の6月1日現在での調査によるものである。

　資格証明書というのは，滞納期間が1年以上の場合に発行され，それを医療機関の窓口に持っていっても，利用者負担が10割と実質的に保険が効かないのである。領収書を市町村の窓口に持っていけば，保険給付部分つまり7割が払い戻されることになっているが，1年半以上の滞納がある場合には保険給付が一時差し止められているため，その払い戻しもできなくなる。また滞納期間が1年半未満であっても，滞納している保険料（税）にまわされる場合があるため，実質的に保険が効かないのである。また，滞納が1年未満であっても，1か月2か月3か月しか有効でない短期保険証が交付される。

　低所得層にとっては，ただでさえ所得が少ないうえにその負担が重くなり，病気があっても医療機関から遠ざけられ，社会制度から排除されることになる。それは，命に関わる重大な問題を含んでいる。病気があるのに資格証明書が交付されれば，どういうことになるだろうか。「貧乏人は死ねというのか」という声が聞こえてくる。

　2008年10月30日付の厚生労働省「資格証明書の発行に関する調査」の結果によれば，資格証明書の発行は33万世帯に上り，その内子どものいる世帯数は1万8,240世帯，子どもの数は3万3千人にもなっている。資格証明書の場合，

病気になっても受診を控える可能性が高く，保険料の滞納している子どものいる世帯に対して保険証を変換させていない市町村は2008年9月15日時点で986（全国市町村の約55%）にも上っている。こうした情勢の中で，2009年度の実施に向け，2008年12月19日無保険児救済の法案が全会一致で成立した。

また，2009年4月22日，厚労省は75歳以上が対象の後期高齢者医療制度で保険料を1年以上滞納した人に保険証を変換させ，代わりに資格証明書を交付する規定について，保険料の負担軽減措置を受けている低所得者を原則的に適用対象から外す指針案をまとめた。

これが実施されれば，低所得であるがため，保険料を滞納している子どものいる世帯と75歳以上の高齢者に対する資格証明書の発行はなくなることになるが，それ以外の低所得層は，病気があっても医療機関から排除されてよいのかといった問題は依然として残ることになる。

5．国保には傷病手当金がない

病気のため働くことができないということが起こる。つまり病気と貧困とは密接な関係にある。貧困の原因を除去するために，諸外国，例えばイギリスでは1911年に「国民保険法」が創設された時から，病気による休業による所得保障がなされることになる。

わが国でも，国民健康保険以外の職域健康保険では傷病手当金制度がある。なぜ，国保には傷病手当金制度がないのかということになるが，当初，農林漁業や都市自営業者を対象としていたことから，病人がでても代わって働ける家族が存在するからだと考えたと思われる。しかし，今日，前記のように，多くの非正規や零細企業の労働者が国保に加入していること，また，自営業においても，かつてのような家族で営業を支えている場合は少なく，自営業主1人だけあるいは夫婦で働いている場合が多い。さらに，この場合，病気で休業すれば，顧客が離れていく可能性が高いのである。その意味では，国保においても傷病手当金や出産手当金制度を導入することが必要である。

6．「医療改革関連法」

　2006年6月「医療改革関連法」が成立した。改革の最大の目的は，毎年3～4％伸び続け，総額33兆円・国民所得の9％に達した国民医療費の削減にある。そのため，第1に，「医療費適正化」として，患者の窓口負担の見直しと医療機関への診療報酬の引き下げが図られた。2006年10月から①70歳以上の現役世帯並みの所得者（1世帯2人で年収520万円以上，およそ11％，200万人が当てはまる）の窓口負担が2割から3割に引き上げられた。②70歳以上の療養病床（長期入院者）の食費・住居費が自己負担化された。③高額療養費の自己負担限度額が引き上げられた。2008年4月からは，④70～74歳の窓口負担が1割から2割に引き上げられ，⑤75歳以上の高齢者が全員加入の「後期高齢者医療制度」が新設された。⑤診療報酬の改革が実施された。

　第2に，生活慣習病予防，入院日数の短縮と病床数の削減が図られた。①生活慣習病予防では，対象をメタボリックシンドローム（内臓脂肪症候群）に絞り，新たな健診と保健指導を実施する。よれにより2兆円の医療費削減を見込んでいる。②入院日数を現在の平均在院日数36日を27日へと25％短縮し，それにより病床数を削減できるとみている。③2012年4月からは，長期入院高齢者のための介護療養病床が廃止され，これにより病床数は38万床から15万床に減少するとしている。

　第3に，上記の削減効果を確実にするために，政管健保，国保などの医療保険制度を都道府県を単位とした運営に切り替える。医療費削減の実績に応じた保険料の決定や診療報酬の設定が可能となる。

　第4に，医療費削減のためのさまざまな数値目標を盛り込んだ「医療費適正化計画」，それと関連した「地域ケア体制整備構想」や「医療計画」，「健康増進計画」などの一連の計画を都道府県ごとに策定することになっている。

　一方では，患者の窓口負担が増え続づけることにより，他方では，医師不足や看護師不足が広がり，地域医療が崩壊の危機にさらされることにより，病気になっても病院へいけないといった事態が広がることになる。「医療費適正化」が問題を解決するどころか，さまざまな困難を深化することが懸念される。

(2) 国民年金制度の現状と課題
1．国民年金とその加入者の構成

　国民年金制度は，1961年に実施されすでに半世紀になる。国民年金ができてから25年目にあたる1981年に，基礎年金制度が導入された。それまでの，公的年金制度は，それぞれが分離・独立したものであるが，この基礎年金制度により，20歳から60歳までの全国民が，共通部分であるこの制度に加入することになった。わが国の公的年金制度は，この基礎年金が「一階部分」となり，その上の「2階部分」に，それぞれの厚生年金や共済年金などが付け加わる「2階建て」の構造となった。しかし，国民年金の場合には，その2階部分がないため，基礎年金だけの適用となる。

　国民年金制度は，もともと自営業者を対象にした制度でしたが，今日，労働者やサラリーマンを辞めると，厚生年金や共済年金制度を脱退し，国民年金に移行することになる。その結果，国民年金の加入者は，自営業者とその家族のほかに，失業者や派遣労働者やパートタイマーなどの非正規労働者から構成されることになる。1995年以降の「構造改革」による「雇用の流動化政策」により，正規の非正規化が進み，今日3人に1人が非正規労働者となっている。彼らの多くの受け皿となっているのが，国民年金制度となっている。

　社会保険庁「平成17年国民年金被保険者実態調査」によれば，国民年金第1号被保険者の構成は，最も多いのが「無職」で31.2％，次いで「臨時・パート」の24.9％，「自営業主」の17.7％，「常用雇用」の12.1％，「家族従事者」の10.5％と続いている。「無職」や臨時・パートなどの非正規労働者が多くを占め，自営業層は，自営業主と家族従事者を合わせても28.2％を占めるに過ぎない状況となっている。保険料負担能力に乏しい層が多くを占めているのである。

2．保険料の膨大な未納者

　社会保険庁「平成18年国民年金の加入・納付状況」によれば，国民年金第1号被保険者の保険料の納付率は，平成7年の84.5％から急速に低下し，平成14年には62.8％まで下がっている。その後やや取り直したとはいえ，平成18年で

66.3％と，「未納率」は33.7％と高い水準にある。未納率は，納付対象月数に占める未納月数によって計算されているが，これを仮に人数で換算すると，未納者は約538万人となる。

この「未納率」の中には，法定免除者や申請免除，学生納付特例者，若年納付猶予者は含まれていない。これら全額免除者は，平成18年度で528万人に達している。この全額免除者の第１号被保険者数に占める割合は，24.9％に上っている。

以上のことから，未納者と全額免除者を推計すると，1,066万人となり，第１号被保険者数2,123万人に対してその割合は，50.2％に達することになる。これだけの人が，何らかの理由で保険料を納めることが出来ない状況となっている。このままでは，無年金者や低年金者を多く作り出すことになる。国民皆年金制度として，保険料を納めることを前提としている国民年金制度は，解体の危機的状況といえる。

先の「平成18年国民年金被保険者実態調査」によれば，滞納者の保険料を納付していない理由は，第１位が「保険料が高く，経済的に支払うことが困難」で65.6％，第２位が「年金制度の将来が不安・信用できない」の14.8％，第３位が「受け取れる年金額が分からない・保険料に比べて少ない」の4.8％，第５位が「これから保険料を納めても加入期間が少なく，年金がもらえない」の3.8％と続いている。圧倒的に経済的理由が多いことがわかる。

同調査によれば，世帯の年間総収入は，納付者の場合，平均で505万円，200万円未満は29.6％であるのに対し，滞納者の場合には，平均323万円，200万円未満は43.7％にも及んである。その差は明らかである。

3．国民年金額は生活保護基準よりも低い

生活保護基準は，生活保護を受けられるか否かを決定する基準である。大都会と農村部など地域によって級地が決められ，１級地－１から３級地－２まで６つの級地に分けられている。級地によって生活保護基準は異なることになる。ここでは，大都会１級地－１（さいたま市）を例にして，70歳単身世帯の生活

保護基準を算定する。この場合，①持ち家と②賃貸アパートとでは，生活保護基準が異なる。

まず，①持ち家の場合で算定すると，日常生活費として算定される個人単位で消費される生活扶助費「第1類」と，世帯単位で消費される「第2類」に分けられ，「第1類」は年齢階級別に定められ，70歳では生活扶助費1類は月額32,340円，同2類43,430円，計75,770円となる。これに暖房費として冬季加算（11月から3月）月3,090円，期末一時金（12月）として14,180円支給され，この2つを月に直すと2,469円となる。これを含めれば，生活保護基準は月78,239円となる。②賃貸アパートの場合には，この額に，住宅扶助特別基準額47,700円が加わり，生活保護基準は合計月125,939円となる。

これに対し，国民年金額は，20歳から60歳まで保険料を40年間支払ったとしても，満額で月66,000円（年額792,100円）に過ぎない。

以上のように，国民年金を満額支給されたとしても，生活保護基準の①持ち家の場合でも②賃貸アパートの場合でも，国民年金額は保護基準よりも低く，年金額だけでは国が定めた最低生活費が保障されないことになる。

4．他の公的年金との格差

国民年金額の満額が月66,000円であるからといって，すべてがその額を受給しているわけではない。国民年金の平均受給月額をとれば，2006年度末現在で，

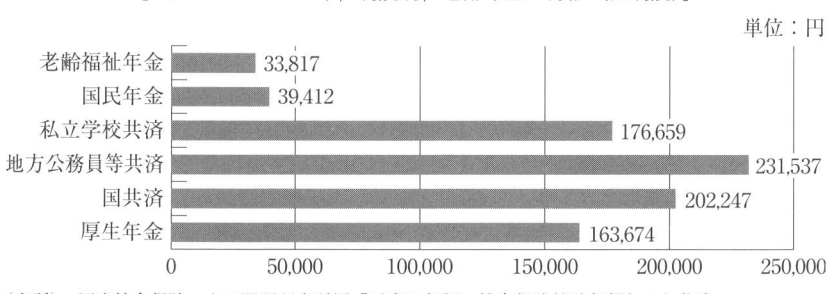

［図表16－11　2006年，制度別，老齢年金の月額（旧制度）］

単位：円

制度	月額
老齢福祉年金	33,817
国民年金	39,412
私立学校共済	176,659
地方公務員等共済	231,537
国共済	202,247
厚生年金	163,674

（出所）　国立社会保障・人口問題研究所編『平成20年版　社会保障統計年報』より作成

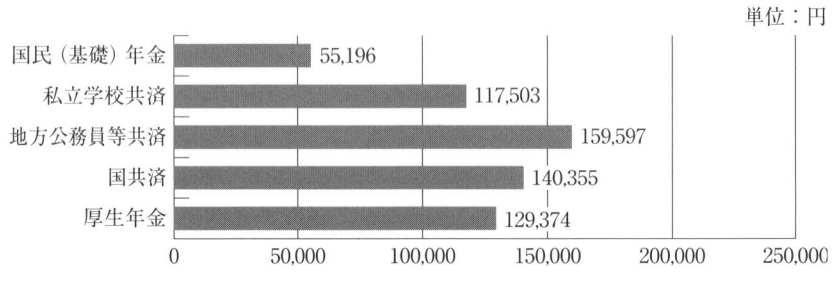

[図表16−12　2006年，制度別，月平均年金額（新制度）]

単位：円

国民（基礎）年金	55,196
私立学校共済	117,503
地方公務員等共済	159,597
国共済	140,355
厚生年金	129,374

（出所）　国立社会保障・人口問題研究所編『平成20年版　社会保障統計年報』より作成

　旧制度（1986年に基礎年金制度が導入された時点で，それ以前から年金を受給している人）で33,817円，新制度（1986年以降に年金を受給し始めた人）で55,196円である。その内，厚生年金の受給権を有しない国民年金のみの受給権者の平均受給月額は46,579円である。

　それに対し，厚生年金や国家公務員共済年金，地方公務員共済遠近，私立学校共済年金の平均受給月額は，いずれも15万円を超えている。新制度では，これらの平均受給月額は低くなっているが，これは2階建ての年金制度のためで，これらに基礎年金部分が加わって実際には支給されている。これらを比較すると，いかに，国民年金額が低いかが分かるであろう。

　また，平均受給月額だけを見ても分からない。平成18年社会保障事業の概要によれば，国民年金額は，男性では6万円台が最も多いのであるが，女性では3万円台が最も多いことが分かる。

5．高齢単身世帯に低所得層が集中している

　これまでみてきたように，国民年金だけを受給している場合，特に高齢単身世帯の場合には，年金額が低く，生活保護基準をも下回っている。その結果，高齢単身世帯の場合には，低所得層が多く分布することになる。

　図表16-13は，厚労省「国民生活基礎調査」による，70歳以上の単身世帯の所得金額（年間収入に相当）階層別に所得分布である。この図に基づいて，生

[図表16−13　70歳以上，単身世帯，所得金額階層別]

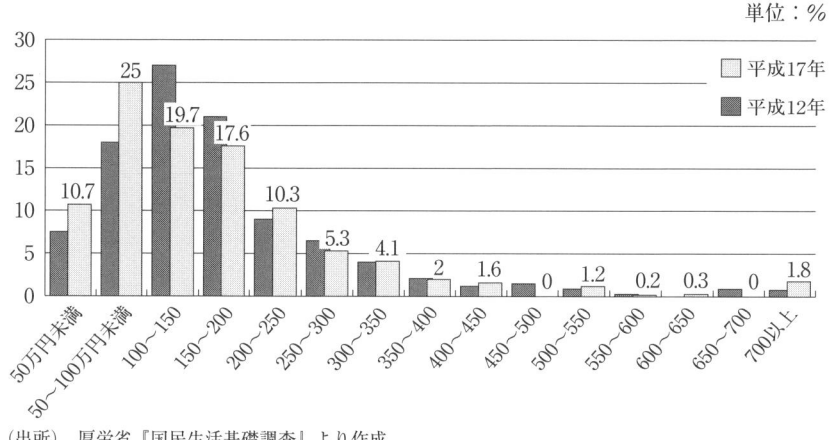

単位：％

（棒グラフ：平成17年、平成12年）
- 50万円未満：10.7
- 50～100万円未満：25
- 100～150：19.7
- 150～200：17.6
- 200～250：10.3
- 250～300：5.3
- 300～350：4.1
- 350～400：2
- 400～450：1.6
- 450～500：0
- 500～550：1.2
- 550～600：0.2
- 600～650：0.3
- 650～700：0
- 700以上：1.8

（出所）　厚労省『国民生活基礎調査』より作成

活保護基準未満率を出すと以下のようになる。生活保護基準は①持家の場合で年間93万9千円となり，②賃貸アパートの場合で151万1千円となる。これら保護基準未満率は，①の場合32.7％となり，②の場合には55.8％にも達する。いずれも高い率である。ほとんどが年金で生活している単身高齢者の収入がいかに低いかが分かる。

6．最低保障年金制度の確立

　国民年金制度から漏れてきている人々が，すでに見てきたように，半数に及んでいる状態では，国民皆年金としての体をなさない。保険制度により，保険料を支払うことを前提とした制度では，すべての国民の高齢期を安心して生活できる保障はない。

　国民皆年金を実現するためには，保険料納付を前提としない制度が必要である。年齢と一定の国内での居住期間を支給要件としたものが「最低保障年金」である。その財源は税金でということになる。「最低保障年金」を基礎として，その上に，納付した保険料に応じた年金を積み上げる年金制度を「最低保障年金制度」という。

「最低保障年金」は，憲法25条が保障する「健康で文化的な最低限度の生活」でなければならない。少なくとも，上記の生活保護基準を満たすだけの年金が必要である。しかしまた，生活保護基準も「老齢加算」が廃止され，「最低生活」とは何かが問われている。

　「最低保障年金」の導入の機運は高まっているといえるが，他方，その財源として消費税率の引き上げで賄う，というのが政府の見解である。この間，所得税の最高税率は，1975年の75％から，徐々に引き下げられ，1999年には37％（2007年には40％となったが，住民税率が一律10％となり，住民税と合わせると最高税率は50％であり，1999年時点と実質的に変わらない）と半減している。また法人税率も引き下げられ，1993年52.4％から今日では30％となっている。所得の再分配機能が弱められ，富裕層がますます富裕化し格差は広がっている。所得の再分配機能を高めることが必要であり，それにより，「最低保障年金」の財源は十分に確保できる。

Ⅳ．おわりに

　中小業者の半数近くが年間200万円未満の所得となり，多くの業者が貧困状態に陥っている。これら中小業者を含め，多くの低所得層が対象となっているこれら国民健康保険制度や国民年金制度は，その保険料の滞納者や未納者を増大させている。その結果，制裁措置がとられ，あるいは受給資格要件を満たしえないがために社会制度から漏れて排除されている人々を増大させている。他方，国民健康保険やここでは直接とりあげてはいないが，介護保険制度や障害者自立支援制度の導入により，応益負担原則が強まり，それらを利用する場合には，利用料が徴収されるようになり，低所得層にとって，負担が大きく利用の自己抑制がみられる。その結果として制度から排除されているのである。いずれにおいても，憲法25条の生存権の保障にかかわる問題である。

　生活保護制度における老齢加算や母子加算の廃止を巡って「健康で文化的な最低限度の生活」とは何かが問われ，「生存権裁判」で闘われている。あるい

は，最低賃金制度においても，法改正により「生活保護制度との整合性」がうたわれているが，相変わらず，最低賃金は低いままである。国民生活の最低限保障の底が抜けているのである。全ての国民を対象に包括的に最低生活を保障するナショナル・ミニマムの確立が，国民生活の再構築に必要なことである。その基軸となる「最低生計費」とはどのくらいの額なのか試算する必要がある。著者の責任監修で試算した「首都圏最低生計費」を参考にしてもらえれば幸いである（金澤［2009］，第5章参照）。

【注】
(1) 同調査には，1991年より最近の2009年の調査の分析・執筆に関わってきた。

【参考文献】

江口英一［1980］『現代の「低所得層」下』未来社

篭山京［1982］『篭山京著作集第2巻－最低生活費研究』ドメス出版

金澤誠一編［2009］『「現代の貧困」とナショナル・ミニマム』高菅出版

（金澤　誠一）

索　引

あ行

ICカード	158, 159, 161, 164
アウトカム	57
アウトプット	58
イノベーション	211～213, 215～218, 224
医療費適正化	296
NPOバンク	253～256, 259, 261～264

か行

公契約条例	186
開業率	78
外注	100
開廃業率	78
川口鋳物共同研究会	142, 143
川口鋳物工業	131～133, 139
川口鋳物工業協同組合	142
川口市職業訓練所	144
技術的知識	133
技術導入	132, 145
規制緩和	9
基礎自治体	236, 244
逆輸入	74, 75
教育力	167
行財政改革	58
強靭鋳鉄製法	132
行政運営の基本構想	5
行政評価システム	56, 59
共同企業体（JV）	185
共同職業訓練所	142
共同性	145
金融アセスメント法制定運動	48, 49
具体的・有用労働	28
クリエイション・コア東大阪	103
グローカリズム	88
グローバル化	73, 83, 85
経営者の高齢化	102
経営理念	30, 31
経済性	164, 165
限界集落	239
建設業許可業者数	170
建設業者数	174
建設業の外注費比率	172
建設就業者	170
現代中小企業運動	42, 46
広域自治体	236
公害問題	94
公共性	165, 166
工業地域経営者連絡会	106
公契約	238
公契約条例	246
後継者不足	102
国保料（税）の滞納世帯	291
国民年金第1号被保険者の保険料の納付率	295
個人事業主	175
コミュニティ開発金融機関（CDFI）	253, 255, 259～264

コミュニティ金融
　　　251〜253, 255, 259, 261, 263, 264

さ行

埼玉県鋳物機械工業試験場	141
最低生活費	303
最低制限価格制度	186
最低保障年金	301, 302
産業空洞化	235
産業集積	92, 94
産業集積の「縮小」	95, 101, 102
産業政策	215〜219, 222, 226, 227
自営業	77, 81, 82
資格証明書	294
事業所数の集積度合	92
市場原理主義	77, 78
市町村合併	238
資本主義的世界市場経済	4, 6, 7, 21
資本蓄積	11
資本の集積・集中と小資本の存続・新生	42
事務事業評価	56, 58, 67
社会性	162, 163
社会的分業	120, 122, 126
社会的利用価値	28, 34, 38
住工混在問題	105, 106
集積	119, 120, 122, 125
重層下請構造	170
熟練工	140, 141
受発注取引	101
条件付一般競争入札	184
小零細企業	77, 78
食糧・農業・農村基本法	241
新自由主義	5, 21, 22, 80
新陳代謝	17, 18, 19, 20
生活保護基準	298, 300
政策推進マネジメントシステム	64
政策統計課	64
政策評価	56, 57
生産の海外移転	74, 75, 88
戦後中小企業運動	43〜45
戦後中小企業構造	43
専門企業	99
総合計画	56, 58, 60
総合評価型入札	184
創造性	163
素形材	131

た行

大規模小売店舗法	156
耐震改修	181
大東市住工調和ものづくりモデル地区構築事業推進協議会	106
達成目標	57
他人のための使用価値	28, 34, 38
短期保険証	292
談合	169
地域経済産業局	199
地域経済振興基本条例	241, 245
地域商店街活性化法	167
地域中小企業支援センター	197
地域づくり	243
地域内再投資力	234〜236, 238〜240, 246

地方交付税交付金	238
地方分権	241
中堅企業論	121, 124
中小鋳物メーカー	132
中小企業・ベンチャー総合支援センター	198
中小企業基盤整備機構	196, 199
（日本）中小企業憲章	39, 50, 191, 204, 240
中小企業憲章制定運動	46, 50
中小企業振興基本条例	197, 205〜207, 234, 241, 245
中小企業振興基本条例制定	205
中小企業新事業活動促進法	196, 201
中小企業創造活動促進法	193
中小企業退職金共済法	271
中小企業地域資源活用促進法	203
中小企業の時代	3, 4
抽象的・人間労働	28, 29
定量的目標	57, 67
統計行政	56
統計情報	66
都市型中小企業論	115, 116, 118, 119, 121, 123, 124
都道府県等中小企業支援センター	198

な行

ナショナル・ミニマム	303
無保険児救済の法案	293
二重構造論	123, 124
24時間地域住民	151, 158
日本型生産分業構造	76
人間と自然との物質代謝	28, 32
人間と自然とのあいだの一過程	30
農商工等連携促進法	204

は行

バブル経済	5
一人自営業主	177
品質	37
ファックス・ネット	160, 161
フィールド・コア平野	107
物質代謝	30
ベンチャー・ビジネス論	121, 124
法定外福利厚生	266, 275
法定福利厚生	266, 275

ま行

マテック八尾	107
名目的自営業層	279, 283
メッシュ	93

や行

八尾市中小企業サポートセンター	104
八尾市中小企業地域経済振興基本条例	104
八尾ビジネスマッチング博	104
八尾ものづくりネット	103
八尾ロボットコンテスト	107
ヨーロッパ小企業憲章	50

ら行

利便性	161, 162
労働の二重性	28

【著者略歴】＊は編者

永山　利和＊（ながやま　としかず） ………………………………………… 第1章
　　　元日本大学商学部教授

小松　善雄（こまつ　よしお） ………………………………………………… 第2章
　　　東京農業大学生物産業学部教授

大林　弘道（おおばやし　ひろみち） ………………………………………… 第3章
　　　神奈川大学経済学部教授

菊地　進（きくち　すすむ） …………………………………………………… 第4章
　　　立教大学経済学部教授

吉田　敬一（よしだ　けいいち） ……………………………………………… 第5章
　　　駒澤大学経済学部教授

関　智宏（せき　ともひろ） …………………………………………………… 第6章
　　　阪南大学経営情報学部准教授

山本　篤民（やまもと　あつたみ） …………………………………………… 第7章
　　　日本大学商学部専任講師

永島　昂（ながしま　たかし） ………………………………………………… 第8章
　　　中央大学大学院経済学研究科在籍

八幡　一秀（やはた　かずひで） ……………………………………………… 第9章
　　　中央大学経済学部教授

辻村　定次（つじむら　さだつぐ） ………………………………………… 第10章
　　　建設政策研究所副理事長

和田　耕治（わだ　こうじ） ………………………………………………… 第11章
　　　嘉悦大学経営経済学部教授

長山　宗広（ながやま　むねひろ） ………………………………………… 第12章
　　　駒澤大学経済学部准教授

岡田　知弘（おかだ　ともひろ） …………………………………………… 第13章
　　　京都大学大学院経済学研究科教授

小関　隆志（こせき　たかし） ……………………………………………… 第14章
　　　明治大学経営学部准教授

宮寺　良光（みやでら　よしみつ） ………………………………………… 第15章
　　　岩手県立大学社会福祉学部専任講師

金澤　誠一（かなざわ　せいいち） ………………………………………… 第16章
　　　佛教大学社会学部教授

［編著者略歴］

永山　利和（ながやま　としかず）

　1940年，東京都生まれ

　慶應義塾大学経済学部卒業

　㈶国民経済研究協会を経て日本大学商学部教授。2010年，日本大学退職。

　労務理論学会副会長，経済学会連合評議委員，行財政総合研究所理事長，元建設政策研究所理事長（現副理事長），元自治体問題研究所副理事長，元中小企業家同友会企業環境センター座長（現顧問），全国商工団体連合会・中小商工業研究所運営員などを歴任。

　専門分野：中小企業論，労働経済論，企業形態論

　主要著書：『公共事業再生－分権時代の国土保全・建設産業政策』（編著）自治体研究社，2010年，『公契約条例（法）が開く公共事業のしごとの可能性』（編著）自治体研究社，2006年，『現代日本の中小商工業－現状と展望－』（共著）新日本出版社，1999年，『産業構造転換と中小企業』（共編著）ミネルヴァ書房，1999年

2011年6月10日　初版第1刷発行
2017年2月28日　初版第2刷発行

現代中小企業の新機軸

編著者　ⓒ　永　山　利　和
発行者　　　脇　坂　康　弘

発行所　㈱同友館
　　　　東京都文京区本郷6-16-2（郵便番号113-0033）
　　　　TEL 03-3813-3966 FAX 03-3818-2774
　　　　URL http://www.doyukan.co.jp/

落丁・乱丁本はお取り替えいたします。　神谷印刷／松村製本
ISBN978-4-496-04797-8　　Printed in Japan